가끔은
당돌하게

가끔은
당돌하게

초판 1쇄 인쇄 | 2015년 1월 5일

초판 1쇄 발행 | 2015년 1월 15일

지은이 | 위스 · 왕후이룽

옮긴이 | 홍지연

펴낸이 | 강민자

펴낸곳 | 다상출판

등록 | 2006년 2월 7일

주소 | 서울특별시 성북구 북악산로 3길 38-7

전화 | 02)365-1507

팩스 | 02)392-1507

이메일 | dasangbooks@hanmail.net

ISBN 978-89-967890-5-5 (03180)

값은 표지에 있습니다.

직장인을 위한
심리코칭

가끔은 당돌하게

위스·왕후이룽 지음 **|** 홍지연 옮김

다산출판

가끔은 당돌하게
살아라

직장생활은 불평불만의 연속이다. 많은 직장인들이 '세상은 불공평해. 나보다 못한 사람들은 기회를 잘만 낚아채는데 어째서 나는 날개 꺾인 새 신세로 살아야 하나?'라며 한탄하기도 한다. 만족스럽지 못한 직장생활은 서글픔만 안겨준다. 그래서 가끔은 당돌할 필요가 있다는 것이다. 당돌해야 기회도 잡고, 앞으로 나아갈 수 있다.

직장인이라면 누구나 자신이 몸담고 있는 일터에서 뛰어난 인재로 인정받기를 원한다. 여기서 몇 가지 의문점이 생긴다. 왜 머리는 좋은데 직장생활을 미련하게 할까? 왜 죽도록 고생하는데도 상사의 인정을 받지 못할까? 왜 온갖 난관을 극복하자마자 바닥으로 곤두박질치는 걸까? 이런 문제의 원인은 '심리'에 있다.

직장생활을 하다 보면 여러 이상심리가 나타날 수 있다. 자기비하,

긴장감, 자만심, 질투심, 비교심리, 우울증, 민감증, 의심, 죄책감, 자아도취, 이기심, 보복심리와 같은 직장이상심리가 한데 엉키면 직장생활이 이만저만한 고역이 아니다. 이는 업무성과에도 그대로 반영된다. 직장이상심리는 특히 신입사원들에게 쉽게 찾아온다. 신입사원들은 이런 장애물을 뛰어넘어야만 성장이 가능하다.

그런데 문제는 이러한 유해심리에서 벗어나 어느 정도 직장생활에 익숙해졌다고 방심하는 순간 허탈감, 경솔함, 자폐증상, 나태함, 공포감, 현실도피심리, 반항심 같은 장애 요인이 찾아와 노력하는 직장인을 또 한 번 시험한다는 사실이다. 직장인이라면 누구나 독감에 걸리듯 슬럼프에 빠진다. 슬럼프에 빠질 때면 자신의 미래가 불확실하다는 생각에 의욕을 상실할 수 있다. 이는 직장에서 온몸을 바쳐 일하며 살아남은 '고수'들도 맞닥뜨리는 관문이다. 고수들 역시 사소한 일로 흥분하고 상사의 압박 때문에 폭발할 것 같은 분노에 휩싸이기도 한다.

또한 지나친 완벽주의자이거나 나이의 잣대에 짓눌려 지내는 사람들 역시 이상심리의 공격에 노출될 수 있다. 이상심리의 공격을 받은 직장인은 심각한 '마음 독감'에 걸려 앓아누울 수밖에 없다. 그러나 많은 직장인이 이색적인 직업에 흥미를 보이기도 하고, 직업병으로 고통받는 '사회적 약자'를 향해서는 동정과 관심을 아끼지 않으면서도 정작 관심이 필요한 자신의 내면은 외면한다.

이제는 자신의 마음을 돌아볼 때다. 건강한 직장생활을 하고 싶다면 자신의 심리문제를 외면하지 말고 정공법으로 대응해야 한다. 정공법으로 대응하려면 당돌함이 필요하다. 게다가 당돌해지는 것은 마음만 먹으면 언제든지 가능한 일이다. 그런데 직장인들은 당돌해지는 것을 너무나 겁내고 있다.

직장인은 업무 수행 능력, 업무 관련 지식, 당당함을 갖추었을 때 비로소 즐겁고 성공적인 직장생활이 가능하다. 이런 요소들이 충족되지 않으면 업무가 힘든 것은 물론이거니와 일 자체가 고역이다. 개인의 업무 수행 능력과 관련 지식이 고정적인 요소임을 감안할 때 건강한 직장인의 심리상태는 직장생활의 성공과 즐거움을 결정짓는 바로미터라고 할 수 있다.

　사람은 누구나 자신의 심리주치의가 될 수 있다. 내면을 가장 잘 들여다볼 수 있는 최고의 전문가는 바로 자기 자신이기 때문이다.

　가끔은 당돌해져라. 나 자신의 정신 건강을 위해 반드시 필요한 요소다.

목 차

1장 **직장인을 괴롭히는** 유해심리 코칭

2장 새내기 직장인이 맞닥뜨리는 유해심리 코칭

3장 성공을 가로막는 상황별 유해심리 코칭

4장 직장인의 심리장애와 증상 조절

5장 직장인의 **심리건강을 위한 코칭**

마음의 병으로 지쳐버린 직장인

"직장생활이 즐거우신가요?"라는 물음에 당신은 "아니오."라고 대답할 것이다. 끝이 보이지 않는 업무량, 동료와의 치열한 경쟁……. 어디 그뿐이랴. 쥐꼬리만 한 월급에 의지해 간신히 의식주를 해결하고 나면 한치 앞도 보이지 않는 캄캄한 앞날을 생각하며 불안에 떨고 있는 것이 현실이니까.

이런 상황에서 누군가가 '일은 모름지기 즐겁게 해야 한다.'고 한마디 하면 당신은 순순히 고개를 끄덕일까? 어쩌면 직장이 마음에 들지 않는 이유가 너무나 많아서 코웃음을 칠지도 모른다. 아니면 업무에 자신감을 잃어버려 열등감에 시달릴 수도 있고, 성공의 사다리에 올라탄 동료를 떠올리며 절망감에 빠질지도 모른다. 또 과도한 업무 스트레스 때문에 생긴 우울증과 초조감으로 허둥대고 있을지도 모른다.

너무나 많은 '마음의 병'이 직장인을 괴롭히고 있다. 드러내놓고 말을 하지는 못하지만 수많은 직장인에게 직장은 '지고 가야 할 십자가'로 전락해버렸다. 직장인을 괴롭히는 '마음의 병'을 치유하려면 각종 직장이상심리의 실체를 알아야 한다.

직장이상심리는 직장이라는 한정된 범위 내에서 나타나는 이상심리로, 일반적으로 즐거운 직장생활과 업무를 방해하는 모든 이상심리와 심리장애를 뜻한다.

직장생활을 하다 보면 즐거울 때도 있고 괴로울 때도 있다. 그렇다면 인간의 이상심리 여부를 진단하는 올바른 방법은 어떤 것이 있을까? 그러나 정상심리와 이상심리의 경계는 매우 복잡하여 무 자르듯 명확하게 구분 짓기가 모호하다. 정상인에게 갑자기 이상심리가 나타날 수도 있고, 심각한 정신질환자가 정상심리를 유지하는 경우도 있기 때문이다. 정상심리와 이상심리를 명확히 구분하기 위해 국내외의 심리학자들이 갖가지 검사와 등급을 만들고 현대적인 설비를 동원하여 데이터를 측정하는 등 많은 노력을 기울여 심리검사 영역을 크게 발전시켰지만, 사람의 심리는 너무나 복잡해서 검사나 등급은 단순한 참고로 사용될 뿐이다.

자신의 심리 상태를 판단하고 싶다면 아래 사항을 참고하자.

● **개인경험으로부터 출발하라** 첫째, 자신이 판단하는 경우다. 이상심리는 긴장, 초조, 공포, 지나치게 부정적이거나 소극적인 행동, 행동통제 불능과 같은 불편한 심리반응을 일으킨다. 여기에 해당되는 심리적 고통으로 이상심리가 왔다는 것을 알아채게 되면 주변에 도움을 요청해야 한다.

하지만 모든 사람이 이상심리에 불편함을 느끼는 것은 아니다. 정신분열증, 조울증 등 심각한 정신질환자인데도 불구하고 병에 대한 인식능력이 부족하여 자신의 상태를 인정하지 않거나 불편함을 느끼지 못하는 경우도 있다. 이러한 사실을 미루어볼 때, 개인의 경험만으로 심리상태를 진단한다는 것은 문제가 있으므로 반드시 객관적 기준을 함께 적용해야 한다.

둘째, 의사가 판단하는 경우다. 의사는 이상심리에 관한 지식과 경험을 바탕으로 환자의 심리상태를 정확하게 진단하는 사람이다. 제대로 된 훈련과 교육을 받은 의사라면 비교적 정확하게 환자의 심리상태를 판단할 수 있다.

● **사회생활에서 정해진 규칙과 규범을 따르는지 살펴보라** 일례로 개인의 말과 행동은 풍속, 관습, 사회적 추세, 도덕적 기준 등에 통제된다. 그러므로 개인의 심리와 행동이 사회적 규범에 부합하면 건강한 심리지만 그 반대가 되면 이상심리다. 이러한 기준으로 볼 때, 그 사람이 학업이나 직장생활을 잘 해내는지, 사회적 책임과 의무를 다하고 있는지의 여부가 이상심리를 판단하는 기준이 된다. 일반적으로 심리질환을 앓고 있는 환자는 탈선을 거듭하고, 이해할 수 없는 괴이한 행동을 보여 정상적인 사회생활을 하기가 어렵다.

● **감정과 행동이 심리상태와 일치하는지 살펴보라** 감정과 행동은 심리상태의 영향을 받기 때문에 동일한 반응이 나타나야 한다. 보통 사람들은 잔칫집에서 통곡을 하거나 문상을 가서 춤을 추지는 않는다. 기쁠 때는 웃고 슬플 때는 우는 것이 바로 심리와 감정, 행동이

일치성을 보이는 것이다. 만약 누군가가 웃어가며 자신의 불행을 이야기한다면 상황에 맞는 심리반응이 이루어지지 못하는 경우다. 이렇듯 지각, 감정, 의도가 서로 조화를 이루지 못하는 것도 일종의 이상심리다.

정상심리와 이상심리는 행동에서 비교적 명확하게 구분되기 때문에 직장인들도 스스로를 진단해볼 수 있다. 다음에 제시되는 항목 가운데 자신의 심리 상태가 한 항목 이상 해당한다면 이상심리로 볼 수 있다. 스스로 자신의 상태를 한번 체크해보자.

- 정서불안으로 인한 고통, 실패, 갈등을 겪을 때 쉽게 낙담한다. 실망을 넘어 절망적인 상태에서 헤어 나오지 못한다.
- 현실을 회피하고 환상에 빠진다. 이유 없이 타인을 의심하고 자기 의견을 고집하며 다른 사람의 의견을 반박하지만 그에 대한 정당한 근거를 제시하지 못한다.
- 마음의 갈등을 제대로 해결하지 못해 주변 사람과 원활한 소통과 교류가 이루어지지 않는다. 이런 유형의 사람은 남의 충고를 듣지 않고 자기 의견만 고집하며 괴팍한 성향을 보인다. 이러한 행동으로 인해 자신뿐 아니라 타인의 안전까지도 위협할 수 있다.
- 뚜렷한 인생의 목표도 없고, 어느 것 하나에도 최선을 다하지 못하고, 관심을 보이는 일도 없다.
- 결과를 생각하지 않고 행동하며, 책임감도 부족하다. 마음 내키는 대로 행동하기 때문에 아무리 중요한 일이라도 하기 싫으면 손을 놓아버린다.

- 타인에 대한 관용과 포용력이 부족하여 분노를 참지 못하고, 적정선에서 감정을 제어하지 못해 자주 이성을 잃는다.
- 자신의 가치와 역할을 깨닫지 못해 자신은 물론 주변 사람도 존중하지 않는다. 자신의 잘못된 행동이 불러올 결과를 생각하지 않은 채 말과 행동을 한다. 오만하며 옳고 그름의 기준이 없고, 일을 지속적으로 이어가지 못한다.
- 자신의 잘못된 행동에 수치심이나 불안을 느끼지 않는다.

이상심리의 증상과 징후를 이해하면 자신의 심리상태를 어느 정도 진단할 수 있다. 사실 많은 직장인이 이상심리 증상을 발견한 후에야 문제를 해결하기 위해 노력한다. 문제 해결을 위해서는 우선 자신에게서 이상심리가 나타나는 근본 원인을 밝혀낸 뒤 그에 따르는 치료를 시작해야 한다. 예를 들어, 사람들에게 자주 비난을 받아서 열등감에 시달린다면 숨겨진 자신의 장점을 찾아내어 업무효율을 높일 수 있게 스스로를 독려하라.

또는 마음속 불만은 쌓아두지 말고 적절하게 표출하는 것이 좋다. 일례로 한바탕 크게 우는 것도 효과적이다. 때로는 신뢰할 수 있는 지인에게 마음의 고충을 털어놓게 되면 새롭게 직장생활에 전념할 수 있다. 몹시 초조할 때는 일부러 목표를 전환하여 내면에 쌓인 분노를 가라앉히는 것도 하나의 방법이다. 자신의 심리상태를 정확히 인식하고 스스로의 가치와 현실 사이의 간극을 조절함으로써 실망감과 고민을 해결해나가는 것이 좋다.

그러나 해결할 방법이 있는데도 막상 문제가 닥치면 허우적대며 방황하는 직장인이 적지 않다. 이런 직장인들에게 직장심리치료의 최적격자가 바로 '나'라는 사실은 희소식임이 틀림없다. 넓은 의미에서 볼 때, 누구나 자신의 심리문제를 치료할 능력은 충분하다. 하지만 사람들은 치열한 경쟁과 문화적 충돌, 물질적 유혹 때문에 이 문제에서 손을 놓아버린 지 오래다.

우울, 초조, 불안, 분노가 시시때때로 우리의 마음을 괴롭히는 것은 사실이다. 물리적인 수단으로 이러한 마음의 적들을 몰아내려고 시도해보지만 별다른 효과가 없다. 온몸이 땀에 흠뻑 젖도록 운동에 매진해도 근심 걱정은 사라지지 않는다. 기분도 전환할 겸 여행을 다녀와도 시간이 지나면 몸과 마음은 또다시 피곤에 찌든다. 부드러운 물침대도 편안한 잠자리를 보장해줄 수 없고, 멋지게 꾸며놓은 인테리어도 부부간의 갈등을 해결할 수 없다.

이 모든 문제가 심리적 불균형에서 초래되었기 때문이다. 그러므로 스스로 심리치료사가 되어 '마음'을 변화시키고 균형이 무너진 심리를 제자리로 돌려놓는다면 직장을 포함한 삶의 모든 영역이 즐겁고 유쾌해질 것이다.

그렇다면 스스로 심리치료사가 된다는 말은 어떤 의미일까? 간단히 말해 자기 자신이 심리상태 조절능력을 갖는다는 의미다. 상세히 말하면 마음속에 또 다른 자신을 만드는 것, 즉 내 안에 '제3의 눈'을 만들어 자신에게 일어나는 정서변화를 객관적이고 이성적으로 살펴 심리문제의 원인을 찾아내는 것이다. 이 눈은 마치 '수호천사'처럼 필요할 때 지혜를 주고, 혼란스러운 상황에서도 방황하지 않고 현명하게 대처하도록 도움의 손길을 건넨다.

누구나 직장에서 나타나는 이상심리를 스스로 조절할 수 있다. 따라서 자신만의 방법으로 긴장을 완화하고 심리적 압박과 심리장애에서 벗어날 수 있다. 이때 가장 중요한 것은 이상심리에 대해 정확하게 인지하고 자신의 정신 상태를 객관적으로 볼 수 있어야 한다.

사실 심리문제로 병원을 찾는 것은 단순히 감기를 치료하는 것처럼 쉬운 일은 아니다. 하지만 심각한 심리질환이 나타났다 해도 건강한 심리소양을 바탕으로 심리적응 능력과 자체 문제해결 능력을 갖춘다면 누구나 자신의 심리주치의가 될 수 있다. 자신의 심리주치의가 되기 위해서는 우선 정신위생에 대해 어느 정도 과학적 지식을 갖추어, 자신의 심리문제의 원인이 무엇인지 파악해야 한다.

미국의 저명한 심리학자 앨버트 엘리스는 스트레스에서 비롯된 정서적 혼란에 대처하려면 전문서적을 읽은 뒤 소그룹 토론을 진행하고, 집중적 사고훈련으로 합리적이고 건강한 사유방법을 배워야 한다고 주장했다. 그는 심리문제를 스스로 해결하는 '인지치료'를 처음으로 제창했으며, 새로운 사유방법을 '외국어를 배우는 것'처럼 익혀야 한다고 주장했다.

건강하지 못한 사고를 버리고 건강한 사고를 익히는 것은 자신의 심리치료에서 가장 중요하게 다뤄야 할 부분이다. 예를 들어, 같은 컵을 관찰하는데도 한 사람은 컵에서 아주 작은 얼룩을 발견하고, 또 한 사람은 컵의 부드러운 색깔에 주목했다고 가정해보자. 어느 것을 주목하느냐에 따라 부정적인 관점을 보일 수도 있고, 긍정적이고 낙관적인 사고방식을 보일 수도 있다. 만약 매사에 부정적 관점을 갖고 있다면 사물의 장점에 초점을 맞춰보는 훈련을 하는 것이 좋다.

그 외에 스트레스와 관련하여 나타나는 증상도 알아두어야 한다. 위에 통증이 느껴지면 보통 소화기과 병원을 찾아간다. 이때 '제3의 눈'으로 내면을 세밀히 살펴보면 이 모든 원인은 새로 온 까다로운 상사에게 있다는 사실을 발견하게 될 것이다.

직장에서 겪는 각종 스트레스에서 벗어날 수 있는 내면치료법을 배우는 것은 직장인의 생존과 직결될 정도로 중요하다. 이 책에서는 주로 직장생활을 하면서 나타나는 갖가지 이상심리와 그 종류에 따른 자체 심리조절 방법을 소개하여 독자들이 직접 인지치료를 할 수 있도록 도왔다.

healing

부끄러움, 허영심, 질투심, 비교심리, 우울증, 이기심,
자만심, 보복심리……. 이러한 이상심리에
시달리다 보면 직장에서의 발전은 기대하기 힘들다.
직장인을 괴롭히는 유해심리의 실체를 알고 그 해결책을
찾아 즐거운 직장생활을 영위해 나가도록 하자.

1

직장인을
괴롭히는
유해심리 코칭

대부분의 사람들은 직장에서 아무리 기분 나쁜 일을 당해도 가족을 생각하면서 이를 악물고 일을 한다. 감당하기 힘든 업무가 주어져 한계에 부딪힐 때는 자괴감에 시달리기도 하며, 갑작스럽게 벌어지는 사건·사고로 긴장감이 극에 달하면 식은땀을 흘리기도 한다. 게다가 동료들의 태도는 마뜩찮다. 혹시 나에게 불만이 있는 건 아닐까 의심스럽다.

부끄러움, 허영심, 질투심, 비교심리, 우울증, 이기심, 자만심, 보복심리 등이 찾아와 마음을 괴롭히기도 한다. 이러한 이상심리에서 탈출하여 즐겁고 여유로운 직장생활을 하려면 어떻게 해야 할까?

오랫동안 직장심리 문제에 시달리다 보면 의기소침해질 뿐만 아니라 우울증에 빠지기 쉽다. 직장생활을 하는 중에 이런 심리상태가 갈수록 심해진다면 직장에서의 발전은 더 이상 기대할 수 없다. 직장생활을 즐겁게 하면서 자신의 능력을 발전시키기 위해서는 직장에서 발생하는 이상심리를 해결해야 한다. 직장이상심리가 해결되어야 내면이 변화한다.

1 | 열등감과 부끄러움
– 자신을 사랑하라 그리고 존중하라

자신감은 직장인의 필수 아이템이다. 자신감을 갖고 일을 하면 일터에서 활기가 넘친다. 자신감이 있으면 진정한 자아와 숨겨진 재능이 눈을 뜨고, 업무 중 맞닥뜨리는 갖가지 어려움도 과감하게 헤쳐 나갈 수 있다. 그러나 현실적으로 많은 직장인이 자신감을 잃고 열등감에 시달리고 있다. 늘 주눅이 든 채 몸을 사리니 제대로 능력을 펼칠 수나 있겠는가?

김선희(가명) 씨는 비록 말단직에 있었지만 늘 성실한 근무 자세로 일을 해내 상사들로부터 인정을 받았다. 하루는 그녀가 제안한 아이디어로 디자인된 회사 홈페이지가 사장에게 보고되었다. 얼마 후, 회사에서는 웹 사이트를 효과적으로 홍보하기 위해 전문부서를 만들었고, 사장은 그 책임자로 김선희 씨를 지목했다.

그 소식을 들은 김선희 씨는 뛸 듯이 기뻤다. 하지만 기쁨도 잠시, 곧 걱정이 몰려왔다. 그녀가 선임된 후 그녀의 승진과 관련된 좋지 않은 소문이 떠돌기 시작했기 때문이다. 사람들은 학력, 능력 어느 면에서도 내세울 것 없는 그녀가 승진한 것은 상사와의 부적절한 관계 때문이라고 수군댔다. 심지어 이번 승진은 우연의 산물일 뿐이며, 그녀가 외부 사이트의 디자인 기획안을 베낀 것이라는 소문까지 돌았다.

김선희 씨는 말도 안 되는 헛소문에 화가 났지만 날로 확산되는 소문을 차단할 방법이 없었다. 게다가 분명 회사 내부의 뜬소문에 불과했지만, 다른 이에 비해 학력이나 능력이 부족한 것은 사실이었기 때문에 스스로도 자신감이 없었다. 같이 근무하는 석사 출신의 고학력자들에 비해 자신의 능력이 더 뛰어난 것 같지도 않았고, 경력이 많은 것도 아니었기 때문이다.

김선희 씨는 회사 어디에도 자신이 설 자리가 없는 것 같아 수심에 잠겨 지냈다. 기가 죽고, 자신감이 사라져 줏대 없이 남의 의견에 순순히 따르기만 할 뿐, 말조차 제대로 나오지 않아 자신의 의견을 체계적으로 제시하지 못했다. 열등감에 빠졌기 때문이다.

열등감이 있는 사람은 자신이 다른 사람보다 못하다는 생각에 자신을 소중히 여기지 않는다. "나는 안 돼.", "다른 사람들이 나를 뭐라고 생각하겠어.", "나는 가망이 없어." 늘 이런 말을 입에 달고 다니기 때문에 기운이 없다. 그러다 보니 원래 가지고 있던 매력마저 잃어버린다.

사실 열등감은 다른 사람에 비해 부족하고 단점이 많아서 생기는 것이 아니다. 자신을 사랑하지 않고 부끄럽게 생각하며, 다른 사람보다 열등한 존재라고 생각하기 때문에 생긴다. 내가 나를 아끼지 않는데 누가 나를 존중해주겠는가? 결국 그러한 악순환이 계속되면서 열등감의 늪에 빠져 헤어 나오지 못하는 것이다.

열등감이 있는 직장인은 의기소침하고 우울한 경향이 있다. 이들은 남이 자신을 무시하는 것이 두려워 사람 사귀는 것을 꺼린다. 점점 사람들과 거리를 두다 보니 친구도 사라지고 홀로 신세 한탄을 하는 시간이 늘어난다. 자신감이 부족해지면서 성격이 우유부단해지고 경쟁의식마저 사라져 좋은 기회를 놓치고 만다. 그러니 성공은 늘 다른 세상일이다. 항상 피곤하고 맥없이 지내며 산만하다. 당연히 업무효율도 떨어지고 인생을 사는 재미도 없다.

아이러니하게도 열등감 같은 이상심리는 이미 직장 안에 만연해 있다. 놀랍게도 전문가들은 지구상의 인구 중 적어도 95%가 열등감에 시달린다고 지적하고 있다.

⊙ 원인 분석 **왜 많은 직장인이 열등감에 시달리는 걸까?**

● **과소평가** 직장에는 비교 대상이 많다. 따라서 사람들의 이런저런 평가에 의해 동료와 비교를 당하는 사이 자신의 장단점을 파악하기 쉽고, 타인의 관점으로 자신을 바라보는 것이 일상화되어 있다. 게다가 대부분의 사람들은 자신의 단점과 다른 사람의 장점을 놓고 비교하다 보니 다른 사람에 비해 자신의 능력이 부족하다고 느껴진다. 결국 비교하면 할수록 점점 더 낙담하게 되어 열등감에 사로잡힌 나머지 자신을 과소평가하게 된다.

● **부정적인 자기암시** 대다수의 사람들은 뭔가 문제가 발생했을 때 우선 자신에게 그러한 일에 대처할 만한 능력이 있는지를 가늠해본다. 이때 스스로를 제대로 평가해보지도 않은 상태에서 자신의 능력이 부족하다고 치부해버리는 경향이 있다. 이러한 부정적인 자기암시는 자신감을 억제하고 심리적 부담감을 가중시킨다. 결국 제대로 능력을 발휘하지 못해 업무실적도 좋지 않게 나타난다. 이런 패턴은 악순환으로 굳어져 열등감이 가중된다.

● **좌절** 직장에 다니다 보면 적지 않은 실패와 좌절을 겪게 마련이다. 일단 한번 좌절을 맛본 사람은 비관적으로 변하기 쉽다. 특히 내향적인 사람은 사소한 실패와 좌절에도 심각한 타격을 받고 열등감에 빠진다.

● **신체적 결함** 실제로 결함이 있거나 혹은 결함이 있다고 착각하는 경우다. 일례로 스스로 못생겼다고 생각하는 여성은 쉽게 열등감에 사로잡힌다.

열등감에 빠져 허우적대는 사람은 보이지 않는 족쇄를 차고 사는 것과 같다. 벗어날 수 없는 열등감에 마음이 무거워진 이들은 주변 사람들과 소통하는 걸 거부한다. 하지만 용감하게 족쇄에서 벗어나 마음을 새롭게 쇄신하고 자신을 객관적으로 바라보면 여러 문제가 순조롭게 해결된다.

많은 직장인이 자신에게 없는 능력을 다른 사람들은 가지고 있을 것이라고 착각한다. 그래서 열등감을 품고 부모님의 귀한 자식인 스스로를 멸시하면서, 고통과 비극에 찬 삶을 살아간다. 그들은 자신은 인격적으로 부족하고 결점투성이지만 다른 사람은 완전무결하고 흠이 없으며 침착하고 자신감이 넘친다고 여긴다. 정말이지 터무니없는 착각이다. 사람은 누구나 결점이 있고, 극복하기 어려운 약점이 있으며, 승진에 어려움을 겪기도 한다. 이런 사실만 깨닫는다면 열등감의 심연에 빠지는 일은 없을 것이다.

☺ 심리 코칭 **직장인의 열등의식을 없애는 방법을 알아보자**

● **부정적인 말을 삼가라**   일할 때 "나는 안 돼.", "가망이 없어.", "못하겠어."와 같은 부정적인 표현 대신, "할 수 있어.", "한번 해보겠어.", "이번에는 해낼 수 있어."와 같이 긍정적인 표현을 사용하라.

● **앞으로 나서라**   용기를 내어 앞으로 나설 때, 마음을 위축시키는 열등감을 떨칠 수 있다. 회의가 있을 때는 되도록 맨 앞자리에 앉아라. 앞자리에 앉아 있으면 열등감과 함께 주목받는 것에 대한 두려움을 극복할 수 있어 자신감이 생긴다.

● **상대를 똑바로 바라보라**   심리학자들은 상대를 똑바로 보지 못하는 사람은 일반적으로 열등감에 사로잡혀 상대방을 불편해하거나 상대보다 못한 자기 모습을 들킬까봐 두려워한다고 말한다. 이런 사람은 진실성이 결여된 것처럼 보여 다른 사람에게 나쁜 인상을 심어줄 수 있다. 그러므로 직장 동료나 상사와 함께 있을 때나 낯선 사람을

만났을 때 당당하게 가슴을 쫙 펴고 고개를 들어 상대를 똑바로 바라보라. 이때 말의 강약까지 조절하면 자신감 넘치는 이미지를 심어줄 수 있다.

● **청중 앞에서 말하는 연습을 하라** 많은 사람 앞에서 프레젠테이션을 할 때는 엄청난 용기와 담력이 필요하다. 따라서 대중 앞에서의 발표는 열등감을 극복하는 데 매우 효과적이다. 혹시 많은 사람 앞에 나서야 할 일이 있을 때 열등감에 사로잡힌 적은 없는가? 사람들 앞에서 말을 하는 것은 정도의 차이만 있을 뿐 누구에게나 두려운 일이다. 그러므로 대중 앞에서 말하는 것을 꺼리지 말고 기회가 생긴다면 도전해보라.

● **자아를 직시하라** 자신을 잘 모르기 때문에 괜한 열등감에 시달릴 수도 있다. 그럴 때는 '나'를 바라보는 관점을 바꿔보자. 약점이나 실패한 경험은 잠시 내려놓고 내가 관심 있는 일, 가장 잘하는 일이 무엇인지 살피다 보면 자신의 장점과 가치를 발견할 수 있다. 자신의 진정한 가치를 알게 되면 앞으로 어떤 방향으로 나아가야 할지 알 수 있다. 나에게 가장 잘 맞는 방향으로 장점을 발휘한다면 열등감은 더 이상 힘을 쓰지 못할 것이다.

· · ·

자신감 있게 일을 하지 못하는 것은 열등감 때문만은 아니다. 입사한 지 얼마 안 된 사람에게 흔히 나타나는 부끄러움 역시 또 다른 이상심리다.

　　갓 대학을 졸업한 이미정(가명) 씨는 직장에 입사해 사람들을 대할 때
마다 두려운 마음에 얼굴이 붉게 달아올랐다. 특히 낯선 사람들과 시
간을 보내야 할 때면 이유를 알 수 없는 부끄러움 때문에 더욱더 몸
둘 바를 몰랐다. 옆에 있는 사람이 누군지 살펴보고 싶어도 전신을 엄
습하는 두려움 때문에 고개도 돌릴 수가 없었다. 남녀를 막론하고 일
단 누군가가 다가오면 일 관계로 만날 때조차 부끄러운 나머지 얼굴
이 타는 듯 뜨거워졌다. 어려운 상대가 2m 거리에서 자신을 응시하고
있으면 초조감으로 손발에 땀이 날 정도로 불안감에 시달렸다.
　　이러한 일이 반복되자 이미정 씨는 다른 사람과 부딪히는 것이 두
려웠다. 결국 업무와 일상생활에도 적잖은 영향을 받게 되어 고통스
런 시간을 보내게 됐다.

　낯선 사람이나 중요한 인물과 만나게 되면 떨리는 것은 지극히 정
상적인 반응이며, 시간이 지나면 점차 나아지게 마련이다. 심리학자
들 역시 부끄러움 때문에 떠는 것은 정상적이며, 이는 타인을 존중하
는 마음이 있기 때문이라고 밝혔다. 한 조사에 따르면 쉽게 긴장하
는 사람일수록 이해심도 깊고 믿음직스러우며, 상대방의 마음을 쉽
게 열 수 있고 연애도 성실하게 한다고 한다. 적당히 부끄러워할 줄
아는 여성은 온화해보이고 매력적이다. 수줍어하는 여대생은 사교계
의 어떤 꽃보다 남성들의 마음을 매료시킨다.
　그런데 그 정도가 '적당한' 수준을 넘어선다면 이상심리로 발전할
수 있다. 부끄러움이 지나치면 자신감이 부족해보여 직장에서 협력

파트너의 신뢰를 얻기 어렵다. 부끄러움을 극복하는 중요 포인트는 바로 자기 역할을 중요하게 자각하고, 자신감이 없어도 한번 해보기로 결심하는 것이다. 물론 시작은 어렵지만, 부끄러움을 극복하고 용감하게 도전한다면 자신이 안고 있는 심리문제를 해결할 수 있다.

☺ 심리 코칭 | 부끄러움을 극복할 수 있는 방법을 알아보자

● **부끄러움 해소 운동** 똑바로 서서 한 발을 들고 몇 초 정도 버티다가 내려놓는다. 한 번에 30회씩 반복한다. 매일 2,3회 정도 이 운동을 지속하면 불안정한 마음을 다스리는 데 효과적이다.

● **심호흡하기** 떨릴수록 호흡이 가빠지므로 박자에 맞춰 여러 번 긴 심호흡을 한다. 떨림도 줄어들고 자신감을 회복하는 데에도 효과적이다.

● **신체언어 바꾸기** 부드러운 신체언어 'SOFTEN'을 소개한다. 간단한 방법이지만 좋은 효과를 볼 수 있다. SOFTEN이란 미소(Smile), 팔과 다리를 웅크리지 않는 열린 자세(Open), 몸 기울이기(Forward Lean), 악수 등 우호적인 신체접촉(Touch), 시선 마주하기(Eye Contact), 고개를 끄덕이며 경청하기(Nod)를 말한다.

● **고백하기** 타인에게 불안한 마음을 솔직히 고백한다. 그렇게 하면 다른 사람으로부터 위로와 도움을 받아 마음도 편안해지고 자신감

과 용기가 솟아난다.

● **단계별 변화** 전문가들은 앞에서 언급한 항목을 한 단계씩 실천하다 보면 충분히 부끄러움을 극복할 수 있다고 말한다. 극복하려고 마음만 먹는다면 승리는 따놓은 당상이다.

● **농담하기** 농담을 잘 하려면 먼저 낙관적이고 명랑한 태도로 사람들과 어울릴 수 있어야 한다. 또한 적절한 언어적 표현 능력도 필요하며, 사회 현상에 관심을 갖고 인생에 대한 통찰력을 지녀야 한다. 부끄러움에서 벗어나는 데 농담만큼 좋은 해결책은 없다. 농담만 잘해도 인생이 한결 즐거워지고 자신감도 따라온다.

● **대화의 기술 익히기** 대화를 나누다 정적이 생기는 것을 두려워할 필요는 없다. 이야기를 나누다 보면 가끔 서로 말이 없어질 때도 있다. 대화를 하다가 얼굴이 붉게 달아올랐을 때 굳이 얼굴을 가리지 말자. 그럴 경우 오히려 역효과가 나타나 부끄러움이 심해진다.

● **업무능력 향상시키기** 앞서 언급한 어떤 보조수단과 기술보다 가장 중요한 것은 바로 다방면에서 자신의 능력을 향상시키는 것이다. 직장에서 제대로 능력을 발휘하면 자신도 모르게 자신감이 생기고 부끄러움도 완전히 사라진다.

2 | 긴장감
– 낙관적인 태도를 길러라

긴장은 스트레스에 대처하기 위해 모든 잠재능력이 동원되면서 나타나는 신체적·심리적 변화다. 적당한 긴장감은 잠재력을 발휘하게 하지만 지나치면 단순한 문제가 더욱 복잡해지고, 복잡한 상황은 더욱 꼬이게 된다.

전문가들은 긴장을 현대 직장인에게 유행하는 일종의 '문명병'이라고 말한다. 실제로 긴장감 때문에 고통을 느끼는 직장인이 너무나 많다. 충분히 해낼 수 있는 업무를 맡았는데도 자신이 긴장하고 있다는 사실을 알 수 있을 것이다. 예를 들어 자신이 맡은 업무와 직접적으로 관련이 없는 부서로 인사 발령이 났을 때 조만간 정리해고를 당하지나 않을까 두려움을 느끼는 사람이 있다. 또한 팀 프로젝트를 끝낸 후 생긴 여유를 즐기다가도 갑자기 더 큰 사건이 터지지나 않을까 걱정에 휩싸일 수도 있다.

그러나 직장에서의 지나친 긴장은 순조로운 업무 진행에 전혀 도움이 되지 않는다. 신경을 쓰면 쓸수록 오히려 어긋나기만 할 뿐이다.

완벽주의자인 오혜경(가명) 씨는 입사 후 업무시간뿐만 아니라 퇴근 후에도 엄청난 시간을 들여 자기계발에 힘썼다. 그러다 보니 밤이 늦어서야 잠자리에 들었고, 출근시간에 지각하지 않으려고 알람을 몇 번이나 확인한 후 잠자리에 들었다. 아침에 출근할 때면 빠뜨린 물건은 없는지 몇 번이나 확인한 뒤에야 집을 나섰다. 스스로가 생각해도 극도의 긴장감 속에서 살고 있다는 생각이 들 정도였다.

그러나 오혜경 씨의 이런 노력은 회사에서 빛을 발하기는커녕 도리어 실수를 불러왔다. 사장을 도와 주요 거래처인 외국 대표와 협상하는 일을 맡았을 때였다. 일의 중요성을 잘 알고 있었지만 너무나 긴장했던 그녀는 외국 대표와 대화가 시작되자 머릿속이 텅 비는 것 같았다. 사장이 그녀에게 질문을 해도 어떻게 대답해야 할지 몰라 멍하게 있었다. 같은 상황이 반복되자 사장은 결국 크게 화를 냈다. "아니, 평소에는 그렇게 잘하다가 정작 중요할 때 왜 이러는 거야?"

치열한 경쟁사회 속에서 살아남으려다 보니 직장에서는 적은 인원으로 효율적인 일처리를 할 수 있기를 원하고, 직장인은 그런 회사의 기대에 부응해야 한다는 사실이 괴롭다. 이러한 스트레스에 시달리다 보면 자신도 모르게 직장생활에 지나치게 얽매이게 되고, 몸과 마음은 오랜 긴장으로 한시도 편안한 날이 없다.

과도한 긴장은 사고를 단절시켜 행동장애를 일으키고, 업무효율도 현저히 떨어뜨린다. 긴장상태가 심각해지면 뇌신경이 흥분과 억제 기능을 제대로 하지 못해 일시적으로 불안정해진다. 이런 상황에서는 당황, 불안, 흥분, 초조를 자제하기가 어렵다.

그러므로 갑작스럽게 긴장을 하게 될 경우 즉시 적절한 조치를 취하게 되면 크게 걱정하지 않아도 된다. 하지만 긴장이 지속된다면 직장생활에 크게 지장을 주는 것은 물론, 건강까지 해치는 '시한폭탄'으로 작용하게 된다.

한 연구결과에 따르면 긴장감이 오랜 기간 지속되면 신체가 민감하게 변한다고 한다. 민감하게 변한 신체는 평소 전혀 긴장을 하지 않고 스트레스를 받지 않는 상황에서도 여전히 과민한 상태에 놓이게 되어 사소한 문제를 큰 걸림돌처럼 느낀다.

예를 들어, 상사의 질책이나 고객을 놓친 사소한 일들이 자신의 명예와 미래를 무너뜨릴 것 같은 자극으로 다가온다. 그렇게 되면 몸이 '자기방어' 태세를 갖추면서 나타나는 신체반응이 주요 신체기관을 공격하게 되고, 이런 상태가 오랫동안 지속되면 면역체계도 손상되어 질병에 노출되기 쉽다. 또한 긴장감은 호르몬 분비를 자극해 소화기관 및 호흡기 계통에 영향을 끼쳐 궤양과 천식을 유발한다. 그뿐만 아니라 신진대사 과정에서 과도한 산화물을 생성하여 혈관과 심내막을 손상시켜 심장병과 중풍을 유발한다.

긴장은 각종 스트레스에 시달리는 서른 살 이상의 직장인에게 흔하게 나타난다. 이 시기에는 바쁜 업무와 빠른 생활리듬에 맞춰 생활하느라 지치기 쉽고, 갖가지 사회심리학적 요소로 긴장의 끈을 늦출 수 없어 직장생활이 가장 분주할 때다.

● **승진에 대한 열망** 승진하고 싶은 마음은 강하지만 정작 원하는 직위에 오르지 못했을 때 긴장한다.

● **지나치게 높은 목표** 자신의 능력으로는 불가능한 목표를 정해놓아 스스로에게 요구하는 것이 클 때 발생한다. 원하는 목표를 달성하기 어려워지면 과도한 스트레스로 심한 압박감에 시달리게 된다. 스포츠 대회에서 지난번 우승자가 또다시 우승하지 못하는 이유가 바로 여기에 있다.

● **인간관계의 갈등과 충돌** 직장에서는 업무보다도 인간관계로 인한 긴장감이 더 자주 발생한다. 부하직원이나 동료들 사이에서 불거지는 갈등을 해결하지 못하면 심리적 압박을 받고 쉽게 긴장한다. 지나친 긴장감은 업무에 걸림돌로 작용한다. 긴장감 때문에 잘못된 결정을 내리거나 마음이 상할 수 있다. 긴장감으로 심리적 압박을 받았을 때는 편안한 마음을 갖도록 노력하고, 새로운 사물에 집중하는 것이 좋다. 이때 미래를 대비하여 그에 걸맞은 전략을 준비한다면 예상 밖의 일이 발생한다고 해도 당황하지 않고 원만하게 일을 해결해 나갈 수 있다.

● **스트레스를 줄여라**　대부분의 직장인은 업무는 물론이고 생계까지 책임져야 하므로 거의 연속된 스트레스 속에서 살아간다. 해도 해도 끝이 보이지 않는 업무에 온종일 매달리다 보면 심신이 지친다. 인간이 감당할 수 있는 스트레스에는 한계가 있다. 그러므로 계속해서 심리적 압박을 받고 있다면 낙관적인 태도를 길러 심리적 압박에서 벗어나야 한다. 복잡한 업무에서 잠시 놓여나, 심신을 건강하게 단련하여 효과적인 일처리 방법을 연구하는 것이야말로 진정한 프로페셔널이라고 할 수 있다.

● **계획적으로 일을 처리하라**　직장생활을 하는 이상 스트레스에서 완벽하게 해방될 수는 없다. 하지만 목표를 설정하고 계획에 따라 차근차근 일을 진행하다 보면 어느 정도 스트레스를 줄일 수 있다. 이를 위해 다음 사항을 실천하자.

－ 지나치게 엄격한 잣대로 자신을 괴롭히지 말고, 능력이 닿는 만큼만 일하라.
－ 상황이 변하면 목표를 재조정하라.
－ 가장 핵심적인 목표에 집중하기 위해서 차등 목표는 내려놓아라.
－ 중요한 것부터 차례대로 처리할 수 있도록 계획을 세워라.
－ 문제 발생 시 빠르고 적절한 해결 방안을 찾아라.
－ 업무시간과 휴식시간의 경계를 확실히 정하되, 조정할 수 있는 여지를 남겨두어라.

● **속마음을 털어놓아라** 직장에서 받는 각양각색의 스트레스를 가장 효과적으로 해결하는 방법은 다른 사람에게 속마음을 털어놓는 것이다. 심하게 긴장될 때는 믿을 만한 지인에게 마음속 이야기를 털어놓는다면 스트레스와 긴장감을 줄일 수 있다. 남에게 고민을 털어놓는 행위가 나약하다고 생각하는 사람도 있지만 힘든 상황을 누군가와 함께 이야기하면서 긴장감을 떨치는 것은 과학적인 기분전환 방식이다.

● **적극적인 자세로 새로운 환경에 적응하라** 새롭게 직장을 구하거나 승진하는 등 예상치 못한 상황을 맞을 수 있다. 이럴 때는 변화한 환경에 질질 끌려가지 말고, 적극적인 태도로 어려움을 극복해야 한다.

● **운동을 시작하라** 업무에 쫓기다 보면 운동을 좋아해도 어쩔 수 없이 포기하게 된다. 운동을 하는 여유조차 갖지 못한다면 평안은 사라지고 분노와 긴장만 남는다. 그러므로 반드시 시간을 내어 운동을 하도록 하라. 특히 야외운동은 긴장을 해소하는 데 매우 효과적이다. 자연에 몸을 맡긴 채 시간을 보내다 보면 답답한 마음이 탁 트이고 스트레스와 치열한 경쟁에 다시 맞설 수 있는 힘과 열정이 생긴다. 도시라는 정글 속에서 피할 수 없는 긴장감을 도리어 즐길 수 있는 여유까지 갖출 수 있다.

3 | 허영심
— 잠깐의 만족감이 치르는 대가

아무리 직장생활이 복잡하다고 하지만 사람의 심리와 비교할 수 있을까? 사람은 권력, 돈, 자유 등 각자가 추구하는 가치관에 따라 행동도 달라진다. 직장인 가운데는 밥까지 굶어가며 허리띠를 졸라매 모은 돈을 명품 옷과 최신 휴대전화를 구입하는 데 지출하는 사람도 있다. 바로 허영심에 눈이 먼 사람들이다.

지방 전문대를 졸업한 최지아(가명) 씨는 회사에 입사한 지 갓 2년이 됐다. 그녀는 월급을 받아도 방세와 생활비를 제하고 나면 남는 돈은 몇 푼 되지 않는다. 하지만 자신보다 월급을 두 배나 많이 받는 친구들이 주말에 술을 마시러 가자고 하면 자존심 때문에 거절하지 못한다. 또 유행을 좇기 위해서라면 돈을 빌려서라도 비싼 옷과 명품 액세서리를 사서 꾸미고 다니는 생활을 지난 2년간 지속했다. 주변 사람들이 그녀의 씀씀이를 부러워하면 부모님이 사준 거라고 둘러댔다.

밑 빠진 독에 물 붓는 생활은 계속되었고 최지아 씨는 빚을 내어서까지 돈을 썼다. 결국 장기연체로 회사에까지 독촉 전화가 걸려오자 동료들도 상황을 눈치챘고, 그 후 그녀는 동료들 사이에 왕따 신세가 됐다. 이러한 상황이 되자 그녀는 심각한 심리적 고통에 빠졌다.

허영심은 화려하게 꾸민 겉모습으로 타인에게 환심을 살 때 만족감을 느끼는 심리현상이다. 이는 성격적 결함과 왜곡된 자아상이 낳은 결과다. 사람은 누구나 타인으로부터 존중받고 싶은 심리가 있다. 그런데 허영심이 강한 사람은 관계를 위해 진실되게 노력을 기울이기보다는 거짓말과 속임수 등 부정직한 방법으로 자신을 드러내려 한다. 그러나 허세로 가득찬 자존심의 실체가 밝혀진 후에는 내면세계가 지각변동을 일으켜 심각한 심리장애가 생기거나 사고력에도 영향을 미쳐 범죄를 저지를 수 있는 심리상태에 이를 수 있다.

허영심은 인간의 욕구와 관련이 있다. 인간의 욕구는 생리적 욕구, 안전에 대한 욕구, 소속감과 사랑에 대한 욕구, 자기존중의 욕구, 자아실현의 욕구로 나뉜다. 그 가운데 자기존중의 욕구란 성취감, 힘, 권위, 명예, 지위, 명성에 대한 욕구를 말한다. 사람은 주어진 현실에 맞게 욕구를 충족시켜야 하는데, 환경이 따라주지 못하는데도 불구하고 정당하지 못한 수단으로 자존심을 세우려 하면 허영심이 고개를 쳐든다.

직장에서의 허영심은 다양한 형태로 나타난다. 자신의 능력과 수준을 과대평가하기도 하고, 장점과 성과를 자랑하려고 애를 쓴다. 또한 비난받기를 극도로 싫어하고, 칭찬만 받고 싶어 하는 심리가 강하다. 게다가 사람들에게 성공한 친척 얘기를 들먹이며 자랑하거나 상사에게 아첨을 일삼기도 한다. 뿐만 아니라 알지도 못하는 문제를 아는 척 허세를 부리거나, 전문가 앞에서 잔재주를 뽐내기도 한다. 일반적으로 가난하면서도 씀씀이가 헤픈 이들은 유행을 선도하며 화려하게 꾸미고 다닌다. 이들은 대체로 승부욕이 강하고 자신이 다른 사람에 비해 모든 면에서 뛰어나다고 생각하여 잘난 체한다. 업무 중 발생하는 실수는 모두 남의 탓이라고 여겨 절대 반성하는 법이 없으며, 결점이 드러나면 어떻게든 숨기려 한다. 이들의 공통점은 타인의 재능을 시기해서 뒷담화를 하거나 시비를 거는 데 명수다.

허영심에 빠진 사람은 자신의 실체가 밝혀지는 것이 두려워 늘 공포 속에서 산다. 그래서 자주 불안해하고 결핍감에 시달린다. 게다가 자신이 비범한 인재라고 착각하기도 한다. 하지만 이들은 원래는 백조였던 미운 오리 새끼가 아니라 자신은 언제나 백조라고 착각하며 온갖 거짓과 속임수를 마다하지 않고 허영심을 채우려 한다.

허영심은 공명심과는 다르다. 공명심을 가진 사람은 착실하게 일해서 공을 세우고 이름을 빛내고자 한다. 일종의 경쟁의식이지만 사회가 권장하는 건강한 의식과 행동이다. 반대로 허영심은 갖은 수단을 동원해서라도 명예와 지위를 얻어서 자신을 과시하려 하고 실제보다 더 부풀려 자랑한다. 허영심이 강한 사람은 대부분 빛 좋은 개살구에 불과하거나 경박스럽다. 허세를 부리며 남과 비교하기 좋아하고, 자신을 대단한 존재로 생각하기 때문에 앞에 나서길 좋아한다. 다른 사람을 질투하는 데 시간을 쏟지만 노력하는 일은 기피한다.

허영심은 분명 건강하지 못한 심리상태다. 허영심이 심해지면 모든 행동이 남의 시선을 의식한 경박한 명예를 얻기 위해서 행해진다. 이들은 모든 가치 기준을 타인의 평가에 맞추고, 자신에 대해 부정적인 태도를 보이면 큰 상처를 입는다. 칭찬과 인정받는 것을 지나치게 좋아해서 때에 따라서는 거짓과 속임수도 서슴지 않는다.

> 박용수(가명) 씨는 최근 팀장으로 승진하면서 새 프로젝트를 맡았다. 사장은 그 일이 회사의 앞날을 좌우할 정도로 중요한 프로젝트이니만큼 6개월 안에 눈에 띄는 성과를 내라고 당부했다. 새로운 팀을 꾸린 박 팀장은 사장에게 믿음을 줄 만큼 큰 성과를 거두고 싶었다.
> 하지만 현장에는 극복해야 할 어려운 일이 산더미처럼 많았다. 특히 처음으로 팀장을 맡은 박용수 씨는 일선 근무 경험밖에 없었기 때문에 팀워크 강화에 힘을 쏟아야 했다. 그러다 보니 업무성과가 제대로 나오지 않았다.
> 이미 이런 상황을 예견하고 있었던 사장은 다른 부서와 협력해서 일을 해결하라고 지시했다. 그러나 그는 사장을 실망시키고 싶지 않았고, 팀 실적을 다른 부서와 나누고 싶지도 않았다. 결국 그는 허위 수치를 보고하는 우를 범했다. 처음에는 그 일이 무사히 넘어가는 듯했지만 시간이 흐르면서 뭔가 잘못되어가고 있음을 발견한 사장이 조사를 지시했고, 박용수 씨의 허위보고 사실이 뒤늦게 밝혀졌다. 결국 박용수 씨는 회사에서 해고당했다.

허영심은 백해무익한 심리다. 허영심이 강한 직장인은 타인의 시선을 지나치게 의식한다. 이 때문에 쉽게 유해심리의 공격을 받는다. 이들은 타인으로부터 부정적인 평가를 받으면 자신을 쓸모없는 존재로 생각하거나 상대가 자신을 일부러 못살게 군다고 여긴다. 그렇게 함으로써 자신이 부족하다는 사실을 은폐하려고 애쓴다. 자신이 가진 장점은 살리고, 부족한 점은 보완하도록 노력해야 하는데 마음이 엉뚱한 곳에 가 있다. 허영심은 순간적인 만족감을 줄 수 있을지는 모르지만 내면을 피폐하게 만들 뿐이다.

허영심이 강한 사람의 내면은 공허하다. 체면 때문에 겉치레에 치중하다 보니 마음은 텅 비어 있다. 결국 표면의 허영과 내면의 공허가 서로 충돌해 갈등을 빚는다. 그래서 허영심을 가진 사람은 두 가지 심리적 고통에 시달린다.

첫째, 목적을 달성하기 전까지는 마음먹은 대로 일을 이루지 못하는 현실 때문에 괴로워한다.

둘째, 목표를 달성한 후에는 자신의 실체가 밝혀질 것이 두려워 고통스럽다.

이렇듯 늘 고통에 시달리다 보니 건강하고 행복한 삶을 누릴 수가 없다. 이들은 자기도 모르는 사이에 이기심, 위선, 속임수에 깊이 빠져들고, 겸손, 신중함, 떳떳함, 겸허와는 완전히 동떨어진 삶을 살아간다. 따라서 허영심은 한 인간에게 심각한 위기를 초래할 수 있는 위험한 감정이다.

😊 심리 코칭 **허영심에서 벗어날 수 있는 방법을 알아보자**

● **허영심의 폐해를 파악하고 명예에 대한 올바른 가치관을 정립한다**
허영심을 극복하기 힘든 이유는 자신의 상태를 객관적으로 파악하지 못한 상태에서 당면한 문제를 부정하기 때문이다. 따라서 우선 자신의 상태를 정확하게 파악하고 허영심이 가져다주는 폐해를 분석해야 한다. 허영심은 거짓된 명예다. 이는 공허감을 순간적으로 채워주며 만족감을 선사할 수 있을지는 모르나 그것의 실체는 헛된 명예일 뿐이다. 시간과 함께 거짓 명예가 드러나게 되면 더 큰 고통이 남게 된다. 본인 스스로가 허영심이 가져다주는 폐해를 알게 될 때 문제는 해결된다.

허영심에서 멀어지려면 명예에 대한 올바른 가치관을 정립해야 한다. 즉 명예, 지위, 성공, 실패, 체면에 대한 올바른 가치관을 세워야 한다. 직장생활을 하다 보면 타인에게 존중받고 싶고, 어느 정도의 명예와 지위를 얻고 싶은 심리적 욕구가 생긴다. 사람은 누구나 자신의 명예와 지위를 아끼며, 지키고 싶어 한다. 그러려면 무턱대고 나서기보다는 반드시 자신의 사회적 역할과 재능을 고려하면서 욕구를 충족시켜야 한다.

● **개인주의적 이기심을 극복한다** 허영심이 있는 사람은 자신의 명예만 중요할 뿐, 타인의 생각과 평가는 고려하지 않는다. 또한 표현 욕구가 강해서 자신을 드러낼 수 있는 기회를 절대 놓치지 않고, 결과는 생각지 않은 채 무조건 이기려 든다. 이러한 태도에서 개인주의와 이기심을 읽어낼 수 있다. 따라서 이러한 부정적인 욕구를 차단해야만 허영심을 극복할 수 있다.

● **성실하고 현실적인 태도를 익힌다** 헛된 영예에 집착하는 사람은 성실성이 부족하고 늘 불안해한다. 예를 들어 자신의 허영심이 채워지면 열심히 일을 하지만, 허영심이 충족되지 못하면 사기가 떨어진다.

그러므로 허영심에서 벗어나려면 현실적인 문제를 직시하고 성실하게 재능을 단련하는 등 건강한 심리적 소양을 쌓아야 한다.

● **자신의 심리를 조절한다** 지나친 자만심, 거짓말, 질투심 같은 이상심리가 나타날 때마다 훈련을 함으로써 심리를 조절하라. 조건반사이론과 강화이론에 근거를 둔 이 방법은 이상심리가 나타날 기미가 보이거나 이미 나타났을 경우 스스로에게 벌을 주는 훈련이다. 예를 들어 손목 위에 고무줄을 당겼다가 놓는 충격을 줘서 잘못된 행동을 벌하고 경계한다. 강한 의지를 갖고 꾸준히 시도한다면 허영심을 잠재우는 데 도움이 될 것이다.

● **건강한 롤 모델을 찾는다** 직장에서 성공한 사람들의 모습을 보고 자신이 앞으로 어떻게 노력을 해야 할지 살펴보자. 부질없는 명성을 좇지 말고, 성실하게 직장생활을 하며 발전하는 사람을 롤 모델로 삼아라. 그래야 올바른 가치관이 정립되어 진정한 자아실현을 이룰 수 있다.

4 | 질투심
– 마음의 평화를 위해 꼭 다스려야 할 일

질투는 인류의 보편적 정서로 볼 수 있다. 사람은 누구나 직장에서의 성공을 꿈꾸며, 잠재된 능력을 발휘하기 위해 자신을 갈고닦지만 쓰라린 실패도 겪는다. 생각대로 일이 진행되지 않으면 원만한 직장생활을 하는 회사 동료나 친구에 대해 시기심, 분노, 원망이 일어난다. 이런 심리적 불균형이 바로 질투심이다.

질투는 일상에서 쉽게 접하게 되는 감정상태다. 대부분의 사람들은 그중에서도 명예, 지위, 돈, 사랑에 대한 질투를 가장 쉽게 느낀다. 때로는 한 가지가 아니라 여러 가지 복합적인 이유로 질투를 하기도 한다. 예를 들어 친구나 동료의 성공 소식을 접할 때 놀라움과 함께 분노도 함께 느낀다. "왜 나는 이 모양이지?"라며 말이다. 이처럼 질투심에 사로잡힌 사람들은 유능한 사람의 실력도 의심한다. 자신이야말로 뛰어난 인재임에도 불구하고 성공의 사다리에 오르지 못했지만 성공한 주변 사람은 운이 좋은 것으로 간주한다. 심지어 뒤에서 근거 없는 소문을 퍼뜨리고 다니기까지 한다. 질투는 사람들에게 보편적으로 나타나지만 유독 여성에게 심하며, 이들은 상대방의 외모나 능력에 대해 강렬한 질투를 느낀다.

직장인에게 질투는 그다지 유익하지 못한 감정이다. 질투심에 눈이 멀어 상황을 오해하거나 판단력이 흐려져 정확하게 상황 인식을 하지 못할 수도 있다. 사람들은 질투심을 멀리해야 한다는 사실을 알고 있어도 주변인이 승진이나 임금인상, 상사의 인정을 받았다는 소식을 듣게 되면 질투의 불길이 뜨겁게 솟아오른다. 직장인의 영원한 화두인 질투는 대부분 승진이나 임금 문제와 관련해서 발생하지만 다른 원인이 작용하는 경우도 있다.

뛰어난 재능의 소유자인 황윤미(가명) 씨는 대학 졸업 후 바로 외국계 기업에 입사해서 이미 경력 10년 차에 들어섰다. 다른 사람보다 능력이 출중한 그녀는 이제는 번듯한 대기업의 고위 관리자급이다. 만족스러운 연봉에 원만한 가정생활까지 이루어 부족할 것이 없어 보였다.

그러나 그녀가 회사 생활에 만족을 느끼는 이유는 정작 따로 있었다. 그녀는 서른이 넘은 나이에도 뛰어난 자태와 기품이 있었으므로, 매일 출근할 때마다 그녀의 패션 감각에 대한 부하직원들의 찬사가 끊이질 않았다.

"오늘, 옷차림이 정말 멋지십니다!"

"머리 모양이 정말 예쁘세요. 어디서 하셨어요?"

황윤미 씨는 이러한 칭찬을 들으며 상쾌한 기분으로 근무에 임했다. 그러나 예쁜 외모에 생기발랄한 젊은 여사원이 입사하자 상황이 달라졌다. 정장을 차려입은 모습이 너무나 우아해서 모두의 이목이 신입 여사원에게 집중되었다. 이제 사람들의 관심은 황윤미 씨에게서 신입사원에게로 옮겨졌다. 사무실 직원들은 매일 아침 신입사원 주변으로 몰려들어 옷은 어디서 샀으며, 피부 관리는 어떻게 하는지 물어보며 "멋을 아는 사람이야."라고 칭찬했다.

주위의 반응에 기분이 나빠진 황윤미 씨는 신입사원을 엄격하게 대했고 업무 처리에도 불만을 표시했다. 그러자 황윤미 씨와 평소 관계가 좋지 않았던 사람들이 그녀가 신입사원을 질투해서 그런다는 사실을 눈치채고 소문을 내는 바람에 황윤미 씨는 엄청난 스트레스를 받았다.

인간은 원래 자신과 다른 사람을 비교하려는 본성을 가지고 있다. 건강한 가치관을 가진 사람은 자신과 주변 사람과의 차이에 대해 정확하게 인식하고 타인의 장점을 기분 좋게 인정할 줄 안다. 하지만 잘못된 가치관을 가진 사람은 풀이 죽거나 다른 사람을 향한 강렬한 질투심에 휩싸인다.

질투심에 사로잡히게 되면 나보다 나은 사람을 보기만 해도 속이 쓰리다. 미움, 시샘, 분노, 원망, 의심, 실망, 모욕, 허영, 슬픔이 한데 뒤엉키는 고통에 시달린다. 내가 못하는 일은 다른 사람도 못해야 하고, 내가 못 가진 것은 다른 사람도 가져서는 안 된다고 생각한다. 가벼운 질투라면 잠재의식에 머물러 있어서 쉽게 알아차리지 못한다. 그러나 심각해지면 자신도 모르는 사이에 그것이 겉으로 표출된다.

질투를 단순한 말로 정의하기는 어렵다. 의심, 미움, 실망 등 여러 형태로 나타나기 때문이다. 우리 주변에는 쉽게 질투심에 휩싸이는 사람을 볼 수 있다. 이들은 다른 이의 재능, 지식, 명예, 지위에 대한 불편한 마음을 떨쳐버리지 못한다. 출중한 외모와 기품 있는 태도, 부드러운 목소리, 호탕한 성격, 인간관계가 원만한 사람에 대해 무조건적인 원망을 품고 자신을 고문한다.

⊙ 증상 진단 | **질투심에 사로잡힌 사람은 어떤 특징이 있을까?**

● **공격적이고 반항적 정서** 상대방의 이미지를 망가뜨리기 위해 자주 공격적이 되며 질투심 때문에 도덕적 기준마저 흔들린다.

● **질투의 대상** 질투심은 비슷한 연령대나 같은 부서의 비슷한 수준을 가진 사람을 향해 나타난다. 평소 직장에서 별 볼일 없다고 생각했던 사람들이나 자신보다 못하다고 생각했던 사람이 리더의 자리에 오르면 질투심의 불길이 솟구쳐 심리적 균형이 무너진다.

● **욕망분출의 욕구** 원망하는 마음이 마음속에 내재되어 겉으로 드러나지 않는 가벼운 질투도 있지만, 분출하고 싶은 욕구가 강해지면 냉소적인 말과 함께 행동으로 표출된다.

● **위장** 대부분의 사람들은 질투심을 부정적으로 본다. 그래서 질투심이 일어나더라도 상대방에게 자신이 질투하고 있다는 사실을 직접적으로 표현하기보다 생활 속에서 완곡하게 상대를 공격한다.

누군가로부터 질투의 공격을 받게 된 후의 반응도 가지각색이다. 어떤 사람은 상대에게 불만이 있어도 세상 이치가 다 그러려니 하며 더 이상 따지고 들지 않는다. 하지만 어떤 사람은 그 감정을 계속 마음에 쌓아두고 있다가 적절한 시기를 틈타 상대방을 공격하거나 울화통이 터져 앓아눕기도 한다.

편견과 적대감을 갖고 사람을 대하다 보면 직장 내 인간관계와 개인의 건강에 악영향을 끼친다. 그러므로 질투는 적절한 시기에 알맞은 방법으로 완화시켜야 한다.

☺ 심리 코칭 **질투심을 해소하는 데 도움이 되는 방법을 알아보자**

● **나와 타인에 대한 객관적 평가** 사람은 누구나 장단점이 있다. 따라서 모든 면에서 뛰어난 능력을 자랑하는 팔방미인을 찾기는 힘들다. 그러므로 자신의 장단점을 정확히 알고 이를 인정한 후 타인을 평가하고 분석해야 한다. 만약 질투심에 사로잡힌 상태라면 생각과 행동을 조절하여 감정을 통제해야 한다. 또 현실을 직시하여 질투에 눈과 귀가 멀지 않도록 해야 한다.

이를 위해서는 냉정하게 자신의 생각과 행동을 분석하고, 객관적으로 다른 사람과 자신의 차이 및 스스로의 문제점을 평가하는 것이 좋다. 분석을 끝낸 후에는 다른 사람이 피땀 흘려 이룬 노력의 성과를 긍정적인 태도로 바라보는 것이 좋다. 이처럼 정확한 인식과 판단이 인격의 바탕이 되면 질투의 불길도 수그러들 것이다.

● **역지사지의 마음 갖기** 질투의 특징은 자만심과 이기심으로 표출된다. 질투가 실제 행위로 나타나면 다른 사람을 괴롭히다가 결국 자신을 망치고 만다. 그러므로 동료가 승진하고 연봉이 몇 배로 뛰었다는 사실을 알게 되었다 하더라도 역지사지의 태도로 적개심을 내려놓도록 하자.

역지사지란 상대와 입장을 바꾸어 생각한다는 뜻이다. 상대방에 대한 질투가 극심해 감당하기 벅찰 때는 상대방의 입장에서 가슴에 손을 얹고 자문해보라. "만약 내가 그 사람이라면 어떨까?" 이렇게 입장을 바꿔 상대의 마음이 되어보면 서로의 입장도 이해하게 되고 유해심리도 막을 수 있어 질투심이 사그라진다.

● **진정한 즐거움 찾기** 마음이 즐거우면 질투심이 끼어들 틈이 없어 일상생활이 활기차다. 질투심 때문에 고통스러웠다면 즐거움을 통해 고통에서 벗어나자. 예를 들어, 자신이 바라던 직위를 다른 사람이 차지하면 현재 자신의 직위가 하잘것없다는 생각에 사로잡히기 쉽다. 하지만 그렇게 생각해봤자 당신이 얻는 것은 견딜 수 없는 고통뿐이다. 자신이 갖고 싶은 것을 다른 사람이 차지하면 당연히 질투심이 일어난다.

하지만 대부분의 사람들은 자신이 진정 원했던 것이 무엇인지 정확하게 모르면서 사소한 일로 마음이 위축된다. 인생을 좀 더 멀리 바라보고 전체적인 그림을 그려보면 주변의 사소한 일들로 인해 심란해지는 것을 피할 수 있다. 질투해 마지않는 실체가 실제로는 당신이 진정 원하던 것이 아닐 수도 있다. 먼저 나에게 가장 중요한 것이 무엇인지 알아야 한다. 즐거움이나 질투는 모두 심리적 현상이므로 어떤 상태에 당신의 마음을 맡길 것인가에 따라 천국과 지옥이 오간다.

● **나와 타인에 대해 정확하게 알기** 일반적으로 수준이 비슷하거나 서로 업무상 관계가 많은 사람들 사이에 질투심이 발생한다. 나보다 못한 사람이 갑자기 두각을 드러냈을 때도 질투심이 고개를 든다. 이러한 질투심을 해소하려면 나와 타인에 대한 정확한 비교분석이 필요하다. 이때 나의 장점과 상대의 단점을 비교대상에 올려서는 절대 안 된다. 오히려 상대의 장점과 나의 단점을 비교해야 한다. 이를 통해 상대의 장점을 배우고 나의 단점을 고칠 때 질투는 사라지고 나는 발전한다.

● **생활 속에서 나의 가치 발견하기** 다른 사람이 나보다 빠른 승진을 했다면 나의 장점은 살리고 단점은 고쳐가면서 잠재력을 발휘할 수 있는 새 영역을 찾아야 한다. 소를 잃었다고 넋 놓고 있을 것이 아니라 외양간을 고쳐야 다음 실패를 모면할 것이 아닌가. 이렇게 스스로 발전해 나갈 때 자신의 목표도 달성하고, 질투하던 사람에게 가졌던 마음의 벽도 허물어 질투를 잠재울 수 있다.

● **질투를 성공의 동력으로 삼기** 질투심은 긍정적인 면과 부정적인 면을 두루 갖춘 양날의 검이다. 이 검을 잘 활용하려면 질투에 대해 제대로 알아야 한다. 질투의 긍정적인 면을 발휘해 성공을 위한 동력으로 삼는다면, 다른 사람을 제치고 성공을 거머쥘 수 있다. 직장생활을 하다 보면 성공도, 실패도 맛볼 수 있다. 실패했다고 불만을 품게 되면 상대에 대한 원망과 그에 따르는 고통으로 업무에 악영향만

줄 뿐이다.

　질투를 새로운 도약의 발판으로 삼아서 자신의 잠재력을 발휘할 수 있는 계기로 삼아라. 다른 사람의 성공을 질투하는 시간에 나의 능력을 향상시키는 데 힘을 쏟는다면 보다 나은 인생이 내 앞에 펼쳐질 것이다. 다른 사람을 이기려고 하기 전에 나를 뛰어넘어야 한다. 남의 장점을 인정한다고 해서 그것이 나의 앞길을 가로막지는 않는다. 오히려 새로운 도전에 대한 열정의 불꽃을 일으킬 수 있다. 이렇듯 자신의 일에 열정적인 사람에게 다른 사람을 질투할 여유가 있겠는가?

5 | 비교심리
– 나를 기준으로 삼아 마음의 평정을 찾아라

업무가 달라도 회사를 함께 움직이며 발전시킨다는 점에서 모든 부서는 동질성을 가진다. 그렇지만 개개인의 차별성을 무시할 수는 없다. 직장 내에서 보이는 동질성과 차별성은 개개인에게 비교심리를 불러일으킨다.

비교심리란 자신의 실적과 보수를 습관적으로 다른 사람과 비교하는 심리를 말한다. 만약 두 사람 모두 비슷한 대우를 받는다면 공평하다고 느끼겠지만 한 사람이 연봉을 높게 책정받으면 다른 한 사람은 마음의 평정을 유지하기 어렵다. 예를 들어, 동료들보다 나의 보너스 액수가 적다는 사실을 알게 되면 거기서 멈추지 않고 다른 부분도 비교하기 시작한다. 급기야는 남들은 자기보다 더 넓고 좋은 집에서 더 능력 있는 배우자와 산다는 사실조차 견딜 수 없는 고통으로 느껴진다.

비교심리가 작동하면 주어진 상황에 만족할 수 없다. 그렇다고 비교심리가 발생하는 특별한 조건이 있는 것은 아니다. 단지 부유하고 호화로운 생활을 누리며 안락하게 사는 타인의 인생과 자신의 현실을 비교하는 중에 마음의 고통을 느끼게 되는 것이다. 누구보다도 성공하고 싶고, 누구보다도 두드러지게 뛰어난 사람이 되고 싶다는 욕망에 사로잡혀 헛된 명예를 좇다가 헤어나기 힘든 상황을 맞게 하는 것이 비교심리다. 이처럼 비교는 날카로운 검이 되어 영혼의 폐부를 찌르며 전 존재를 무너뜨리는 무가치한 감정이다.

누구나 남이 부러워하는 강점과 부족하다고 느끼는 약점이 있다. 중요한 것은 자신의 마음가짐이다. 직장에서 크게 성공하지는 못해도, 자신의 능력을 인정하고 맡은 일에 만족할 줄 안다면 마음의 평정을 유지할 수 있다. 직장에서 나와 동료를 맹목적으로 비교하며 자신을 괴롭히지 말고 나만의 특별함을 발견하라.

인간의 마음을 고통의 나락으로 떨어뜨리는 비교심리에서 벗어나려면 언제나 다른 사람이 아닌 나를 기준으로 세상을 바라보아야 한다. 자신이 원했던 일을 하고 있고, 그것이 의미 있는 일이라는 생각이 들면 더 이상 나와 남을 비교하는 어리석음에서 벗어날 수 있다.

또한 직장생활을 하다 보면 시도 때도 없이 마음이 심란해진다. 남보다 못났다느니 잘났다느니 따지고 들지만, 사실은 말도 안 되는 비교를 하느라 마음의 평정을 잃어버리는 것이다.

대부분의 신입사원은 출근 첫날, 동기들과 함께 직장인으로 첫걸음을 내디뎠다는 생각에 흥분과 기쁨을 감출 수가 없다. 그러나 몇 년이 지나서도 여전히 초심을 잃지 않고 열정적으로 일하는 사람도 있지만, 대부분의 사람들은 힘겹게 하루하루를 버티며 살아간다. 늘

신제품을 개발하기 위해 열정을 모조리 쏟아 일하는 동료를 볼 때면 자신은 아무런 성과도 내지 못하고 빈둥거리며 시간을 보내고 있는 것만 같을 때 마음이 요동치면서 이런 의문이 생겨난다. "분명 같은 곳에서 출발했는데, 왜 이렇게 한심한 결과가 나타날까?"

대단히 흥미로운 사실은 친구나 동료가 승진할 때가 아니라 다시 '구직'해야 한다는 것을 알았을 때 심하게 마음이 흔들린다는 사실이다. 오랜 기간 함께 희로애락을 겪어온 친구가 일을 그만두고 다시 일자리를 찾는 현실이 가슴 아픈 것은 당연하다. 그러나 마음을 고통스럽게 하는 원인의 실체는 동료의 실직이 자신의 현실로 느껴지기 때문이다.

특히 대규모 인사이동은 미래에 대한 불안에 휩싸이게 한다. 이런 일이 벌어지면 주변 동료의 상황은 어떤지 자주 살피는 습관이 생기고, 누가 해고라도 당하면 큰 충격에 빠져 며칠 동안 헤어 나오지 못한다. 어떤 때는 안면 몰수하는 사장의 태도에 충격을 받기도 하고, 경쟁업체의 유혹에 마음이 흔들리기도 한다.

탄탄한 기업에서 높은 연봉을 받고 일하는 당신에게 어느 날 더 좋은 대우를 약속하며 스카우트 제의를 하는 회사가 있다면 지금의 회사에 남아야 할지 이직을 해야 할지 심각한 고민에 빠질 수밖에 없다.

직장에서 어려운 문제에 부딪쳐 헤어 나오지 못하는 직장인, 다른 사람과 비교하느라 방황하는 직장인들은 다음 발걸음을 어디로 향해야 할지 종잡을 수가 없다. 남과 비교하는 것만큼 어리석은 일도 없다는 사실을 알았다면 비교심리와 멀어져라.

● **건강한 심리상태를 유지하도록 노력하라** 평소 존경하던 선배의 승진은 무엇보다도 기쁜 소식이다. 노력한 만큼 대가를 받은 것이니 충분히 납득이 간다. 하지만 만약 당신의 동기가 사장이 되었다면 어떨까? 게다가 사업 규모도 엄청나다는 이야기가 들려온다면 당신의 마음은 크게 요동칠 것이다. '나는 일개 평직원에 불과한데, 어째서 나보다 공부도 못했던 그가 큰 사업을 이끌어가는 사장이 됐을까?' 이런 생각에 마음의 갈피를 잡지 못하고 좌불안석한다. 하지만 이같이 마음을 흔드는 여러 방해 요소가 생겨나더라도 건강한 심리상태를 유지하도록 노력해야 한다. 직장에서 성공하려면 책상에서 배운 지식도 필요하지만 중요한 것은 어떤 심리적인 자극에도 흔들리지 않는 마음을 지키는 능력을 길러야 한다.

● **스스로의 문제를 파악하고 감정을 컨트롤하라** 직장에서 다른 사람의 성공에 마음이 흔들릴 때, 나와 상대의 차이를 생각하며 자문해보자. "처음 목표가 무엇이었나?" 목표가 명확한 사람은 시간을 허비하지 않는다. 삶에 대한 열정과 계획이 분명하기 때문에 직장생활 역시 차분하게 해나간다. 이렇듯 자신의 감정을 절제하고 앞으로의 일에 대해 우선순위를 정해 침착하게 대응한다면 다른 사람이 성공했다는 소식을 들어도 흔들리지 않는다.

● **이직을 고려할 경우 이성적인 판단은 필수다** 기존에 다니던 직장을

떠나 새로운 직장에서 일을 시작하는 것은 누구나 겪는 일이다. 이런 일로 굳이 스트레스를 받을 필요는 없다. 지금 맡은 일에 최선을 다하다 보면 어느 순간 누구도 대신할 수 없는 전문가가 되어 있을 것이다. 그렇게 되면 오랜 시간 한 분야에서 일한 당신의 선택범위는 더욱 넓어진다. 이미 충분한 능력을 갖춘 당신은 직장을 떠날 수밖에 없는 상황이 되어도 금방 적합한 자리를 찾을 수 있으니 얼마나 즐거운가?

단, 지금 맡은 업무 외에 다양한 능력을 좀 더 개발해야 할 필요가 있다. 능력을 개발하면 직장을 선택할 수 있는 폭이 넓어져 실직에 대한 두려움에서 벗어날 수 있다. 그렇게 되면 동료의 해고와 구직에 마음이 흔들릴 이유가 없다.

● **기업주와 업무의 관계를 이성적으로 판단하라** 많은 사람이 기업주의 인정머리 없는 결정에 충격을 받는다. 하지만 과연 그런 일에 그토록 충격을 받아야 할까? 사장이 직원을 해고하는 지경에 이른다 해도 거기에는 다 그만한 사정이 있다. 사장이 자신을 희생해가며 직원들을 돌봐주기를 기대해선 안 된다. 혹 그런 사장을 만났다면 당신은 대단히 운이 좋은 사람이다.

사장과 부하직원은 호혜상생의 관계다. 사장이 일처리에 미숙하고 이윤을 못 내는 직원을 해고하고 유능한 직원을 새로 뽑는 것은 그 직원에게 특별히 나쁜 감정이 있어서가 아니다. 그러니 그런 상황이 발생했다고 해서 사장을 두려워하며 대화를 피할 필요는 없다. 기본적으로 회사는 생산 활동을 하여 이윤이 났을 때 원활하게 운영이 된다. 직원이 회사가 필요로 하는 이윤을 가져다주지 못하게 되면 사장이 직원을 해고하는 것은 당연하다. 그러므로 고용인과 피고용인의 관계에 감정적으로 대처해서는 안 된다.

● **기회가 왔을 때는 냉정한 분석과 신중한 선택이 필요하다** 연봉이 높다는 먹음직스런 스카우트의 미끼를 덥석 물어서는 안 된다. 현재 근무하는 회사에서 앞으로 얼마나 성장할 수 있는지, 업무 환경이 못마땅한 부분은 무엇인지, 이직했을 경우 새로운 업무에 적응하는 데 문제가 없는지 등등 다양한 각도에서 분석해야 한다.

또 스카우트 제의를 한 회사 사장은 신뢰할 만한지, 해당 회사의 내부에 문제가 없는지도 살펴야 한다. 현재 직장에 만족하고, 업무도 자신이 있으며, 어느 정도의 직위까지 올랐다면, 굳이 더 많은 급료를 받겠다고 처음 품었던 입사 의지를 꺾을 필요는 없다. 어떤 상황이든 처음 목표가 중요한 기준이 되어야 한다.

사람마다 가치관이 다르다. 같은 일을 해도 그것이 가치 있는 일이라고 생각하는 사람이 있는가 하면, 전혀 그 일의 중요도를 느끼지 못하는 사람도 있다. 하지만 호불호를 떠나 기본적으로 해야 할 일과 하지 말아야 할 일이 무엇인지 알아두어야 한다. 그리고 선택을 했다면 뒤돌아보지 말고 끝까지 그 길을 가라. 당신이 원해서 한 선택이므로 어떤 결과가 당신을 기다리든 후회는 하지 말아야 한다.

6 │ 우울증
– 원망을 버리고 인생의 흐름을 즐겨라

많은 돈을 벌기보다 일을 즐길 수 있을 때 직장생활은 행복해진다. 하지만 인간은 감정적 동물이라 항상 기분이 좋을 수는 없다. 그런데 직장이라는 공간은 인간의 마음에 상처를 주기에 알맞은 요소를 두루 갖추고 있어 자주 스트레스에 노출될 수밖에 없다. 스트레스가 몰려왔을 때 그것에 대처할 힘이 없으면 미움, 고통, 수치심, 열등감이 고개를 치켜든다. 이런 유해심리가 지속되면 심리상태가 비관적이 되어 정상적인 사고가 힘들어지고, 신체적으로도 쇠약해져 행동이 느릿해지는 등 우울증의 전조가 나타난다. 그 어느 때보다 급속한 사회의 변화와 복잡한 인간관계 속에서 벌어지는 치열한 경쟁은 직장인의 우울증을 촉진시키는 요인으로 작용한다.

올해 스물일곱 살이 된 송윤희(가명) 씨는 공공기관 직원이다. 어려서부터 성실했고 공부도 잘해 부모님의 기대를 한 몸에 받았다. 그녀는 가족의 기대에 부응하고자 언제나 열심히 노력하는 성실파였다. 그래서 초등학교 때부터 중·고등학교, 대학교에 이르기까지 공부에 매진해 좋은 성적을 유지했다. 하지만 지나치게 공부에만 집중한 나머지 그녀는 친구를 사귀는 일에 소홀했다. 절친한 친구 하나 없는 그녀는 늘 외로웠다. 특히 직장을 구한 뒤 상태는 더욱 나빠졌다. 그녀가 받는 월급으로 부모님을 모시기에는 역부족이라 자주 자책감에 시달렸다.

또한 사람들과 잘 어울리지 못해 늘 혼자 다녔다. 친구를 사귀고 싶어도 용기가 나지 않았고, 어울리는 방법도 몰랐다. 4년 전 소개팅으로 만난 회사동료와 결혼했지만 관계가 원만하지 못해 사소한 문제로 다투기 일쑤였다.

최근 2년 사이 그녀는 별다른 이유도 없이 답답하고 우울했다. 미래가 막막하게 느껴지고, 뜻대로 되는 일이 없었다. 실컷 울고 싶었지만 울음조차 나오지 않았고, 어쩌다 기쁜 일이 생겨도 기분이 나지 않았다. 예전에는 영화와 음악을 즐겼지만, 지금은 그 모든 것에 흥미를 잃어버린 상태다. 그녀는 이런 우울증에서 헤어 나오지 못한 채 수면 장애에 시달렸고 식욕도 급격하게 저하됐다.

급격한 사회 변화, 성공과 실패가 극명하게 대비되는 사회 분위기 속에서 일부 직장인은 심리적으로 크나큰 혼란을 느끼며 살아간다. 치열한 경쟁과 복잡한 인간관계 속에서 심리상태를 조절하는 데 실패하게 되면 우울증에 빠지기 쉽다. 진행하는 일이 순조롭지 않으면 의기소침해져 이는 결국 업무 효율성이 떨어지는 악순환으로 이어진다. 이런 악순환이 거듭되면 우울증은 갈수록 심각해진다.

● **시간 압박과 치열한 경쟁** 성과급제거나 정기적인 실적 보고를 요하는 직업이 여기에 속한다.

● **환경과 업무 내용의 잦은 변화** 끊임없이 새로운 환경과 동료들에게 적응해야 하기 때문에 상당한 스트레스를 받는다.

● **직원 부족** 업무 스트레스와 책임을 나누지 못해 혼자서 모든 걸 감당해야 하므로 스트레스를 해소하기가 쉽지 않다.

● **사회적 인지도가 낮은 직업** 이런 직업에 장기간 종사할 경우 정체성이 약해지고 성취감과 만족감을 맛보지 못한다. 발전 가능성이 낮은 직업도 포함된다.

● **불규칙한 업무와 휴식 시간** 교대 근무나 밤샘 근무 혹은 시차 문제가 빈번하게 발생하는 직업은 신체리듬이 깨지기 때문에 건강에 악영향을 끼친다.

이러한 특징을 가진 직업군에서 쉽게 우울증이 유발된다. 또한 평소 즐겁게 일하는 것처럼 보이는 여성에게서 더 많은 우울증 사례가 발견된다는 사실에 주목할 필요가 있다.

덴마크 직업보건센터에서 5년 동안 직장인 4,133명을 대상으로 장기간 추적조사를 진행했다. 조사기간 중 설문조사 인터뷰를 두 번 진행하여 개인의 우울증 유무의 증상 정도와 함께 직장에서의 업무량, 회사 발전 가능성, 직장 내 대인관계를 알아보았다.

그 결과 상사의 명령에 반드시 복종해야 하는 말단사원으로, 회사 내 영향력이 미미하고 기획 과정에서 어떠한 결정력도 없는 여성의 경우 우울증에 걸릴 위험성이 보통 직장인보다 두 배 이상 높게 나타났다. 그 외 업무 진행 중 직장상사에게 칭찬이나 인정 등 긍정적인 피드백을 받지 못한 여성의 경우에도 우울증 발병률이 다른 사람보다 두 배 이상 높았다. 교육 수준, 사회적 지위, 건강 등 여러 요소를 종합하여 분석한 결과도 마찬가지였다.

우울증은 마치 검은 유리를 통해 세상을 바라보는 것과 같다. 검은 유리를 통해서 세상을 보면 나와 주변 환경, 다가올 미래가 모두 어둡고 캄캄해 보인다. 까만 렌즈가 끼워진 안경을 끼고 세상을 바라보면 투명한 렌즈를 끼고 세상을 바라볼 엄두를 내지 못한다. 부정적인 생각은 우울증을 동반하고, 우울증으로 침체된 마음은 다시 부정적인 생각을 불러온다. 이러한 악순환이 반복되면서 우울증은 장기간 지속된다.

우울증을 앓는 직장인의 경우 어떤 문제가 발생했을 때 그것을 너무 심각하게 받아들여 불필요한 스트레스로 자신을 괴롭히는 사람이 있는가 하면 문제로부터 도망치려는 사람도 있다. 문제를 회피하려고 하지만 마음 깊숙한 곳에서는 여전히 이 문제를 붙들고 놓지 못해 무거운 짐을 안고 살아가게 된다. 회피든 집착이든 상황은 두 가지밖에 없다.

첫째, 생각만큼 문제가 심각하지 않으므로 충분히 만회할 여지가 남아 있는 경우다. 이때는 긍정적인 자세로 문제를 직시하면 충분히 해결할 수 있으므로 크게 걱정할 필요가 없다.

둘째, 해결 범위를 넘어선 경우다. 이럴 때는 낙관적인 태도가 필요하다. 마치 버드나무가 휘몰아치는 바람에 온몸을 내맡기고 흔들리면서 폭풍우를 견뎌내듯이 현실에서 도피하지 말고 견뎌내야 한다.

☺ 심리 코칭 **우울증에서 벗어나려면 이렇게 해보자**

● **심신을 수양하라** 직장생활과 가정생활을 지나치게 완벽하게 조화시키려다 보면 오히려 실패를 불러들일 수 있다. 따라서 '합리적인 목표'를 세우는 것이 좋다. 세상을 폭넓게 바라보고 유연한 사고로 도전과 위기를 문제가 아닌 기회로 생각하도록 하라. 그러다 보면 심신의 건강을 유지하여 감당하기 어려운 문제도 너끈히 이겨낼 수 있을 것이다.

● **사고를 전환하라** 화가 나고 짜증날 때, 슬플 때, 걱정될 때는 부정적인 사고를 멈추고 즐겁고 기쁜 일을 생각하든지 전혀 다른 일을 해보는 것도 좋다. 예를 들어 방 구조를 바꿔보거나 자신에 대한 고정관념이 없는 새로운 사람과 이야기를 나눠본다. 일부러 일을 찾아서 하거나 친구를 만나 함께 산책을 하는 것도 좋다.

● **이야기하라** 혼자서 억울한 마음을 품고 있으면 고통이 쌓여 병이 된다. 이럴 때는 다른 사람에게 속마음을 털어놓자. 절친한 친구에게 고충을 털어놓다 보면 위로도 받고 해결책도 찾을 수 있다. 그렇게

하면 갑갑했던 마음도 숨통이 트인다. 아주 친한 친구가 아니라 해도 억울한 속내를 털어놓으면 무거웠던 마음이 한결 가뿐해질 것이다.

● **애완동물을 기르라** 고양이, 개, 물고기 같은 동물이나 꽃, 과일, 채소 등을 키우면 우울증이 해소된다. 뜻대로 일이 풀리지 않을 때, 평소 주인과 감정적 교류를 해온 애완동물이나 식물을 바라보면 기분전환이 된다. 이들에게 몇 마디 말을 건네다 보면 마음의 평정을 되찾을 수 있다.

● **취미를 가져라** 취미가 한두 가지 있는 사람에 비해 취미가 전혀 없는 사람은 인생이 단조롭다. 또 질투심이 자주 일어나고 초조해한다. 우표 수집, 스포츠, 낚시, 카드놀이, 댄스 등의 취미생활은 지루한 일상에 생기를 불어넣는다. 기분 나쁜 일이 생겼을 때 취미활동에 몰입하는 것도 좋은 방법이다.

● **현실에 만족하고 여유를 즐겨라** 행복은 만족감에서부터 시작한다. 항상 손해 보는 삶을 산다고 원망하는 사람은 인생을 즐기지 못한다. 반면 남을 위해 헌신하면서도 대가를 바라지 않는 사람은 늘 편안하고 웃음이 떠나지 않는다. 이것저것 따지지 말고 인생의 흐름을 즐기면서 사는 사람의 내면은 늘 평온하다.

7 | 예민함과 의심증

— 24시간 방어 태세를 접고 신뢰를 쌓아라

예민하게 촉각을 곤두세우고 일을 하게 되면 창의력을 발휘할 수는 있다. 그러나 일상으로 돌아오면 이런 예민한 태도를 버려야 한다. 사람들에게 지나치게 예민한 모습을 보이는 것은 서로를 고통스럽게 한다. 때로는 상대방의 한마디 말에 민감하게 반응하며 혼자서 억측을 하고 의심하는 경우도 있다. 이처럼 걱정하지 않아도 될 일을 걱정하느라 심신은 지칠 대로 지친다. 이런 악순환이 반복되면 궁극적으로는 자신의 미래를 망치게 된다.

지나치게 예민한 사람은 24시간 방어 태세를 갖추고 있어서 주변에서 벌어지는 모든 일을 마음속에 담아두게 된다. 그래서 매사에 과민한 반응을 보이는 것이다.

신문사 편집자로 일하는 우정희(가명) 씨는 자신의 예민한 성격 때문에 고통스러운 나날을 보냈다.

"저는 회사에서 유난히 잘 울었어요. 사장님이 조금 호되게 야단칠 때면 눈에서 눈물이 뚝뚝 떨어졌죠. 예민한 감수성을 어쩌지 못해 결국 서류 정리만 맡기로 했습니다. 그러다 보니 좋은 기회들을 모조리 놓쳤고, 나중에는 저의 결정이 과연 옳았는지 뒤돌아보게 되더군요. 결국 제 예민함이 열등감에서 비롯되었다는 것을 알았어요. 사실 저는 교육을 많이 받지 못했는데, 우연한 기회에 이쪽 일을 하게 되었거든요. 모든 걸 알고도 사장님이 저를 믿고 일을 맡겼는데 왜 내가 내 앞길을 가로막았나 하는 생각이 머리를 스치더군요. 모든 게 저의 열등감에서 비롯됐다는 사실을 깨달은 지금은 괜찮아요. 지금은 즐거운 마음으로 새로운 업무를 맡을 수 있게 되었어요."

신경이 예민한 사람은 작은 실패 하나도 마음에 깊이 새기고, 자기 능력을 의심하기 때문에 쉽게 자기를 비하한다. 이들은 타인이 자신을 비판해도 너무나 당연하게 받아들이며 모든 것을 자기 잘못이라고 생각한다. 이런 부류의 사람들은 자주 이런 결론을 내린다. "나는 너무 평범하고, 쓸모없는 바보야." 사실 자신이 예민해지는 원인을 파악했다면 예민한 감정에 빠지려 할 때 '스톱 버튼'을 누르고 감정을 제어해야 한다. 굳이 자신을 비하하면서까지 반성할 필요는 없다.

지나치게 예민한 사람은 자신감이 부족해 늘 불평할 이유를 찾는다. 다른 사람이 아무리 진심 어린 칭찬을 해도 받아들이지 못하고 부정적으로만 생각한다. 이러한 지나친 예민함은 미성숙한 심리를 방증하는 것으로, 직장업무를 비롯해 몸과 마음에도 심각한 폐해를 준다.

● **자신감을 길러라** 자신의 장점을 찾아내어 자신감을 길러야 한다. 그러려면 주변 사람과 원만한 관계를 맺고 그들에게 좋은 인상을 남길 수 있다는 믿음이 있어야 한다. 자신감을 갖고 직장생활을 해나가다 보면 '다른 사람이 나를 싫어하지는 않을까.' 하는 공연한 걱정을 내려놓을 수 있다.

● **이성적으로 심리상태를 제어하라** 예민함을 근본적으로 치유하려면 마음의 소양을 쌓아야 한다. 다른 사람을 사랑하고 매사를 긍정적으로 생각하며, 타인의 잘못을 용납할 줄 아는 너그러운 마음을 갖도록 하라. 설령 예상치 못한 상황을 맞게 되더라도 견딜 수 있도록 흔들리지 않는 강한 의지력을 길러라.

● **문제가 발생하는 즉시 상대와 소통하고 의구심을 풀어라** 누구나 오해를 살 수 있다. 그러므로 오해를 해소할 수 있는 자신만의 방법을 마련해두어야 한다. 가능하면 뒤끝이 남는 대화 상대와는 솔직하게 마음을 털어놓자. 그러면 오해도 풀리고 진실도 밝혀진다.

● **나 자신을 위로하라** 자신에 대해 떠도는 헛소문과 비방을 듣거나 누군가가 자신을 오해한다는 사실을 알았다고 해서 하늘이 무너질 것처럼 놀랄 필요는 없다. 그럴 때는 사소한 부분까지 따지지 말고 조금 느슨하게 일을 처리하는 것도 좋은 방법이다. 만약 다른 사람이 자신을 의심한다고 느껴질 때, 쓸데없는 뒷담화에 마음을 쓰지 말자고 스

스로를 위로하면 마음의 짐도 내려놓을 수 있다. 그렇게 되면 작은 승리감마저 느껴진다. 쓸데없는 의심도 깨끗이 사라지는 것은 물론이다.

• • •

예민함만큼 직장인을 괴롭히는 것이 바로 의심이다. 의심에 휩싸이면 스스로 고통의 구렁텅이에 빠지고 만다.

이경은(가명) 씨는 몸을 아끼지 않고 열심히 노력하는 진취적인 여성이다. 회사에 입사한 후 얼마 되지 않아 그녀는 큰 실적을 올렸고, 사장은 그녀를 단번에 고위관리직에 발탁했다. 젊은 나이에 높은 연봉까지 받게 된 그녀는 전 직원의 부러움을 샀다. 그러나 고임금과 높은 직위의 배후에는 어두운 그림자가 서려 있었다. 승진 이후 그녀는 늘 잠을 이루지 못했다. 모발은 건조해졌고 피부는 망가졌다. 사무실에서나 집에서나 매일 진한 커피를 마셔야 했다. 그녀는 친구들에게 하소연했다. "일 때문에 마음이 불안해서 그래." 그녀는 왜 이런 지경에 이르렀을까?

사실 회사에서는 그녀의 승진을 축하한 사람도 많았지만, 험담을 늘어놓는 사람도 있었다. 원래 예민하고 의심이 많았던 이경은 씨는 이런 상황에 지나치게 분노했고, 승진 이후 타인에 대한 의심은 더욱 깊어졌다.

이경은 씨가 회사 고위관리자와 함께 회의를 한 날이었다. 회의를 마치고 나오는데 한 부하직원이 문 앞에서 허리를 구부린 채 얼굴을 문에 갖다 대고 있었다. 그녀는 분명 그 직원이 회의 내용을 엿들었을 것이라는 생각에 따로 불러 왜 그런 행동을 했느냐고 따졌다.

그녀의 말에 부하직원은 펄쩍 뛰었다. 그는 컵에 물을 따르고 있었을 뿐 회의 내용은 전혀 들은 바 없다고 반박했다. 그때서야 이경은 씨는 문 옆에 있던 정수기를 떠올렸다. 부하직원이 정수기에서 물을 받는 자세를 취하고 있었고, 컵까지 들고 있었다는 사실을 기억해냈다. 이런 사소한 의심은 해당 직원뿐만 아니라 이경은 씨의 업무에도 큰 영향을 끼쳤다.

그 후 회사에 고학력 인재들이 입사했다. 이경은 씨는 사장이 이들을 유독 아끼는 것을 보고는 왠지 자신이 무시당하고 푸대접을 받는다는 생각에 불안해졌다. 불면증은 더욱 심해졌고 나중에는 두통과 함께 어지럼증이 찾아오면서 집중력도 떨어졌다. 병원에 다녀도 상황은 더욱 악화되기만 했다.

사실 이경은 씨는 예민함과 의심증 때문에 심리적으로 큰 고통을 받고 있다. 현대 직장인들은 업무와 생활 스트레스가 가중되면서 긴장감과 초조감 등을 심하게 겪고 있다. 또 회사 내에서 치열한 경쟁이 벌어지면서 직장 동료들은 서로를 믿지 못하게 되었다. 의심이란 주관적인 짐작으로 다른 사람을 믿지 못하는 심리현상이다. 주로 열등감을 동반하며 자기암시 효과가 있다.

의심증이 있는 사람은 우선 마음속에서 어떤 결과를 미리 만들어 낸다. 예를 들어 다른 사람이 자신을 직장에서 몰아낼지도 모른다는 걱정을 기정사실화한 후 이를 토대로 나머지 정보를 취사선택하여 받아들인다. 이런 과정에서 자신이 세운 엉터리 가정이 진짜라는 결론을 내려 스트레스에 시달린다. 시간이 흐를수록 잘못된 결론은 더욱 굳어지고, 의심이 의심을 부르는 악순환이 일어난다.

의심증이 있는 사람은 편견을 갖고 사물을 대한다. 자신이 세운 가설과 추측을 근거로 전혀 상관없는 일련의 사건을 한데 모으거나, 새로운 상황을 만들어 자신이 세워놓은 가설을 증명하려 든다. 그러다 보니 다른 동료나 상사가 무의식중에 한 말과 행동을 적대적인 표현으로 간주하고, 심지어 선의를 악의로 오해하여 관계의 벽을 만들기 때문에 대인관계가 나빠진다.

의심증의 가장 큰 특징은 자신을 도와주려는 사람들을 방치한 채 고군분투한다는 것이다. 이런 사람은 직장에서 업무를 제대로 해내지 못해 성공이 어렵다. 의심증은 한번 생겨나면 고착되어 쉽게 사라지지 않는다. 이는 타인뿐만 아니라 자신에게도 칼끝을 들이밀기 때문에 직장인의 일상 업무와 대인관계에 악영향을 미친다.

☺ 심리 코칭　의심증을 완화하거나 뿌리 뽑으려면 이렇게 해보자

● **대인관계를 돈독히 하고 서로를 이해하라**　직장에서는 혼자서 독불장군처럼 행동해서는 안 된다. 직장은 상호협력이 필요한 곳이다. 그런데 의심이 난무해 서로를 이해하지 못하게 되면 정보 공유가 어렵다. 그러므로 타인에 대한 의심이 생길 때는 오히려 주변인과 더욱 활발하게 교류해야 한다. 서로 의견이 맞지 않으면 대화가 안 된다는, 시대에 뒤떨어진 생각은 내려놓아야 한다. 사람들과 이야기를 나누다 보면 자신이 의심했던 상황을 객관적으로 바라보게 된다. 사실 가장 좋은 방법은 상대방과 솔직하게 이야기를 나누는 것이다. 그렇

게 함으로써 상대방이 무심코 던진 농담이나 상대방에 대한 소문만 듣고 의심하고 오해했던 사실을 바로잡을 수 있다. 사람들을 자주 만나 대화하다 보면 타인과의 거리감이 없어지고 신뢰가 쌓여 의심이 사라진다.

● **자신감을 가져라** 누구나 나만의 장단점이 있다. 우선 나의 장점을 파악하고 자신감을 기르도록 하라. 그리고 다른 사람의 관점이나 생각에 지나치게 신경 쓰지 마라. 그보다는 나 자신을 제대로 이해하고 인정해주며, 다른 사람의 평가에서 벗어나 나만의 능력을 마음껏 발휘해보자.

● **소통을 통해 의심을 해소하라** 의심이 많은 사람은 쉽게 불안감에 빠지고 다른 사람의 냉담한 태도와 비판을 받아들이기 힘들어한다. 그러나 사람 사는 곳이 다 그러하듯 직장에서 서로가 서로를 비방하는 일은 비일비재하다. 특히 승진 직후는 더욱 그렇다. 이때 직장에서 떠도는 유언비어와 황당한 이야기들에 휩쓸리지 말고 의연한 태도를 보인다면 의심의 굴레에서 벗어날 수 있다. 가능하면 진실을 밝혀 상대방의 의심을 해소시키는 것도 좋다.

● **긍정적인 자기암시를 하라** 의심의 먹구름이 밀려올 때 이성적 사고라는 무기를 사용하여 폭주하는 의심증을 억제해야 한다. 단편적인 사고에서 벗어나 긍정적인 면과 부정적인 면을 통합적으로 살피면서 대상을 바라보라. 여건이 허락한다면 의심이 가는 부분을 조사하여 진상을 밝히는 것도 좋다. 또는 믿을 만한 친구를 통해 사건의 전

말을 알아보면 현실과 다른 어처구니없는 자신의 가설과 억측을 바로잡을 수 있다. 그리고 가장 중요한 것은 상대방의 입장에서 생각해 보는 것이다. 입장을 바꿔서 생각하면 긍정적인 태도를 가지게 되고, 불필요한 갈등도 피할 수 있다.

● **너그러운 태도를 가져라** 사실은 아무런 문제도 없는데 상대가 자신에 대해 부정적인 선입견을 가지고 있다는 착각에 빠져 의심을 하는 경우가 있다. 이렇게 되면 상대를 대할 때 선입견을 갖게 되고 자연히 상대방도 그런 자신을 오해한다. 직장에서 쩨쩨하게 굴지 마라. 마음을 열고 사람들을 대하라. 그러면 사람들 사이에 생겼던 벽도 금방 허물어지고 의심과 불쾌한 마음도 모두 사라진다.

8 | 자만심과 자아도취
– 온전한 나를 찾아라

자만심은 나를 제대로 알지 못하고 과대평가하는 감정이다. 자만심이 있는 사람은 자신을 대단하다고 착각하며, 다른 사람을 얕잡아본다. 이들은 자신은 누구보다도 유능하나 다른 사람은 하나같이 아무 쓸모가 없는 존재라고 생각한다. 이런 사람은 천상천하유아독존이라는 말이 딱 어울릴 만치 상대방에게 자기 의견만 강요한다. 다른 사람이 옳은 의견을 제시하는데도 그것을 수용하려 들지 않는다.

자만심이 강한 사람은 성공했던 지난 일에 심취해 과거의 박수소리와 칭찬에서 벗어나지 못하고 헛된 승리의 환상에 젖어 지내기 일쑤다. 또한 이런 사람은 자신이 얻은 영예를 당연하게 생각한다. 이들은 늘 과거의 성공이 지속되리라 믿고, 다른 사람들은 모두 자기보다 한수 아래라고 생각한다. 그래서 이들은 타인을 안하무인격으로 비하하는 것이 습관화되어 있다. 심지어 현실에 안주하려는 자신의 잘못된 생각은 고치려 들지도 않고 다른 사람의 피땀 어린 노력을 비웃는 뒤틀린 심보를 가지고 있다.

또한 이들은 자신의 능력은 과대평가하면서도 다른 사람의 능력은 과소평가한다. 다시 말해 자신의 역할은 눈에 띄게 드러내고 싶어 하지만 동료나 팀의 역할은 무시한다. 남의 충고에도 귀를 기울이지 않는다. 이렇게 제멋대로 행동하는 사람은 업무관계, 동료와의 커뮤니케이션, 심지어 상사와의 관계에서도 자만심이 강한 모습을 드러낸다.

이런 사람들은 동료에게 무관심하고 대인관계도 좋지 못하다. 늘 자기중심적으로 사고하기 때문에 타인을 향한 배려심도 없다. 또한 인간관계를 맺는 데 미숙하다. 모든 사람이 나를 위해 존재한다고 생각하기 때문에 결국에는 주변 사람들이 모조리 떠나간다. 그러다 보니 업무에 문제가 생겨도 도움을 청할 사람이 없고, 무슨 일이 생겼을 때 내 편을 들어줄 사람이 아무도 없어서 결국 회사를 떠날 수밖에 없다.

☺ 심리 코칭 과도한 자만심을 떨쳐버리려면 이렇게 해보자

● **충고를 받아들여라** 자만심이 강한 사람은 내 입장만 고집하고 다른 사람의 생각을 인정하지 않는다. 다른 사람의 충고를 받아들여 쇠고집 독불장군의 이미지에서 탈피하려는 노력을 전혀 하지 않으려 한다. 자신의 치명적인 약점을 극복하기 위해서는 타인의 충고를 받

아들여야 한다.

● **대등한 태도를 보여라** 자만심으로 가득 찬 사람은 스스로를 대단하다고 생각하기 때문에 주변 사람은 무조건 자신의 의견을 따라야 한다고 생각한다. 하지만 나와 상대를 대등하게 생각한다면 동료들과 원만한 관계를 유지할 수 있다.

● **자신을 올바르게 인식하라** 자신의 전 존재를 바탕으로 장단점을 살펴야 함에도 불구하고 일부를 전체로 착각하는 오류를 범하는 이가 있다. 편협한 사고를 가진 사람은 자신을 제대로 파악할 수 없으므로 사회적 맥락에서 자신을 객관적으로 볼 수 있어야 한다. 누구나 다른 사람에게는 없는 자신만의 장점이 있지만 단점도 분명히 있다. 그러므로 자신의 장점은 살리되 다른 사람을 무가치한 존재로 치부하는 잘못을 범해서는 안 된다.

● **장기적인 안목으로 생각하라** 과거와 함께 현재와 미래도 보아야 한다. 찬란했던 과거의 영광은 결코 현재의 당신을 말해주지 않으며, 미래를 보장하지도 않는다.

●　●　●

자만심과 유사하나 구별되는 또 다른 심리문제로는 자아도취(나르시시즘)가 있다. 나르시시즘은 자신을 지나치게 사랑해서 문제가 되는 증상이다. 나르시시즘에 빠진 사람은 지나치게 자신에게 집중하고, 현실에 맞지 않는 자기 환상에 자주 빠진다. 직장인 가운데 나르시시즘 때문에 미래를 망치는 경우가 적지 않다.

최인수(가명) 씨가 몸담고 있는 회사는 제법 규모가 큰 회사였는데, 그는 주로 잡무를 맡으며 바쁘게 지냈다. 그는 하루라도 빨리 그런 힘든 시간이 지나 회사에서 인정을 받아 원하는 직위에 오르고 싶었다. 하지만 회사 규모가 워낙 크고 인재도 많다 보니 입사 경력 3년이 지나도 원하는 직위에 오르지 못했다.

최인수 씨는 자신이 승진하지 못하는 것은 모두 다른 사람 탓이라고 여겼다. 권력욕이 강하고 아랫사람을 통제하려 드는 상사가 모든 공로를 가로채버리고, 동료들은 자신을 시기하고 질투한다고 생각했다.

기획회의에서 자신이 내놓은 기획안이 늘 동료들의 반대에 부딪혔다. 그러다 보니 자신의 능력이 뛰어난데도 승진하지 못한다고 생각했다. 또한 자신을 제대로 훈련시켜주지 않는 상사도 불만스러웠다. 최인수 씨는 회사가 자신을 키울 생각도 없고 승진시켜줄 기미도 보이지 않자 직장생활을 계속해야 할 것인지 의문이 생겼다. 능력이 출중한 자신을 회사가 알아주지 않는다는 생각에 사로잡힌 최인수 씨는 결국 사직서를 던졌다. 자신이 퇴직하게 되면 회사는 분명 큰 혼란에 빠질 것이라고 생각했다. 그러나 그가 떠난 후에도 회사는 지금껏 아무 이상 없이 건재하고 있다.

직장에서는 최인수 씨처럼 스스로를 뛰어난 능력을 가진 사람이라고 생각하는 경우가 많다. 이들은 뛰어난 인재인 자신이 회사에서 중요한 역할을 맡고 있지만 사람을 제대로 볼 줄 모르는 상사가 흠

속의 진주를 알아보지 못한다고 한탄한다.

이런 경우는 대부분 나르시시즘이 작용한 예다. 이들은 자기중심적이며, 다른 사람의 비판적 평가를 수용하지 못하고, 잘난 체하며 자신의 재능을 과대평가한다. 성공과 권력, 명예에 대한 환상에 빠져 지내기 때문에 다른 사람에게 지시하는 것을 좋아한다. 또한 특권의식이 강하고 타인에 대한 동정심이 부족하다. 그러나 질투심은 강하다.

전문가들은 자신이 생각할 때 '훌륭한 업무 태도'를 견지한다고 해서 반드시 상사의 인정을 받는 것은 아니라고 말한다. 오히려 이들에 대한 회사의 평가는 예상과 동떨어진 경우가 비일비재하다고 한다. 또 훌륭한 업무 태도를 견지한다고 반드시 승진하는 것도 아니다.

사실 나르시시즘은 자아가 잠재의식을 압도한 심리상태다. 그래서 자기애에 빠진 사람은 협소하고 단편적이며 주관적 세계에 갇혀 지낸다. 이런 사람은 외부와 잘 소통하지 못해 객관적이고 이성적인 사고가 결여되어 있다. 자신만을 사랑하는 내면에는 사실 극도의 열등감이 흘러넘치고 있다.

그렇다면 왜 이들은 자신의 성공과 재능을 과장하고 성공과 권력, 이상적 사랑에 탐닉할까? 이들은 그렇게 해야만 다른 사람이 자신을 필요로 할 것이라고 생각한다. 따라서 나르시시즘에 빠진 사람들은 타인이 내놓은 결과물에 대해 냉소적이며, 논쟁에서는 무조건 이기려 든다. 근거 없는 찬사와 특별대우를 요구하고, 자기 의견을 따라주기를 바라며 다른 사람의 입장은 고려하지 않는다. 또한 우수한 인재를 질투하고, 나와 다른 의견을 제시하면 자신을 질투한다고 여긴다.

이런 성격을 가진 사람이 어떻게 올바른 사회 구성원으로서의 역할을 할 수 있겠는가? 회사에서는 동료와의 협력이 필수적이다. 그런데 협력은커녕 다른 사람을 무시하고 질투한다면 동료와 상사에게 반감을 사는 것은 물론, 스스로도 회사 생활에 흥미를 못 느끼고 열정도 사라진다. 결국 지나친 자기애는 자기 파멸을 부를 뿐이다.

나르시시즘에 빠지게 되면 미래가 자기 뜻대로 이루어질 것이라는 생각에 환상적인 목표를 설정한다. 하지만 현실에 대한 불만과 외부 상황에 대한 반발심 때문에 목표 실현은 난관에 부닥친다.

😊 심리 코칭 | 직장인의 나르시시즘을 뿌리 뽑는 방법을 알아보자

● **자기중심적 사고를 버려라** 가장 대표적인 자기애 증상은 어떤 상황에서도 다른 사람 생각은 하지 않고, 자기중심적으로 사고하는 것이다. 자신에게 자기중심적 경향이 보인다면 긴장의 끈을 늦추지 말고 주의를 기울여 나르시시즘을 미연에 차단하자.

● **다른 사람을 사랑하라** 상대방의 입장에서 생각하고 존중하는 마음을 갖는다면 자기중심적 행동 패턴도 변화할 것이다. 이 훈련을 장기적으로 하다 보면 나르시시즘의 굴레에서 완전히 벗어날 수 있다. 내가 다른 사람을 사랑할 때 그들 역시 나를 사랑하게 되므로 삶에 활기가 넘친다.

● **겸손하라** 사실 정도의 차이만 있을 뿐 사람은 누구나 자신을 사랑한다. 적당한 자기애를 가진 사람은 긍정적이고 자신감 있는 모습

을 보이며 능숙하게 업무를 처리하고 대인관계도 원만하다. 그러나 지나친 자기애는 일종의 이상심리로 작용한다. 그러므로 일상생활은 물론 업무를 처리할 때도 늘 겸손하게 행동하라

● **다른 사람의 장점을 살펴라** 직장 상사나 사장의 위치에 있는 사람에게는 분명 배울 점이 있다. 승진하고 싶다면 나보다 높은 지위에 있는 사람들은 어떤 점이 뛰어난지 살펴봐야 한다. 특히 내가 잘 모르거나 그동안 무시했던 업무를 어떤 식으로 해결하는지 주의해서 살펴보라. 나보다 못하다고 생각했던 점이 바로 그들의 강점이자 나의 약점일 수 있다.

● **능력을 키워라** 자신은 능력이 출중하다고 생각할지 몰라도, 다른 사람의 눈에는 그저 평범한 사람인 경우가 흔하다. 늘 능력 개발에 힘쓰라. 문제를 일으키는 사람이 아니라 문제를 해결하는 사람이 되도록 하라. 유능한 인재처럼 보이는 것을 넘어 실제로 인정받는 성과를 거둔다면 주목받을 수 있다.

● **소통의 기회를 잡아라** 분명히 일을 잘하는데도 불구하고 사장이나 상사가 그 사실을 모를 수 있다. 적절한 기회에 상사나 사장과 대화를 나누는 시간을 가져라. 윗선에서 모든 일을 다 알아야 할 필요는 없지만 어느 정도의 소통은 분명 필요하다.

9 | 이기주의
– 베풀면 채워진다

동료 간에 서로 도우며 업무를 진행하는 것은 지극히 당연한 일이다. 직장에 함께 모여 일을 하는 이유 중의 하나가 바로 흩어진 힘을 하나로 모아 어려운 난관을 극복하고 성과를 거두는 것이다. 그러나 이러한 원리를 제대로 이해하지 못하는 사람들은 동료에게 인색하게 굴며, 어떤 것도 함께 나누려 하지 않는다. 직장 내에서 누구에게도 도움의 손길을 내밀지 않는 이들은 결국 동료의 신뢰를 얻지 못하고, 개인적으로도 성장하기 어렵다.

김종민(가명) 씨는 얼마 전 동료 직원과 겪었던 일을 생각하며 몸서리를 쳤다. "며칠 전 한 동료와 산업박람회에 참석했습니다. 그런데 명함 인쇄를 맡았던 그 친구가 출발 직전에 제 명함의 메일주소와 전화번호가 잘못 인쇄되었는데 수정하기에는 너무 늦었다고 하는 겁니다.

게다가 현장에 도착해서는 잘못된 명함을 돌리지 말고, 자기 것만 돌리자는 것이었습니다. 그뿐만이 아닙니다. 그 동료는 계속 저를 주시하다가 바이어와 상담을 하려고 하면 산통을 깨며 방해했고, 제가 고객과 연결이 되는 것을 두려워했습니다. 모든 고객을 자신이 차지하려는 그 동료의 행동은 너무 이기적으로 보였습니다. 그때 어째서 저 친구는 저토록 이기적일까? 하는 의문이 떠올랐습니다. 같은 80년생인데도 어쩜 이렇게 다를까 싶더군요."

김종민 씨 동료의 경우 직장에서 볼 수 있는 전형적인 이기주의자의 모습을 보여주고 있다. 이상심리 중 하나인 이기심이 극심해지면 다음과 같은 특징을 보인다.

첫째, 직장 내의 원리원칙 따위는 무시하고 자신의 이득만 중요하게 여기며, 다른 사람의 손해는 아랑곳하지 않는다.

둘째, 주변에 자기보다 능력이 있고 좋은 업무성과를 거두는 사람이 보이면 질투심에 사로잡혀 온갖 방법을 동원해 상대방을 괴롭힌다.

셋째, 속이 좁아 타인에 대한 동정심과 애정이 부족하다.

보편적인 이상심리인 이기심은 매우 오랜 역사를 가지고 있으며, 그 원리는 생물의 자기보호본능으로까지 거슬러 올라간다. 세상의 모든 생물은 본능적으로 자기가 처한 환경에서 살아남기 위해 변화해왔다. 살아남아야만 힘을 키워 발전할 수 있기 때문이다. 진화 과정에서도 알 수 있듯이 생물의 모든 행위는 자신의 생존을 위한 것이므로, 이런 측면에서 이기심은 합리적이다.

그러나 심리학적 측면에서 볼 때 강한 이기심은 인간의 본능적인 모습, 즉 프로이트가 말하는 '원초아(Id, 본능적인 모습)'에 가깝다. '자아(Ego, 의식적이고 합리적인 모습)'와 '초자아(Super Ego, 사회규범과 기준이 내면화된 상태)'로 발전하기 전 단계인 원초아에 가까운 사람은 사회규범과 공동체 의식이 결여되어 있다. 지나친 이기심은 당사자가 원초아 단계에 머물러 있다는 것을 방증한다. 이들은 다른 사람의 이득이나 마음은 헤아리지 않고 나만 편하면 상관없다고 생각한다. 따라서 소속된 집단의 이익과 가치관에 부정적인 영향을 준다.

미국 서부 전력회사 시카고 지사의 회계부는 매달 복잡한 방법으로 꼼꼼하게 직원 임금을 계산했다. 그러던 중 회사에서 오랫동안 일해 온 한 직원이 간단한 임금계산법을 생각해냈다. 그러나 이 직원은 다른 동료에게 그 비법을 전수하지 않았다. 회계부에 없어서는 안 될 존재로 오랫동안 남고 싶었기 때문이다.

한편 랜들 스티븐슨(Randall L. Stephenson)은 대학을 졸업한 후, 부모의 반대를 무릅쓰고 이 회사에 입사했다. 신입사원이었던 그는 경력사원이 생각해낸 임금계산법에 도전했다. 자신도 그 문제를 해결해 보리라 마음먹었기 때문이다.

몇 주 후 랜들 스티븐슨은 날밤을 지새워 결국 그 방법을 찾아냈다. 그런데 그는 나이 든 직원과 달랐다. 자신이 개발한 비법을 동료들에게 가르쳐주었던 것이다. 덕분에 누구나 그 방법을 사용했고, 그 일로 그는 승진할 수 있었다.

후에 오마하의 지점장 자리가 공석이 되자 임원들은 경력이 많고 이기적인 직원이 아닌 젊은 랜들 스티븐슨을 그 자리에 임명했다.

이렇게 두각을 드러낸 그는 계속 승승장구했고, 마흔이라는 젊은 나이에 미국 AT&T의 이사직을 맡게 되었다.

그가 성공할 수 있었던 이유는 탁월한 능력도 있었지만 그보다는 그의 이타적인 태도 때문이었다. 그는 마음을 열고 허심탄회하게 동료들을 대하며 신뢰를 쌓았고, 자기 일을 하면서도 주변 사람을 훈련하는 데 게으르지 않았고 단결력을 강화했다.

즐거운 직장생활과 개인적 성공 여부를 결정짓는 것은 동료 간에 얼마만큼 서로 돕고 화합하는가의 여부에 달렸다. 개인의 영웅적 기질이 모든 문제를 해결하지는 못한다. 함께 나누고 돕는 이타적인 행동이야말로 가장 이상적인 직장인의 모습이다. 그러나 안타깝게도 많은 직장인이 나누는 데 인색하다.

인색하다는 것은 충분히 다른 사람을 도울 능력이 있는데도 돕지 않는 태도를 말한다. 이제는 돈을 아끼는 사람을 지칭해서 인색하다고 하지 않는다. 사회가 발전하면서 인색함의 영역도 넓어졌다. 인간은 동물과 달리 사랑과 동정심이라는 고귀한 마음을 지니고 있다. 그러나 인색한 사람들이 사람들 사이의 아름다운 관계를 망가뜨리고 있다.

평소에 인색하게 구는 사람을 구두쇠라고 부르지만 이는 그저 겉으로 드러난 면모를 묘사한 것에 불과하다. 인색함이 문제가 되는 것은 그들의 행동이 타인에 대한 무관심으로 나타나는 경우다. 이들은 자신의 이익만 중요하게 생각하기 때문에 가족의 희생조차도 고마워할 줄 모른다. 이들은 그렇게 긁어모은 재산으로 부자가 된 후에야 자신이 세상에서 가장 가난한 사람이라는 사실을 깨닫는다.

류미화(가명) 씨는 대기업에서 출납업무를 맡고 있었다. 회사 규모가 워낙 커서 재무회계팀 사무실도 두 개의 부서로 나누어져 있었다. 6

층 안쪽 가장 깊숙한 곳에 자리 잡은 류미화 씨의 사무실에서는 창으로 가까운 공원의 아름다운 경치를 볼 수 있었다. 그래서 회사 동료들은 그녀의 사무실에 모여 이야기 나누는 것을 좋아했다. 사람들은 창밖 풍경을 바라보는 것만으로도 업무의 피로가 풀리는 듯했기 때문이다. 류미화 씨의 사무실은 휴식시간만 되면 사람들로 가득했다. 함께 업무 이야기를 나누는 중에 회사 내에서 일어나는 잘못된 부분을 서로 공감하기도 했다. 관리자들조차 그녀의 사무실에 와서 직원들과 소통하려고 했다.

처음에는 류미화 씨도 그 일을 그다지 불편하다는 생각을 하지 않았다. 하지만 시간이 흐르면서 이런 상황 자체가 점점 부담으로 다가왔고, 결국 불만이 터져 나왔다. "사람들이 모조리 내 사무실로 몰려드니까 업무를 제대로 볼 수가 없잖아. 그 좋다는 공원 전경을 정작 나는 제대로 감상해본 적도 없다니까." 결국 고민 끝에 그녀는 사무실 앞에 '업무 중'이라는 팻말을 걸어놓았다. 이제 류미화 씨도 조용한 사무실에서 원하는 만큼 일을 할 수 있었고, 창밖의 아름다운 공원 전경도 독점하게 되었다.

몇몇 동료가 쉬는 시간에 삼삼오오 모여 그녀의 사무실을 방문하려 했다. 하지만 류미화 씨는 딱 잘라 말했다. "저, 지금 일하느라 쉴 틈이 없어요." 시간이 지나자 동료들은 더 이상 그녀의 사무실을 찾아오지 않았다. 설혹 온다고 해도 업무와 관련된 용건이 있을 때만 찾아왔다.

그 결과 류미화 씨는 자기만 생각하는 이기적인 태도 때문에 한동안 회사에서 왕따처럼 지냈다. 동료들은 그녀와 이야기를 나누려 하지 않았고, 문제가 발생해도 도와주려 하지 않았다.

나중에 회사에 위기가 닥쳐 정리해고를 해야 할 시점에 이르자 1순위로 떠오른 직원은 다름 아닌 류미화 씨였다.

인색함은 그 대가를 톡톡히 치른다. 자신에게는 별것 아닌 일도 부탁하는 당사자에게는 매우 중대한 일일 수 있다. 누군가가 부탁을 해오면 작은 희생이 따르더라도 부탁을 들어주면, 그 사람의 마음을 얻을 수 있다. 하지만 어떠한 손실도 감수하려 들지 않는다면 다른 사람의 원망을 살 수밖에 없다.

인색한 사람은 절대 유쾌한 시간을 보낼 수 없다. 이들은 늘 마음이 불안하기 때문이다. 매일 돈을 벌기 위해 바쁘게 돌아다니면서도 손해를 볼까봐 두려워한다. 도둑이 들어 자신이 지금껏 모은 재산을 훔쳐가나 않을까, 큰 화재가 일어나 온 재산이 송두리째 불타버리지나 않을까, 가족들이 돈을 물 쓰듯 써버리면 어쩌나 하는 걱정에 하루도 편할 날이 없다. 어딜 가나 안절부절못하는 이들의 마음은 영원히 불안의 지옥에서 헤어 나오기 어려울 것이다.

😊 심리 코칭　이기적이고 인색한 성격을 바꾸는 방법을 알아보자

● **자아성찰**　자아성찰을 통해 이기심과 인색함이 얼마나 부정적인 결과를 가져다주는지 알 수 있다. '거저먹으려는 심보'를 버리고 다른 사람에게 관심을 갖고 도와주자.

● **이타적 행동**　다른 사람을 위해 이타적인 행동을 하다 보면 심리 상태가 안정적이 된다. 또한 그런 자신의 행동에 대해 다른 사람들로부터 칭찬을 받게 되면 마음이 정화되는 것을 느낀다.

● **회피훈련** 회피훈련은 심리학에서의 도구적 조건형성(자발적이거나 조작적 행동은 보상을 받거나 처벌을 받게 되는데, 어떤 행동이 보상을 받으면 그 행동의 빈도가 늘어나지만 처벌을 받게 되면 그 행동의 빈도는 줄어든다는 이론이다.)을 기초로 부적 강화(싫어하는 것을 제거해줌으로써 특정한 행동을 증가시키는 방법이다. 예를 들어 목줄을 채운 강아지에게 "이리 와."라고 명령하면서 줄을 팽팽하게 끌어당긴다. 강아지가 다가오기 위해 발을 뗄 때 팽팽한 줄을 풀어준다. 반복하면 강아지는 끌어 당겨지는 자극을 피하기 위해 "이리 와."라고 하는 주인의 목소리에 걸음을 옮기는 빈도가 증가한다.)를 이용한 훈련이다. 자신에게 이기적이고 인색한 마음이나 행동이 나타나면 손목에 걸어놓은 고무줄을 당겼다가 놓으며 충격을 주어보라. 이때 느끼는 통증으로 이기심과 인색함이 부끄럽고 건강하지 못한 심리이고, 직장생활에 부정적인 영향을 준다는 것을 깨닫는 데 도움이 된다.

10 | 복수심
– 큰사람은 증오를 우정으로 바꾼다

동료와 상사, 그리고 부하직원이 모두 힘을 합쳐 어려움을 극복하여 성공적인 발전을 이룬다면 멋진 직장생활을 영위할 수 있다. 그러나 늘 예외적인 상황이 발생하게 마련이다. 업무적으로 상관이 있든 없든 이런저런 이유로 동료들 사이에 오해가 불거져 상대에게 상처를 입히게 된다. 만약 상처를 입었다면 빨리 마음의 벽을 허물고 관계를 회복해야 하는데, 자신에게 상처를 주었다고 하여 상대에게 복수할 기회만 노린다면 직장은 어느새 전쟁터로 변해버릴 것이다.

직장에서 동료에게 상처받고 상사로부터 오해를 샀을 경우 당연히 앙갚음하고 싶은 마음이 생길 수 있다. 하지만 이런 마음이 얼마나 스스로에게 큰 고통을 주고, 직장에서 돌이킬 수 없는 실패를 맛보게 하는지 모르는 경우가 많다.

김수철(가명) 씨는 한 달 동안 눈코 뜰 새 없이 바쁘게 일하면서 지쳐 쓰러질 지경이 되었지만, 맡은 프로젝트를 완성하기 위해 쉬지 않고 일했다. 하지만 프로젝트를 마무리하는 단계에서 심신에 무리가 왔고, 결국 사소한 실수를 하게 되었다. 이때 그의 동료인 손정민(가명) 씨가 뒤에서 그의 험담을 하고 다녔다. 결과적으로 보면 회사에서 김수철 씨의 노력은 인정받았지만, 손정민 씨의 험담 때문에 김수철 씨는 크게 상처를 받았다.

시간이 흘러, 김수철 씨는 팀장으로 간 부서에서 손정민 씨를 부하직원으로 만나게 되었다. 이때 손정민 씨가 일을 제대로 처리하지 않자, 김수철 씨는 기회는 이때다 싶어 여러 생각을 할 겨를도 없이 쾌재를 부르며 그를 해고했다. 그러자 그의 동료와 부하직원들은 김수철 씨를 나쁜 점만 기억하는 치졸한 사람이라고 손가락질하며, 불똥이 자기에게 튈 것이 두려워 조심스럽게 대했다. 원래 사이가 좋았던 동료와 상사들도 자신을 멀리하자 김수철 씨는 울화통이 터졌다.

'정말 내가 잘못했단 말인가?'

동료의 비방에 아무런 동요를 하지 않고 복수심을 누른다는 것은 어려운 일이다.

그렇다고 사소한 일에 목숨을 걸고 덤벼야 했을까? 아니면 굳이 앙갚음을 해야 했을까? 게다가 다른 사람의 험담이 승진에 영향을 준 것도 아니지 않은가?

헛소문 때문에 억울하게 오해를 받을 수도 있지만, 주변 동료들이 눈뜬장님이 아닌 이상 결국 시간이 흐르면 결백은 만천하에 드러난다. 이렇게 생각해보면 그리 대단하지도 않은 일에 마음을 졸일 필요가 없다는 사실을 알게 된다.

늘 긍정적으로 생각하는 사람만이 행복한 인생을 누릴 수 있다. 복수심이 생기면 그 즉시 싹을 없애버리고 너그럽게 주변 사람을 대해야 한다.

복수심은 단순히 상대방을 위협하는 데 그치지 않고 자신에게도 피해를 주는 매우 유해한 심리다. 증오심에서 헤어나지 못하면 불안감에 안절부절못하여 마음의 갈피를 잡지 못하게 된다. 사태가 심각해질 경우 시름시름 앓는 육체적 고통까지 찾아올 수 있다. 복수의 대상을 제대로 공격하지도 못한 채 오히려 자신의 마음만 산산조각 난다.

직장인의 복수심은 실패와 상처를 안겨준 대상에게 미움과 불만을 안겨주려는 공격적 성향이다. 마음 깊숙이 뿌리내린 악성 종양 같은 복수심은 쉽게 사라지지 않는다. 제어할 수 있다면 큰 문제가 안되지만, 더 이상 제어할 수 없는 지경에 이르게 되면 치명적 위험을 야기할 수 있다.

직장생활을 하다 보면 누구나 당한 만큼 갚아주고 싶은 마음이 생기기도 한다. 하지만 대부분의 사람들은 냉정하고 이성적으로 자신을 억제한다. 그러나 복수심에 사로잡혀 해서는 안 될 행동을 하는 경우도 적지 않다.

과거의 상처를 잊지 못하고 계속 붙들고 있는 것만큼 고통스러운 일은 없다. 그러나 예전에 입은 상처와 고통을 들추는 것은 새로이 상처를 받는 것이나 다름없다.

그러므로 행복했던 기억을 떠올리며 과거의 아픔을 덮어간다면 마음의 평정을 찾을 수 있다. 할 수 있는 한 갖은 방법을 동원하여 과거의 아픈 기억을 지우고 고통에서 벗어나야 한다. 주먹을 꽉 쥐면 아무것도 손에 잡을 수 없다는 사실을 기억하자. 손을 쫙 펴듯이 마음을 열 때 좋은 기회를 얻을 수 있다.

복수심은 공격적이고 감정적이며 은폐하려는 경향이 있다. 보통 옹졸하고 부정적인 성격을 가진 사람들은 크고 작은 상처를 받은 뒤 복수심에 사로잡히게 되는데 이는 몸과 마음의 건강뿐만 아니라 조직의 단합을 해치는 무서운 감정이다. 사람이 복수심을 더 이상 제어할 수 없을 지경에 이르면 이성을 잃고 정해진 규칙도 무시한 채 범법행위도 서슴지 않는다.

😊 심리 코칭　떨쳐내기 힘든 복수심을 없애는 방법을 알아보자

● **회사의 모든 구성원들에게 너그럽게 대하라**　조직을 단결시키고 효율적인 업무를 진행하기 위해서는 개인의 원한은 잠시 접어두어야 한다. 이렇게 한 발짝 물러서서 다른 사람을 너그럽게 대하게 되면 치열한 전쟁터 같았던 직장에 평화가 찾아와 모두가 충만한 기쁨을 누릴 수 있다.

직장이란 절대 혼자 살아남을 수 있는 공간이 아니다. 다른 사람의 도움이 반드시 필요하다. 물론 협력하면서 서로 부딪히기도 한다. 아무리 마음이 태평양처럼 넓다 해도 엉뚱한 일로 다른 사람의 마음을 상하게 할 수 있다. 그렇다고 해서 서로 복수에 복수를 거듭한다면 마음의 상처는 영영 아물지 않을뿐더러 마음밭이 총성이 끊이지 않는 전쟁터로 변해버리고 말 것이다.

대인배의 배포를 가진 사람은 전쟁을 평화로 바꾸고 증오를 우정으로 바꾼다. 잠깐의 미움을 내려놓으면 다른 사람의 이해와 존중은 물론 신뢰까지 얻을 수 있다. 직장에는 체면을 구기게 하는 사람, 곤란한 상황에 빠뜨리는 사람, 선입견을 갖고 대하는 사람, 자신을 벼랑 끝으로 몰아가는 사람 등 상처와 고통을 주는 사람들로 득실거린다. 따라서 이들과 좋은 관계를 맺으려면 넓은 아량을 가지고 그들에게 긍정적인 영향을 끼치도록 노력해야 한다. 그렇게 하지 않으면 사태는 걷잡을 수 없는 파국으로 치닫게 된다. 마음을 어떻게 먹느냐에 따라 직장은 지옥이 될 수도 있고 천국이 될 수도 있다. 마음을 너그럽게 먹는다면 천국이요, 그렇지 못하다면 지옥이다.

● **역지사지의 마음으로 분노를 건전하게 분출하라** 결과만 따지지 말고 그 뒤에 숨겨진 동기까지 생각해서 상대의 행동을 분석하면 불만도 줄어들고 복수심도 막을 수 있다. 어느 직장이든 갈등은 있다. 누군가가 당신에게 패배감을 안겨주었다면, 잠시 내가 그 사람이었다면 어떻게 행동했을까 생각해보자. 이렇게 내가 상대의 입장이 되어보면 상대의 고충을 헤아려 내가 상처받고 힘든 이유를 정확하게 인식할 수 있으므로 복수심에서 벗어날 수 있다.

마음속 원한은 제때 해결하여 견딜 수 없을 지경에까지 이르도록 방치해서는 안 된다. 오래 참다 보면 나중에는 폭력으로 나타날 수 있기 때문이다. 본능적인 심리반응으로 볼 수 있는 복수심은 한계에 이르면 폭발한다.

원한이 사무칠 때는 친한 친구에게 속마음을 털어놓거나 다른 사람의 충고를 통해 유해심리에서 벗어나도록 하자. 이렇게 내면의 짐을 내려놓으면 어느새 분노의 불길도 종적을 감춘다.

● **옹졸한 마음이 생기면 분위기를 전환하라** 보통 옹졸하고 감정적인
사람들이 쉽게 복수심을 느낀다. 이렇듯 복수심은 좋지 못한 심리상
태에서 싹이 튼다. 그러므로 심신을 단련하여 자제력을 길러야 타인
에게 너그러워져 비판과 오해에 부딪혀도 이겨낼 수 있는 힘이 생긴
다. 과거의 상처에 얽매인 채 살아가는 것은 모두에게 고통만 줄 뿐
이다. 하지만 이를 깨닫기까지는 오랜 시간이 걸린다. 때로는 문제를
일으킨 사람이 오히려 자신이 소외되고 멸시를 받았다며 억울하게
생각하기도 한다.

누구나 업신여김을 받고 자존심에 상처를 입으면 분노가 치솟아
당장 당한 만큼 갚아주고 싶은 마음이 든다. 이럴 때 눈에서 멀어지
면 마음도 멀어진다고 못마땅한 사람이나 상황에서 잠시 벗어나 있
는 것도 좋은 방법이다. 또는 기분전환을 할 수 있는 활동을 함으로
써 주의를 환기하여 복수심을 가라앉혀보자.

● **청춘의 마음을 가져라** 늘 청춘의 마음으로 살아간다는 것은 쉽지
않은 일이다. 하지만 실제로 이 단계에 이른 사람들도 있다. 이들은
언제나 청년의 마음을 지니고 살며 늘 삶이 행복하다고 생각한다. 현
실에서 부딪히게 되는 다툼, 험담, 출세욕을 내려놓고 즐거운 마음으
로 하고 싶은 일을 하며 산다.

이들은 자기가 좋아하는 일에만 관심을 가지며, 감정의 기복이 없
어 복수심 같은 것은 일어나지도 않는다. 게다가 성격이 좋아 주변에
사람이 끊이지 않으므로 자연히 인맥이 넓어지고, 일상이 즐겁기만

하다.

직장생활도 마찬가지다. 직장에서 열심히 노력해서 어느 정도 지위에 오르고 나면, 과거에 중요하게 생각했던 일도 하찮게 여겨지며 자신을 성공으로 이끈 것은 어떤 상황에서도 흔들리지 않는 태도였음을 깨닫게 된다.

다른 사람들이 무엇에 관심을 가지든 상관없이 내 안에 열정과 꿈이 있다면 복수심 같은 감정은 생기지 않는다.

h e a l i n g

회의시간, 점심 후의 휴식시간, 심지어 퇴근길 엘리베이터
에서조차 사람들은 신입사원들에 대해 이러쿵저러쿵
이야기를 한다. 신입사원들에 대한 끊임없는 참견은
당사자들을 적잖이 불편하게 한다. 그러나 마음을 열고
다른 사람들의 말에 귀를 기울여보면 그들이 아무 근거
없이 문제를 지적한 것은 아니라는 것을 알 수 있다.

2

새내기 직장인이
맞닥뜨리는
유해심리 코칭

신입사원들 중에는 늘 주변 사람들에게 의존하며 업무를 주도적으로 진행하려 하지 않는 사원, 온종일 불평불만을 입에 달고 사는 사원, 권위와 제도에 불복하여 반항적인 태도를 보이는 사원이 있다. 그 외에도 신입사원들은 허무함, 경솔함, 자폐증상, 공포심, 도피심리에 시달리기 쉽다.

실은 신입사원뿐만 아니라 입사한 지 몇 년 된 경력사원들, 여러 번 이직해서 신입사원이나 마찬가지인 떠돌이 사원들도 이 같은 이상심리 때문에 성공 가도에서 멀어진다. 전문가는 이런 이상심리를 극복해야만 새내기 사원에 머무르지 않고 정신적 성장이 지속될 수 있다고 말한다.

1 | 성급함
– 성장은 반드시 고통을 수반한다

매년 학교를 졸업한 수많은 청년들이 회사에서 새로운 삶을 꾸린다. 이들 중에는 오만한 사람이 있는가 하면 지나치게 겸손한 사람도 있다. 하지만 신입사원들에게는 한 가지 공통된 특징이 있다. 바로 성급함이다. 어쩌면 이 말에 동의하지 못하는 신입사원도 있을지 모른다. 이렇게 열심히, 누구보다도 진지하게 일하는 자신의 어떤 부분이 성급하단 말인가? 하고.

사실 갓 직장에 입사한 신입사원은 성급할 수밖에 없다. 사회에 발을 내디디자마자 단번에 천릿길을 달리고 싶고, 맡은 업무에서 두각을 드러내고 싶어 한다. 하지만 성공이 번갯불에 콩 볶아먹듯 이루어지는 것은 아니다. 신입사원은 이제 겨우 사회에 첫발을 내디딘 애송이일 뿐이다. 신입사원이 할 일은 자신과 회사가 잘 맞는지, 특별한 마찰 없이 사회생활을 무난하게 할 수 있는지를 살피는 것이다.

그런데 이런 상황을 방해하는 요소가 바로 성급함이다.

성급함은 충동적·감정적·맹목적 정서가 한데 어우러진 사회적 심리로서 오랜 시간을 거쳐야 하는 창업이나 안정된 국가 운영을 위해 필요한 지속적인 노력, 착실한 태도와 공평한 경쟁 같은 가치와 대립된다. 불안정한 주식 그래프처럼 하루에도 변화무쌍한 곡선을 그리는 사회에 살다 보면 누구나 성급해질 수밖에 없다.

대학을 졸업하고 처음 회사에 입사하면 빠르게는 수습기간인 3~6개월 사이에 이직하는 경우가 많다. 이때는 경솔한 결정을 내리기 쉬운 시기다. 목표와 방향을 제대로 정하지 않은 채 성급한 결정을 내리면 업무를 제대로 익힐 수 없다. 특히 이제 대학을 갓 졸업한 새내기 직장인들은 난생처음 사회생활을 시작하면서 현실감각과 업무에 대한 이해가 떨어지므로 이 시기를 지혜롭게 보내야 한다.

⊙ 원인 분석 신입사원의 성급함을 불러오는 요인은 무엇일까?

● **이상과 현실의 차이** 대학생은 청년실업의 냉혹한 현실을 누구보다도 잘 알고 있지만, 여전히 이상적인 직장생활을 꿈꾼다. 많은 취업 대기자들은 경영 상태가 좋은 대기업에 일단 입사만 하게 되면 발전 가능성이 무궁무진할 것이라고 기대한다. 하지만 대기업에서 높은 수준의 업무를 해내는 화이트칼라가 된다 하더라도 가만히 앉아서 탄탄대로를 달려갈 수는 없다.

게다가 중소기업에 취업을 한다고 해도 갖가지 문제에 부딪혀 적응이 어려운 것은 마찬가지다. 대졸 사원으로 입사를 했는데도 불구하고 별 의미 없어 보이는 단순작업만 하게 되면 마음은 착잡해진다. 상상했던 것과 너무나 다른 현실에 실망한 이들은 쉽게 이직을 결심한다.

● **승진에 대한 열망** 대학을 졸업한 신입사원들은 적극적이고 열정적인 태도로 업무에 임한다. 출근 첫날부터 뛰어난 역량을 발휘해 순조로운 승진을 하겠다는 포부에 부풀어 있다. 성공하겠다는 투지를 불태우는 청년의 모습은 지극히 자연스러운 현상이다. 이 시기의 마음가짐은 전 생애에 영향을 미친다. 그러나 단순히 승진에만 급급해 짧은 시간 안에 뛰어난 능력을 보여 승승장구하겠다는 환상은 금물이다.

많은 신입사원들이 이런 환상을 품고 있다가 노력에 상응하는 보답을 받지 못하면 회사를 비난한다. 그들은 승진이 안 되면 회사의 인사관리에 문제가 있어 소중한 인재를 알아볼 줄 모른다고 비난한다. 그런 생각은 시간이 지나면서 회사가 자신의 미래를 보장해 주지 않을지도 모른다는 의심으로 이어지면서 이직을 생각하게 된다.

하지만 경력을 많이 쌓은 회사 선배들의 실력은 당신이 생각하는 것보다 훨씬 뛰어나다. 주식에 비유하면 당신은 기껏해야 성장 잠재주일 뿐이다. 관리자는 신입사원이 잠재력이 있는지 신중하게 검토한 후에야 중요한 직위를 준다. 따라서 하루아침에 높이 날아오르고 싶은 성급한 마음은 승진에서 더욱 멀어지게 할 뿐이다.

● **남의 떡이 더 커 보인다** 사회생활을 시작한 새내기 직장인들은 동기들과 만날 때마다 자신이 다니는 회사에 대한 불만에 가득 차 있으

면서도 다른 사람의 이직 고민은 이해하지 못한다. 그렇게 번듯한 직장에 다니면서 이직이라니, 도대체 이해할 수 없다고 생각한다. 이는 성에 갇혀 있는 것과 유사한 상황이다.

누구나 내 손안에 있는 떡보다 남의 떡이 더 커 보이는 법이다. 사람은 늘 표면적인 상황만 고려할 뿐 자기 자신을 돌아보거나 기업과 사회의 입장에서는 생각하지 못한다. 급하게 결정을 내려야 한다는 강박감이 엄습하면서 회사가 문제인지 자신이 문제인지 진지하게 생각조차 하지 않으려 든다. 그러나 마음을 진정시키고 맡은 업무를 성실하게 해내면서 회사라는 조직 안에 녹아들게 되면 비로소 자신의 진정한 위치와 가치를 발견할 수 있다.

만약 시간이 흘러도 여전히 현재 하고 있는 일과 자신의 성향이 맞지 않는다고 느껴진다면 그때 새로운 선택을 고려해도 좋다. 이런 과정을 거친다면 다음에 직업을 선택할 때 도움이 되고, 지혜로운 선택을 할 수 있다.

😊 심리 코칭　신입사원의 성급함은 이렇게 가라앉히자

● **철저한 사전 준비와 업무계획**　어제의 선택이 오늘의 결과를 가져오므로 선택은 능력보다 훨씬 더 중요하다. 많은 청년들이 회사에 입사한 후에야 업무가 자신과 맞지도 않고 흥미도 없다는 사실을 깨닫는다. 이는 생각 없이 직업을 선택했기 때문에 나타난 결과다.

계속 해오던 일을 그만두고 새로운 일을 선택한다는 것은 예전의 직업이 전혀 비전이 없음을 뜻한다. 문제는 계속 이직을 하게 되면 불필요하게 시간과 에너지를 낭비하게 된다는 것이다. 따라서 직장을 선택하기 전에 철저한 사전 계획이 필요하다. 전문기관의 도움을 받거나 가까이 있는 스승이나 친구의 조언을 구하는 것도 좋다.

하지만 그보다 먼저 행해야 할 것은 심도 깊은 자기분석을 통해 자신이 진정 이루고자 하는 소망이 무엇인지, 자신에게 가장 잘 맞는 일이 무엇인지를 파악하는 것이다. 이루고자 하는 목표와 자신이 흥미를 갖는 분야를 결합하여 직업을 선택한다면 두 마리 토끼를 한꺼번에 잡을 수 있다. 이는 기업과 개인 모두가 윈-윈할 수 있는 최고의 방법이다.

● **회사 발전전략 파악하기**   회사를 종합적으로 이해하게 되면 회사를 더욱 신뢰하게 되고, 자신이 회사 내에서 차지하는 위치가 어느 정도인지 가늠할 수 있다. 또한 앞으로 어떤 방향으로 노력해야 할 것인지도 알 수 있다. 이렇게 개인과 회사의 목표가 하나가 될 때 양자 모두 성장할 수 있다. 그러므로 입사할 때는 당장 눈에 보이는 이득에만 연연해하지 마라. 기업 관리자와 활발하게 소통하면서 회사가 앞으로 어떤 방향으로 발전하게 될 것인지 아는 게 중요하다.

● **건강한 인간관계 맺기**   입사한 지 얼마 되지도 않았는데 이직을 결심하는 결정적 이유는 회사생활이 즐겁지 않아서다. 회사에 계속 남으려면 무엇보다도 업무 환경이 즐거워야 한다. 이때 업무 못지않게 중요한 것이 원만한 인간관계다. 그렇다면 어떻게 해야 직장에서 조화로운 인간관계를 맺을 수 있을까?

첫째, 회사에서는 신입사원들을 위해 다양한 교제의 장을 마련해

주어야 한다. 직장 선배와 마음을 하나로 결집하는 과정을 통해 자연스럽게 기업문화에 젖어들 수 있고, 그렇게 함으로써 신입사원은 회사의 진면목을 발견할 수 있게 된다.

둘째, 적극적으로 선배와 소통을 하다 보면 짧은 시간 안에 조직의 일원이 될 수 있다. 선배들과 함께 팀워크를 이루어 일을 하게 되면 건강한 인간관계가 형성되는 동시에 새로운 업무를 배우는 데도 도움이 된다. 신입사원이 회사문화에 녹아들어야만 직장생활도 한층 즐거워진다.

● **능력 키우기** 대부분의 신입사원은 막연한 열정과 환상에 사로잡혀서 현실과 거리가 먼 이상을 품고 회사에 입사한다. 하지만 아직 제대로 서지도 못하는 상태에서 하늘을 날겠다는 꿈을 꾼다면 큰 일은 고사하고 사소한 일조차 제대로 해내지 못할 것이다. 신입사원은 자신이 아직은 원석에 불과하다는 사실을 인지하고 깎아놓은 다이아몬드처럼 대우해달라고 강요해서는 안 된다.

주변 사람들의 인정을 받고 싶다면 가공된 다이아몬드가 될 때까지 노력하라. 성장은 고통을 수반한다. 애벌레가 나비가 되기까지는 못생긴 번데기로 살면서 겪는 고통의 과정이 반드시 필요하다. 그런 과정을 거쳐야만 허물을 벗고 나비가 되는 순간 아름다운 날개를 활짝 펴고 자유롭게 날아다니는 기쁨을 만끽할 수 있다.

2 | 공허함
– 인생의 목표를 점검하고 일의 의미를 찾아라

결혼은 적에게 포위된 성과 같다. 성 바깥의 사람들은 안으로 들어가고 싶어 하고, 성안의 사람들은 바깥으로 나가고 싶어 하기 때문이다. 이는 직장에서도 똑같이 적용된다. 학생들은 회사에 입사하여 경제적 자립과 적절한 사회적 지위를 얻기 위해 노력한다. 그러나 막상 직장인이 되면 캠퍼스에서의 시간을 추억하며 분주한 직장에서 놓여나고 싶어 한다. 특히 이제 갓 입사한 신입사원이나 직장 생활에 흥미를 잃고 허무감에 빠져 있는 사람일수록 그런 마음은 더욱 강하다.

스물세 살의 정유진(가명) 씨는 이제 막 회사에 입사한 신입사원이다. 그녀는 익숙했던 캠퍼스와 정든 친구들을 떠나 홀로 낯선 도시에서의 첫 직장생활을 시작했다. 도시 생활이 처음이라 들떴던 마음도 잠시, 정유진 씨는 일을 하면서 자주 허무감과 고독감에 빠졌다.

"저는 시골에서 어린 시절을 보냈기 때문에 화려한 대도시에서 일하는 것이 행복했어요. 고속성장하고 있는 회사에 입사하면서 제 인생도 새롭게 시작되었죠. 대학생 때는 비교적 좋은 성적을 유지하며 친구들과도 잘 지냈어요. 그런데 지금은 너무 외롭고 우울해요. 회사 사람들은 모두 자기 일로 바빠 저는 투명인간이 된 것만 같아요. 회사 사람들과 이야기도 하고 싶고 놀러도 가고 싶지만 모두 무표정한 얼굴로 일에만 열중할 뿐 저와 대화하려고 드는 사람이 없어요. 그러다 보니 종일 한마디도 못하고 혼자서 우울하게 일만 해요. 퇴근 후에도 마찬가지예요. 어떤 동료와도 연락한 적이 없어요. 회사에 입사한 지 한 달이 지났지만 우리 부서 팀장님과 인사부 책임자 외에는 누구의 전화번호도 모릅니다. 오죽하면 다시 대학생 시절로 돌아가고 싶다는 생각을 했을까요? 회사는 정말 다른 세상인 것 같아요."

사실 허무감에 시달리는 직장인은 많다. 단지 신입사원이 느끼는 정도가 좀 더 심할 뿐이다. 그도 그럴 것이 신입사원은 회사의 환경과 동료들에 대해 잘 모르고, 대부분이 미혼이라 퇴근 후 대화할 상대가 없다 보니 공허함에 쉽게 빠진다.

쉴 틈 없이 쏟아지던 일을 끝내고 어느 순간 긴장이 풀리면 많은 직장인은 헛헛한 기분에 빠진다. 시간은 남아도는데, 특별하게 열정을 불태울 만한 취밋거리도 없기 때문이다. 따라서 이들은 퇴근 후의 시간이 부담스럽기까지 하다.

광고회사에서 좋은 대우를 받는 민승연(가명) 씨는 온종일 쉴 틈도 없이 일했다. 그런데 퇴근만 하면 여유 시간을 감당할 수 없어 힘들어했다. 남자친구도 없고 집 주변에 아는 친구도 없어 원룸에 돌아와 인터넷을 하며 시간을 보냈다. 하지만 인터넷에서 연예기사를 뒤적거리는 것도 어느새 흥미를 잃었다. 화려한 언어로 포장된 인터넷 소설은 저속하기 그지없고, 유행하는 음악도 흥미가 없었다. 스마트폰 채팅 어플(앱)에 접속하자 여러 개의 대화창이 떴다. "어디 사세요?", "무슨 일을 해요?", "몇 살?" 하면서 대놓고 들이대기도 했다. "외로운가요?", "영상 채팅해요." 라는 글귀에 민승연 씨는 '이렇게 말을 거는 사람들도 아마 자신처럼 무료해서 그러는 거겠지.' 하는 생각이 들었다. 어쨌든 대화창을 거부한다고 설정하자 화면은 깨끗해졌는데도 공허감은 가실 줄을 몰랐다.

공허감은 목표도, 의지할 곳도, 정신적 지주도 사라져 마음이 텅 빈 것처럼 느껴지는 심리로 개인이나 가정, 사회에 유해한 정서다. 내면에 공허감이 밀려들면 다른 사람과 소통하기가 힘들어진다. 그렇다고 다른 사람과 소통하려는 노력을 하지 않으면 문제는 더욱 심각해진다.

공허한 마음은 정신건강을 해친다. 공허감은 울적해하는 사람들의 마음에 침입하여 모든 즐거움을 집어삼킨 후 그 자리에 외로움과 고독을 선사한다. 또 의지를 꺾고 자신감을 갉아먹는다. 게다가 자존감을 해치고 실패했던 기억만 계속 곱씹게 한다.

공허감에 시달리는 이들은 바쁜 생활 이면에 존재하는 공허감 때문에 그야말로 두 얼굴의 직장인이 된다. 고학력에 높은 연봉을 받는 화이트칼라들은 명품으로 치장을 하고 고급 음식점에 드나들며 품위와 분위기를 만끽한다. 이들은 풍요로운 생활로 내면의 공허감을 채

우려 하지만 그것이 불가능하다는 사실을 깨닫는다.

이석준(가명) 씨는 유학을 마치고 외국계 기업에 입사했다. 몇 년간 결근 한 번 하지 않고 자신이 맡은 일을 완벽하게 처리한 결과 회사의 요직을 맡게 되었다. 좋은 집과 차를 장만하고 높은 연봉까지 받게 되자 주변 사람들의 부러움을 사는 1등 신랑감이 되었다.

그러나 정작 자신은 풍요로움 속에 안일하게 생활하는 것이 견딜 수 없었다. 지루한 일상에 자극이 필요해진 그는 밤만 되면 화려한 옷으로 차려입고 술집에 드나들었고, 밤이 늦도록 유흥을 즐겼다.

이런 생활이 2년 정도 이어졌다. 하지만 밤늦게 집으로 돌아왔을 때 고독감과 공허함은 더욱 커지기만 했다. 견디다 못한 그는 결국 정신과 진료를 받게 되었다.

권태롭기 그지없는 직장에서 벗어나 쾌락에 몸을 맡겨보지만 화이트칼라의 공허감은 가시지 않는다. 허무감의 공격은 더욱 심해질 뿐이다. 사회적 지위가 높다고 하여 건강한 심리를 유지하는 것은 아니라는 뜻이다. 마음의 병이 생기면 모든 것이 무너진다. 그러므로 육체의 건강을 살피듯 심리질환에 해당하는 공허감에도 주의를 기울여야 한다.

😊 심리 코칭 **공허감은 이렇게 극복하자**

● **목표를 수정하고 꿈을 잃지 마라** 공허감이 찾아오는 것은 보통 두 가지 이유 때문이다. 첫 번째는 뚜렷한 목표를 세우지 못한 경우고,

두 번째는 비현실적인 목표를 세운 나머지 포기해버렸기 때문이다. 공허감에서 벗어나려면 우선 현실에 맞는 목표를 세운 뒤 잠재력을 발휘하여 인생의 페이지를 충만하게 채워 나가야 한다.

공허감은 일반적으로 추구했던 이상, 신앙, 꿈 등을 잃어버린 사람에게 나타난다. 그러므로 공허감에서 벗어나려면 명확한 인생의 목표를 세우는 것이 좋다. 인생의 목표를 이루기 위해 쉼 없이 노력할 때 공허감도 사라진다.

● **성실하게 일하다 보면 공허감도 사라진다** 일에 매몰되면 공허감을 잊을 수 있다. 정신을 집중해서 일에 몰입하면 공허감에서 오는 고통을 덜 수 있기 때문이다. 또 일을 통해 자신의 가치를 발견할 수 있어 희망으로 가득 찬 인생을 만들 수 있다.

● **독서는 열정을 불러일으키는 에너지원이다** 독서는 공허감에서 벗어날 수 있는 가장 좋은 무기다. 독서는 지혜와 살아갈 수 있는 힘을 주고, 침체된 마음에 활력을 주며, 고독과 허무의 성에서 탈출할 수 있는 열쇠를 제공한다. 그뿐만 아니라 책을 많이 읽게 되면 세상을 보는 안목이 넓어져 삶이 풍요로워진다.

● **다양한 취미활동으로 심리상태를 관리하라** 같은 상황에 처하더라도 심리상태에 따라 다른 반응이 나타난다. 어떤 사람은 작은 실패에도 의기소침해하며 쉽게 공허감에 빠지지만, 어떤 사람은 어려움을 당해도 개의치 않고 힘차게 살아간다. 그러므로 건강한 심리상태를 유지하기 위해 노력하게 되면 허무감과 맞닥뜨리는 시간을 줄일 수

있다. 이렇게 건강한 심리상태를 유지하면 언제, 어디서, 무슨 일에 처하든 침착하게 대처할 수 있다. 어떤 상황에서도 의기소침해하거나 기죽지 말라. 늘 자신에게 충실하여 공허감이 비집고 올 틈을 내주지 않는다면 내면세계는 더욱 강해지고 업무에서도 좋은 성과를 거둘 수 있을 것이다.

● **생활에 변화를 주어라** 어려운 난관에 부딪혀 정했던 목표를 이룰 수 없다면 잠시 다른 일에 관심을 가져보자. 예를 들어 하고 있던 공부나 업무를 잠시 내려놓고 취미생활(그림, 서예, 스포츠 등)을 하며 혼란스러운 마음을 진정시키는 것도 좋다. 생활에 사소한 변화를 줌으로써 마음의 풍요를 누릴 수 있다.

● **자신을 인정하고 변화시켜라** 공허감에서 벗어나려면 먼저 자기 자신의 내면에 문제가 있다는 사실을 분명하게 인식하고 개선하도록 노력해야 한다. 이때 성실하게 노력하는 사람을 가까이하는 것이 좋다. 활력이 넘치는 이들과 자주 만나다 보면 자신도 모르는 사이에 공허감은 사라질 것이다. 또 좋은 사람들과의 만남은 새로운 지식과 신선한 자극을 선사해주고, 서로 소통하는 과정에서 좋은 영향을 주고받을 수 있다.

● **동료와 친구들의 격려를 받아라** 마음이 울적할 때 나에게 격려와 지원을 아끼지 않는 사람, 함께 고통을 나누고 위로해줄 사람이 필요하다. 동료와 친구들의 격려를 받게 되면 공허감과 외로움에서 벗어날 수 있다.

3 | 대인공포증
– 마음의 문을 열고 진심을 전하라

회사에 입사하면 고객 접대와 미팅, 다른 부서와의 연합회식, 팀 연합을 위한 모임 등 수많은 회식이 기다리고 있다. 하지만 일부 직장인들은 대인공포증 때문에 사람들과 만나는 것이 두려워 자기 안에 갇혀 있으려고만 한다.

외국계 기업에 입사하면 회사에서 주최하는 큰 파티에 참석한다. 처음 파티에 참석한 신입사원의 경우 어떻게 행동해야 낯선 파티에서도 사무실에서처럼 편안하게 행동할 수 있을까? 낯선 환경, '신입'이라는 꼬리표 등 모든 것이 걱정되는 상황에서 큰 파티에서 이름만 들어본 사람들과 어울려야 한다는 사실이 불안할 수밖에 없다.

더욱이 파티에서 인맥도 넓히고, 상사에게 좋은 인상을 주어야 한다는 심리적인 압박감까지 더해지면서 부담은 가중된다. 하지만 신입사원이 파티에서 너무 과장되게 자신을 어필하려 하거나 축 처진 모습을 보이는 것은 좋지 않다.

파티에서 말 한마디 잘못했다가 망신을 당하게 되면 쥐구멍에라도 숨고 싶은 마음이 들 것이다. 아니, 마음속으로 다시는 이런 파티에 참석하지 않겠다고 맹세할지도 모른다. 사실 이런 자리에서 말 한마디 잘못했다가 대인공포증에 시달리는 경우도 적지 않기 때문이다.

말실수로 쉽게 패배감에 젖는 사람들은 대부분 자신이 화제를 이끌고 싶은 마음에 만물박사인 척하다가 실수를 저지르곤 한다. 혹은 조그만 실수도 범해서는 안 된다는 완벽주의적 성격 때문에 논쟁이라도 벌어지면 자신의 존재 자체가 거부당했다는 생각으로 고통에 시달린다.

이런 사람들은 보통 타인의 의견을 자신을 평가하는 잣대로 삼기 때문에 늘 좌불안석이다. 이러한 심리상태에서 발생한 것이 바로 대인공포증이다.

이러한 직장 대인공포증에서 벗어나려면 어떻게 해야 할까? 우선 잘 아는 사람들과 함께 모임을 가지면 당당하게 자신의 의견을 펼칠 수 있다.

게다가 익숙한 장소를 택하게 되면 심리적 안정을 찾을 수 있다. 또 주변에 커뮤니케이션 능력이 뛰어난 사람에게서 화제를 잘 아는 주제로 자연스럽게 바꾸는 방법이나 난처한 상황에서 재빨리 벗어나는 법 등을 배울 수도 있다.

단순히 사교영역에서만 두려움을 느끼는 신입사원은 기본적인 훈련만 거치면 별다른 문제가 없다. 그러나 '자폐' 증상이 나타나는 경우는 다르다.

스물아홉 살이 된 고병권(가명) 씨는 IT업계의 웹 디자이너로, 매일 12시간 동안 컴퓨터 앞에 앉아서 일한다. 주말이면 식음을 전폐하고 20시간 이상 모니터에서 눈을 떼지 않은 채 게임에 빠져 지낸다.

"성격이 조용한 편이라 회사에서도 존재감이 없을 때가 많습니다. 한번은 회식에 참석한 적이 있는데 너무 적응이 안 돼서 그 후에는 참석을 자제해왔습니다. 동료들과 연락도 자주 하지 않고 연락한다 하더라도 별달리 할 이야기도 없습니다. 그래서 퇴근 후나 주말이면 컴퓨터를 친구 삼아 게임을 합니다. 게임의 세계가 현실보다 훨씬 재미있습니다. 한번 게임을 시작하면 온종일 말 한마디 하지 않을 때가 허다합니다."

회사에서는 푸대접을 받기 일쑤인 그가 인터넷 세상에서는 신처럼 추앙을 받는다. SNS에서 사귄 절친한 친구들도 많다.

고병권 씨 같은 IT업계 남성은 평소 업무가 바빠 대인관계의 폭이 좁다. 같은 사무실에서 일하는 동료끼리도 메신저로 소통하기 때문에 얼굴을 대하고 대화를 나누는 것이 오히려 어색하다.

그러나 편리해 보이는 이 소통방식은 많은 사람을 사이버의 세계에 가둬버리고 현실에서 직접 만나는 소통방식을 퇴화시킨다. 사이버의 세계에 매몰되면 대인관계에서 공포감, 열등감, 수치심, 자폐증상을 갖게 해 사람들과의 만남을 꺼리고, 자기 안에 갇혀 지내는 사이 사회에서 점차 잊혀진 존재가 되고 만다.

심리전문가들은 직장에서 나타나는 이러한 자폐 증상을 직장 내 유해정서가 응집되어 나타난 '유사자폐증'이라고 부른다. 이런 증상은 통상적으로 알고 있는 '자폐증'과 많은 차이가 있고, 정도도 심각하지 않지만 자신을 가둔 채 외부와의 접촉에 제한을 둔다는 점에서 자폐증과 유사하다.

자폐증 환자는 외부 세계와 단절된 채 어떤 사교 모임에도 나가지 않는다. 필요한 일, 공부, 돈을 벌려는 목적이 아니면 대부분 집에서 시간을 보내며 타인과의 접촉을 일절 피한다. 친구가 없어 몹시 외로워하면서도 다른 사람과 관계 맺는 것을 두려워한다.

이들은 다른 사람이 내리는 별 의미 없는 평가에 집착한 나머지 타인과의 관계를 끊어버린다. 그러고는 현실을 도피한 채 크나큰 기대를 품고 산다.

이들 가운데는 아예 결혼을 하지 않고 홀로 사는 사람이 있는가 하면, 자신의 불행한 처지를 다른 사람 탓으로 돌리며 실의에 빠져 지내기도 한다. 어쨌든 이들이 추구하는 것은 자기 안에 갇혀 나오지 않는 것이다.

자폐증은 일종의 심리적 방어기제다. 누구나 성장과정, 또는 일상생활에서 실패도 겪고 근심걱정을 하면서 지낸다. 그런데 실패를 극복하는 능력이 현저히 떨어지는 사람의 경우 사소한 일로 크나큰 심리적 압박을 받고 자신을 유해심리에 가둬버림으로써 패배감을 덜어내려고 한다.

통상적인 자폐증이든 직장에서 나타나는 자폐심리든 모두 일상생활과 직장생활에서 타인과의 융합을 가로막는 독약으로 작용한다. 이런 증상을 보이는 직장인은 타인을 이해하려 하지 않는 것은 물론, 누군가가 자신의 세계로 들어오는 것도 거부한다.

어떤 사람인지 알아갈 기회조차 주지 않는 사람에게 어느 직장에서 환영하겠는가. 결국 이들은 직장에서 더 이상 발전하지 못하고 도태되고 만다.

● **동료들에게 관심을 갖고 사교에 힘쓰자** 누군가의 관심과 애정을 받고 싶다면 먼저 주변 사람들에게 관심을 갖고 사랑을 베풀어라. 주변 사람들에게 관심을 갖고 그들이 곤란을 겪을 때 도와주면 존경과 호감을 살 수 있다. 내가 관심을 보여준 것에 대한 긍정적인 반응을 얻게 되면 대인관계에 자신감이 생긴다.

그리고 자신이 어려움을 겪게 되면 주변에 적극적으로 도움을 요청하라. 다른 사람의 도움을 받으면 긴장된 마음이 한결 가벼워진다. 사람들 간에 서로 도움을 주고받다 보면 인간관계의 중요성을 깨닫게 된다. 뿐만 아니라 진심 어린 감사는 타인의 마음을 기쁘게 한다. 사람과의 감정 소통은 이렇게 이루어진다.

● **자신에게 관대해지자** 일을 하기 위해서는 어느 정도의 계획과 절차가 필요하지만 모든 일에 지나치게 엄격한 절차와 검증의 잣대를 들이대서는 안 된다. 처음 계획한 대로 일이 풀리지 않는다고 해서 혹은 대접에 소홀함이 있었다고 해서 머리를 쥐어짜며 지난 일을 후회할 필요는 없다. 모든 일에 한 치의 오차도 없는 지나친 완벽주의는 강박증을 낳게 된다.

업무 중 우연히 떠오르는 아이디어를 얻는 기쁨의 순간을 놓치지 말고 붙잡아라. 업무 중에 느끼는 사소한 기쁨에서도 우리는 일의 의미를 발견할 수 있기 때문이다. 혹 일을 하다가 실수를 하게 되더라도 자신을 너그럽게 용서하며 "괜찮아."라고 말해주자. 많은 사람들이 사소한 실수를 크게 부풀려서 고민하는 경우가 많다. 자신에게 '괜찮다'고 말해줄 수 있는 여유를 갖게 되면 일을 하면서도 편안하게 웃을 수 있다.

● **다른 사람과 의견을 나누자** 동료와 대화를 나누며 서로 생각을 털어놓고, 의견이 다를 경우 적절하게 조율하게 되면 원만한 관계를 유지할 수 있다. 원만한 사회적 성격은 건강한 인간관계에서 형성되며, 건강한 인간관계는 상호이해에서 시작된다. 그리고 상호이해는 서로가 생각을 나눌 때 가능하다. 그러므로 가능한 한 자주 사람들과 대화를 나눠라. 하나의 주제를 정해 서로 의견을 나누는 것은 매우 유익하다.

동료와도 진정한 우정을 쌓을 수 있다. 우정은 서로 사랑을 베풀 때 자라난다. 만약 당신이 상대에게 먼저 다가가 선의를 베푼다면 풍성한 우정의 결실을 거둘 수 있을 것이다.

● **진심을 전하자** 늘 차가운 표정을 짓지만 정작 마음에는 뜨거운 열정을 품고 사는 사람이 있다. 이런 사람은 마음을 숨기는 데 익숙해져서 감정을 잘 드러내지 않는다. 그러다 보면 자칫 거만하고 쌀쌀맞은 인상을 심어줄 수 있으므로 때로는 진심을 보여줄 필요가 있다. 직장도 사람이 사는 곳이다. 진심에서 우러나오는 태도를 보인다면 분명 동료들의 마음도 움직일 것이다.

4 | 의타심
– 도움을 받되 발전하고 있음을 확인시켜라

의 타심이 강한 사람은 자신감이 부족하고 결정력과 주관이 없다. 이들은 자신의 능력이 부족하다고 생각하여 늘 다른 사람을 의지한다. 적극적인 사람들은 업무를 진행할 때 모르는 것이 있으면 무엇이든 배우려 한다. 이런 사람들은 직장 동료와 선배, 상사로부터 업무에 적극적이라는 인정을 받게 되고, 부지런하고 진취적인 인상을 남긴다. 그러나 어떤 일에도 정도가 있는 법이다. 다른 사람에게 지나치게 의존하려 든다면 이미지도 손상될 뿐만 아니라 자신 안에 내재된 능력을 개발하는 데에도 악영향을 미친다.

전세경(가명) 씨는 한 중소기업의 마케팅팀에서 기획 업무를 맡고 있다. 그녀는 4년 동안 대학교 기숙사에서 함께 지낸 황경아(가명) 씨와 같은 부서에서 일하게 되었다. 두 사람은 학교 친구에서 직장 동료가 된 것이다.

전세경 씨는 입사하기 전 친구와 함께 일한다는 생각에 기분이 좋았다. 함께 식사도 하고 대화도 나누는 파트너가 생긴 셈이었으니 말이다. 그런데 생각지도 못한 부분에서 고민이 시작되었다.

"회사에서 새로운 프로그램을 기획하라고 할 때마다 황경아 씨는 저에게 도와달라고 부탁해요. 하지만 그녀가 일을 제대로 처리해내지 못하는 걸 뻔히 보고 있으면서 두 손 놓고 있을 수가 없어 도와주다 보니 요즘은 퇴근 시간이 점점 늦어지고 있어요."

친구를 도와주는 것은 전세경 씨가 원해서 시작한 일이었다. 그러나 한두 번도 아니고 같은 일이 계속 반복된다면 황경아 씨에게 남을 의지하는 버릇이 생겨 결국 그녀의 업무에 부정적인 영향을 미칠 것이 뻔하다. 전세경 씨가 어쩔 수 없이 그녀를 도와주고 있기는 하지만 실제로는 황경아 씨에게 해가 될 수 있는 것이다. "직장이 학교는 아니잖아요. 업무와 공부는 그 무게감부터가 다르고요."

하루 업무를 다 끝내고 파김치가 되어 있는데, 친구의 부탁에 야근까지 하게 되면 암담해진다. 그렇다고 부탁을 거절했다가 자칫 두 사람 사이가 멀어지기라도 하면 대학 4년 동안 쌓아온 우정이 한순간에 무너질 것 같아 걱정이 된다.

전문가들은 일할 때 친구나 동료에게 지나치게 의존하게 되면 결국 직장생활에 마이너스라고 말한다. 무엇보다 업무에 대한 자신감이 사라진다. 회사에서 새로운 프로젝트를 맡기려 해도 늘 도움을 받으며 일하다 보니 혼자 일을 마무리한 경험이 없어서 자신감이 없고 의타심이 강해진다. 이전과 같은 문제에 또다시 맞닥뜨렸을 때 어떻게 대처해야 할 것인지를 생각하기보다 먼저 다른 사람의 도움부터 구하려 든다.

일반적으로 여성이나 신입사원이 다른 사람에게 의지하려는 경향이 있다. 신입사원과 여성, 두 부류 모두 직장에서는 상대적으로 약자의 위치에 있기 때문에 보통 다른 동료들이 '먼저 나서서' 도와주려고 한다. 하지만 이런 도움에 익숙해지다 보면 어느새 도움 없이는 아무것도 할 수 없는 '의존병'에 걸리고 만다.

☺ 심리 코칭 ┃ 의타심에서 벗어날 수 있는 방법을 알아보자

● **물고기 잡는 법을 배워라** 업무 중에 도움이 필요하다면 표현을 조금 달리해서 말을 하자. '도와' 달라고 하기보다 '가르쳐' 달라고 한다. 해결하기 어려운 문제에 부딪혔을 때는 "도와주시겠어요?"라는 표현 대신 "가르쳐주시겠어요?"로 바꾸라는 뜻이다. 말 한마디에 결과는 완전히 달라진다.

무슨 일을 하든 도움을 받아 얼렁뚱땅 해결하려 하지 말고 나중에는 자신이 직접 해결하겠다는 의지를 갖고 일에 임하도록 하라. 다른 사람이 해결 방법을 가르쳐주면 이를 토대로 자신의 힘으로 직접 문제를 해결해보자. 그래야만 의타심이 없어져 독립적이고 자주적인 직장인이 될 수 있다. 또 상대방이 직장에서 높은 위치에 있다고 해서 무조건 지시에 따르기만 할 것이 아니라 토론을 통해 자신의 의견을 제시해보라. 예의를 갖추고 존중하는 태도를 유지하되 독립심을 키우기 위해 적절하게 의견을 제시하는 것이 좋다.

● **결과보다 방법을 중시하라**　직장생활을 하다가 감당하기 힘든 일을 맡게 될 경우 다른 사람에게 도움을 요청하라. 도움을 받는 것을 부담스러워할 필요는 없다. 또한 다른 사람에게 도움을 받은 일의 결과에 너무 주목하지 말고, 지도하는 사람이 일을 어떻게 해결하는지 주의 깊게 살펴 해결 방법을 알아내는 것이 중요하다. 상대방에게 적극적으로 지도를 요청하는 것도 좋다.

즉 문제해결 자체에만 초점을 맞추지 말라는 뜻이다. 전에는 접근하기도 힘들었던 업무를 배우는 과정에서 창의력과 능동성, 그리고 다양한 사고능력을 기를 수 있다. 큰 문제가 없는 한 상대방은 흔쾌히 당신을 가르치는 일에 동의할 것이다. 기억하라. 다른 사람을 의지하지 않으려면 먼저 큰 욕심을 버리고, 다른 사람의 능력이 내 것이 되도록 노력해야 한다.

● **변화를 보여주면서 배워가라**　도움을 받는 사람보다 도움을 주는 쪽이 훨씬 힘들다. 직장 상사나 사무실 동료 등에게 지나치게 의존하다 보면 어느새 그들은 당신 곁을 하나둘 떠나버릴 것이다. 그러므로 단순히 도움만 받는 사람이 아니라 실제로 달라지고 있다는 사실을 보여줘야 한다.

또한 적절한 방법으로 일을 도와준 사람에게 감사의 인사를 전하라. 그리고 자신의 실력이 많이 향상되었다고 해서 배움을 멈춰서는 안 된다. 그러나 지나치게 독립적으로 변해서 누구의 의견도 받아들이지 않으면 엉뚱한 방향으로 나아갈 수 있다.

● **주변 사람을 도와주라**　늘 의존적이기만 한 신입사원은 다른 사람

을 도와주고 싶어도 능력이 따라주지 않는다. 직장에서는 다른 사람에게 배우는 데 그치지 말고 남을 도와줄 줄도 알아야 한다. 다른 사람을 도와줄 때 자신의 가치를 깨닫게 되고 더 이상 남에게 의지하는 않는 독립적인 사람이라는 이미지를 심어줄 수 있다.

• • •

최근 직장에서는 동료에게 의존하는 증상 외에 사물에 지나치게 집착하는 현상을 보이는 사람들이 늘어나고 있는 추세다. 일례로 스마트폰 중독을 들 수 있다.

스마트폰이 널리 보급되면서 업무 처리가 빨라지고 편리해진 것은 사실이다. 하지만 이런 편리함을 누리는 사이 어느새 기계에 얽매여 살게 되었는데, 이런 현상은 현대인에게 심각한 폐해를 안겨주고 있다. 스마트폰은 직장생활에서 절대 떼어놓을 수 없는 필수품이 되었다. 이런 것들로부터 멀어지기라도 하면 사람들은 어쩔 줄 몰라 하며 불안 증세를 보인다. IT기기의 무한한 매력에 빠져 지내다 보면 이처럼 부정적인 영향을 받게 된다.

당신은 평범한 회사원인가? 혹시 인스턴트 메신저에 빠지지는 않았는가? 메신저를 할 때는 흥이 나고 즐거운데 직접 사람을 만나게 되면 할 말을 잃어버린다면 이미 중독 수준으로 발전한 것이다. 심리학자들은 메신저로만 의사소통을 하려는 회사원에게 '메신저 의존증'이 나타날 수 있다고 경고한다. 만약 이런 증상이 오랜 기간 지속된다면 개인의 심리조절과 대인관계에 악영향을 미친다.

김유천(가명) 씨는 부동산 회사에서 일한다. 업무의 특성상 모바일 메신저를 통해 전국 각지의 고객과 소통한다. 쉬는 시간에도 스마트폰 메신저에 접속해 외부세계와 접촉한다. 누군가가 전화를 걸어오면 재빨리 끊고 스마트폰 메신저의 대화창에다 용건을 입력한다.

"스마트폰으로 모든 것이 가능한데도 돈 아깝게 굳이 전화로 이야기할 필요가 있습니까?" 라고 말하는 김유천 씨. 그는 정말 전화비를 아끼려고 모바일 메신저로 대화를 하는 것일까? 천만에! 김유천 씨는 이미 메신저에 중독이 된 나머지 전화로 대화하기가 어색해진 상태다. 온라인 채팅을 통해 하고 싶은 말을 마음껏 할 수 있다. 갑자기 할 말이 떠오르지 않아도 부담감이 없다. 하지만 전화를 하거나 직접 얼굴을 마주하고 이야기할 때는 다르다. 갑자기 분위기가 썰렁해지면 양측 모두 불편해지고 만다. 그는 이런 일을 몇 번 겪고 난 뒤 오프라인 만남을 더욱 꺼리고 친구들과도 되도록 휴대전화나 인터넷으로만 연락을 한다.

시간만 나면 메신저에 접속하고, 연락할 일이 있으면 채팅 창부터 여는 직장인들…. 그들은 가장 절친한 친구와도 채팅 어플을 통해 대화를 하며, 직접 만나는 일은 거의 없다. 이것이 바로 스마트폰을 끼고 사는 현대 직장인에게 나타난 새로운 습관이다.

미디어 업계에서 종사하는 김재원(가명) 씨는 사무실 동료들과 직접 대화가 가능한데도 굳이 그룹채팅을 한다. "점심메뉴는 무엇으로 선택할지에 대한 사소한 문제도 모바일 메신저로 해요. 제 앞에 앉아 있는 동료는 산책을 나가자는 말도 직접 하지 않고 메신저로 합니다. 하나의 주제를 놓고 토론하는 거야 더 말할 필요도 없죠."

　이렇듯 지나치게 인스턴트 메신저에 의존하는 직장인들에게 '메신저 의존증'은 이미 일반화되었다. 전문가들은 이러한 증상을 보이는 대부분의 사람들이 불신과 대인공포증에 시달린다고 지적한다. 사람은 어느 정도 감정을 분출하며 살아야 하는데, 이런 사람들은 신체언어나 음성언어 대신 메신저를 통해서만 소통하려 든다. 이 같은 상황이 계속되면 문제는 더욱 심각해져서 결국 메신저 의존증에서 벗어날 수가 없게 된다. 상대방의 눈빛이나 움직임을 전혀 볼 수 없는 메신저 채팅은 그저 생각과 키보드 사이의 교류일 뿐, 진정한 인간관계가 이루어진다고 볼 수 없다. 이러한 의사소통 방식에 기대다 보면 자기 세계에만 고립되기 때문에 심리건강에 해롭다.

　인터넷과 모바일은 분명 편리함을 제공하기는 하지만 그 이면에는 현실을 회피하거나 타인과의 소통을 약화시키는 폐단도 있다는 사실을 인정해야 한다. 좋은 점은 취하고 나쁜 점은 버린다는 원칙을 고수할 때 사물에 대한 의존증도 사라진다.

5 | 불평불만
– 성숙한 아름다움을 보여라

주변을 둘러보면 너나 할 것 없이 허구한 날 불평불만을 쏟아내면서 살아간다. 가족, 친구, 상사, 동료 등 자신과 조금이라도 연관된 사람이라면 예외 없이 불평의 대상이 된다. 특히 직장인은 생활 자체가 불평불만의 연속이다. 그래서인지 서점에 가면 직장인의 불만을 해소하는 방법에 관한 책을 쉽게 찾을 수 있다. 하지만 그런 책을 읽는다고 해서 실제로 불평이 사라지는 것은 아니다. 특히 새로운 직장에 입사한 사람은 유독 불평이 심하다.

"같은 업무를 보는 데다가 나보다 일을 잘하는 것도 아닌데 왜 저 사람은 더 많은 연봉을 받는 걸까?", "불공평해. 성실성으로 보나 능력으로 보나 나보다 못한 사람인데 팀장에게 프로젝트 제의를 받다니! 난 절대 인정할 수 없어."

직장인이라면 누구나 한 번쯤 들어봤을 법한 불만과 불평이다. 어떤 사람은 불만이 있으면 마음에 쌓아두지 말고 밖으로 분출해야 건강에 좋다고 말한다. 하지만 이는 잘못 알려진 상식이다. 불평을 쏟아내는 것은 건강에도 안 좋고, 업무처리에 번거로움만 더할 뿐이다.

불평하기 좋아하는 한 직원이 있었다. 그는 어느 회사엘 가나 사장에게 불만이 생겨 2, 3개월을 못 넘기고 직장을 옮겼다. 3년 후, 그는 최고로 만족스러웠던 회사에서 해고당하자 그제야 예전 직장의 사장들이 자신의 능력을 몰라봤던 것이 아니라 자신의 능력이 부족했다는 사실을 깨달았다.

불평하는 직장인의 하루는 우울하다. 우울함은 자신과 주변 사람 모두를 힘들게 한다. 불평으로 가득한 세상에서는 누구도 마음이 가벼울 수 없기 때문이다. 직장에서 별생각 없이 내뱉는 불평은 자신도 모르는 사이에 주변 사람들에게 순식간에 퍼져간다. 개중에는 자신이 직장 내 약자들의 대변자이기라도 한 듯 강자들을 향해 불평을 쏟아내는 사람이 있다. 특히 자신보다 뛰어난 능력을 가진 사람이나 직장 상사에 대한 불만이 크다. 이는 더 나아가 가진 자에 대한 불만으로 이어진다. 부자들이 가난한 사람들을 착취하여 돈을 벌었다고 생각하기 때문이다. 대부분의 사람들은 부에 대한 원죄의식을 가지고 있다. 돈벌이를 위해 사주가 노동자를 착취했다는 뉴스를 접하게 되면 사람들은 사회적 약자에게 동정을 던진다.

가난하고 실의에 빠진 사람들에게 동정심이 생기는 것은 당연하다. 하지만 그 사람들이 그런 삶을 살아갈 수밖에 없는 이유를 무조건 사회 시스템과 가진 자의 탓으로 돌려야 할까? 당사자에게는 아무런 책임이 없는 걸까? 직장에서 사장에게 불만을 품는 사람들도 마찬가지다. 자신에게는 아무런 문제가 없는 걸까?

겉보기에는 사장의 소득이 엄청나 보일지 몰라도 실제로는 부하 직원들보다 훨씬 내핍생활을 하고 있다. 어떤 의미에서는 이들이야 말로 진정 동정을 받아야 할 대상이다. 퇴근시간이 지나도 일을 놓을 수 없는 그들은 직원들이 일을 능률적으로 하도록 변화시키기 위해 노력하며, 사회와 부하직원들로부터 비난을 받고도 참는다. 직원들은 사장에 대해 이러쿵저러쿵 말하기를 좋아하지만, 사장이 열심히 노력하지 않았다면 직장에서 한솥밥을 먹는 수많은 사람의 운명이 얼마나 비참했겠는가.

적잖은 직원들이 회사로부터 '받아야 할 대가'만을 생각하며 회사나 CEO가 자신에게 "아무것도 해준 것이 없다."고 불평한다. 그렇게 불평하기 전에 왜 자신에게는 이런 자문을 하지 않는가. "내가 맡은 업무를 해내는 데 부족한 점은 없었는가?", "얼마만큼 노력을 해야 경쟁업체를 이길 수 있을까?" 등등의 질문 말이다. 다른 사람을 원망하기 좋아하는 사람은 늘 모든 책임을 타인에게 돌린다.

원망과 불평이 습관이 되면 소속된 회사에 대한 충성도가 떨어져 정서적인 침체현상이 나타난다. 그러다 보니 다른 회사의 유혹에 쉽게 넘어가게 되고, 회사가 위기에 맞닥뜨리면 견디기 힘들어한다. 뿐만 아니라 문제에 소극적으로 대처하거나 회피하기도 한다.

장수혁(가명) 씨는 이제 막 창업한 회사에 입사했다. 회사는 장기적인 계획조차 아직 수립되어 있지 않은 상태였다. 관리방식도 제자리를 찾지 못한 데다 사장의 경영방침은 시시때때로 바뀌었다.

그러자 장수혁 씨는 이렇게 생각했다. "난 능력을 마음껏 펼쳐보려고 회사에 들어온 거지, 이렇게 불안정한 시기를 함께 보내려고 들어

온 게 아니야." 그는 이런 소규모 기업과 사장을 위해서 노력하고 싶지 않다며 이직을 준비하는 중이다.

안타깝게도 장수혁 씨는 하나만 알고 둘은 모르는 사람이다. 이제 막 창업한 회사가 발전하려면 이렇게 혼란스러운 시기를 견뎌내야 한다. 만약 그가 그 회사에서 계속 일할 생각이라면 업무를 비롯하여 각종 돌발 사태에 대처하는 법을 배우고 사장과 함께 어려움을 헤쳐 나가야 한다.

불평이 입에서 나온다는 것은 비현실적 완벽함을 추구하는 심리적 불균형 상태에 있기 때문이다. 직장인들이 '불평'과 '불만'을 토로하는 모습을 보면 그 같은 사실을 알 수 있다.

☻ 증상 진단 │ 불평불만은 일상생활에 어떤 영향을 미칠까?

● **단순한 문제도 복잡하게 만든다**   직장에서 불공평한 대우를 받았다면 적절한 방법으로 문제를 제기하여 합리적인 해결책을 찾아야 한다. 하지만 때와 장소, 상황을 전혀 고려하지 않고 화부터 낸다면 정당한 항의를 하는데도 불구하고 행패를 부리는 것처럼 여겨져 다른 사람의 공감을 얻지 못한다.

● **교양 없는 사람으로 비친다**   교양 있는 사람은 자신의 감정을 절제할 줄 안다. 그들은 앞뒤 계산을 하지 않고 불만을 그대로 표출하는 실수를 범하지 않는다. 하지만 교양이 부족한 사람은 자신을 소중하

게 생각하는 마음이 없어 자제력도 부족하다. 그래서 사소한 불만이라도 있으면 곧바로 불평 먼저 쏟아놓고 본다. 이런 모습은 동료뿐 아니라 가족들에게도 교양 없는 사람으로 각인되어 나쁜 인상을 남긴다.

● **옹졸하고 쩨쩨하게 보인다** '나만 편하면 돼.'라고 생각하는 사람일수록 자신만 손해 본다는 생각에 불평이 유독 심하다. 업무를 분담할 때는 좀 더 쉬운 일을 하려 하고, 이익을 분배할 때는 더 많은 이익금을 차지하고 싶어 한다. 하지만 조직생활에서 개인의 편의만 봐줄 수는 없는 일이다. 그러다 보니 옹졸한 사람은 날마다 손해 보는 기분으로 살며, 매일 불평이 끊이지 않는다.

● **약하고 무능하게 보인다** 능력 있는 사람은 업무 중 어려움에 부딪히든 개인적으로 힘든 일을 겪든 늘 냉정을 잃지 않고 스스로 노력해서 어려움을 극복한다. 하지만 나약하고 무능한 사람은 똑같은 상황이 벌어졌을 때 속수무책으로 무너진다. 자신의 힘과 지혜로는 도저히 상황을 타개할 수 없다 보니 하늘을 원망하고 주변을 탓하며 계속 불평만 토해낸다.

● **어려움을 극복하려는 투지가 없어 보인다** 대부분의 사람들은 심리적으로 건강하지 못할 때 불평을 하게 된다. 불평을 하게 되면 심신의 건강에도 해로울 뿐더러 부정적 심리에 빠지기 쉽다.

불평불만이 일상을 더욱 꼬이게 한다는 사실을 알았다면 되도록 불평을 마음에서 내몰아라. 자신의 부족함과 고통에만 주목하지 말고, 삶의 아름다운 면을 바라보게 되면 활기를 되찾을 수 있을 것이다.

😊 심리 코칭 불평을 해소하는 방법을 알아보자

● **잘못된 신념과 관점을 바꾸자** 살다 보면 자신이 원하는 것을 다 가질 수 없다는 사실을 깨닫게 된다. 그런 사실을 알았다면 주변 사람들에게 지나치게 까다롭게 굴어서는 안 된다. 아무리 가까운 사이라 해도 나의 모든 요구를 들어줄 의무나 책임은 없기 때문이다. 세상 그 누구도 내 생각과 뜻대로 움직이지 않으며, 나 역시 주변 환경이나 사람들에게 조종당하지 않는다. 나의 감정과 인생은 나 스스로 책임져야 할 부분이다. 그럼에도 불구하고 자신의 운명과 감정을 주변 환경이나 다른 사람 탓으로 돌리고 자주 상처를 받고 세상을 원망하는 사람이 있다.

● **균형 있는 시각으로 문제를 바라보자** 불만을 해소할 수 있는 방법을 다른 곳에서 찾기보다 스스로에게서 찾는다면 좀 더 발전된 나로 거듭날 수 있다. 일반적으로 사람들이 불만을 품게 되는 근본적인 이유가 반드시 상황 때문만은 아니다. 알고 보면 개인의 교양 수준과 문제인식 방법에서도 요인을 찾을 수 있다. 우선 자신이 문제를 정확하게 직시하고 있는지, 단편적으로 바라보고 있는 것은 아닌지 살펴보자. 또한 한쪽으로 치우치지 않고 균형 있게 문제를 바라보고 있는지도 돌아보도록 하자.

● **평상심을 유지하자** 직장에서 맞닥뜨리는 사소한 일에도 불평과 불만이 터져 나올 수가 있다. 그렇다고 해서 모든 일에 목숨을 걸고 달려들거나 사사건건 따지는 태도로 스스로를 괴롭히지 말자. 사소한 문제에는 아예 관심을 끄는 것이 좋다. 아무리 힘든 일이 생겨도 평상심을 유지할 수 있다면 지혜로운 삶을 영위할 수 있다.

● **일에 전념하자** 누군가를 원망하는 시간에 업무에 열중하다 보면 그에 따른 훌륭한 성과를 거둘 수 있다. 불평이 자신에게 아무런 도움도 되지 않는다는 사실을 깨달았다면 더욱 업무에 노력을 기울이자. 그러다 보면 어떤 어려운 상황도 담대하게 대처해나갈 수 있는 힘이 생긴다. 불평하고 원망하는 나쁜 습관을 과감히 버리고, 그 자리에 꿈과 패기를 채워 넣자.

● **직장의 '성자'가 되어보자** 불평하는 습관을 내려놓고 비범한 인물이 되도록 노력하다 보면 어느 새 마음이 편안해져 세상을 초월하는 단계에까지 이르게 된다. 직장은 통찰력과 건장한 신체, 뜨거운 열정을 필요로 하는 곳이다. 당신은 지금 다른 누구도 아닌 자신을 위해서 일하고 있지 않은가. 그렇다면 목표를 좀 더 높게 세워서 뜨거운 열정으로 일에 몰입해보자. 다른 누구도 아닌 당신을 위해서!

6 | 게으름
– 오늘 일을 내일로 미루지 마라

거래처에 전화하기 위해 수화기를 들기가 귀찮은 건 아닌가? 처리해야 할 업무는 태산 같은데 어느 것 하나 제대로 완성하지 못한 채 허둥대고 있는 건 아닌가? 앞뒤만 재고 있다가 어떤 일도 해결하지 못한 채 시간만 보내고 있는 건 아닌가? 그렇다면 당신은 지금 '꾸물대고 있는 것'이다. 수많은 직장인들이 미적대는 나쁜 습관에 빠져 있다.

일을 질질 끌며 미루는 사람은 늘 '내일'까지는 일을 마치겠다고 다짐한다. '내일'이라는 부채에 의지한 채 오늘 하루를 대충 흘려보낸다. 그러나 시간은 당신을 기다려주지 않는다. 오늘 마쳐야 할 일을 내일로 미루다 보면 결국 무덤에 들어가는 순간까지도 일을 미루게 될 것이다.

계속 미루기만 하다가 발등에 불이 떨어졌을 때에야 후닥닥 일을 끝내는 것은 자신은 물론 다른 사람을 속이는 행위다. 이런 경우 짧은 시간 안에 일을 마무리 짓기 때문에 흡족한 결과가 나오지 않게 되면, "시간이 부족했기 때문이야."라는 말로 스스로를 위로한다. 하지만 시간은 충분했다. 다른 사람들은 당신보다 더 바쁘고 시간도 부족하지만 주어진 조건 안에서 업무를 완수한다. 항상 바쁘다고 변명한다면 어떤 일을 해도 허둥대며 할 것이다. 늑장을 부리는 태도는 직장인이 반드시 극복해야 할 이상심리다. 늑장 부리는 것과 매우 유사한 심리로 나태함을 꼽을 수 있다.

😀 증상 진단 나태함에 빠져 있는 것은 아닌지 진단해보자

● **되는 대로 산다** 흥미도 없고 귀찮기만 한 업무를 맡게 되었을 때는 일을 미루고 싶어진다. 마감 기한이 되면 어떻게든 해결될 것이라는 생각에 마지막까지 버티며 힘써 일할 생각을 하지 않는다.

● **과도한 자신감의 소유자다** 심리적인 압박감을 견디기 위해 과도한 자신감을 보이며 일하는 사람들이 있다. 이들은 자신을 용수철에 비유한다. 용수철은 누르면 누를수록 탄성이 강해지고 마지막에 손을 놓는 순간 높이 튀어 오른다. 이들은 자신을 용수철이라고 착각하고 막바지가 되어서야 일을 해결한 후, 힘든 도전에 성공했다는 쾌감과 마감에 쫓길 때 솟아나는 위력을 즐긴다. 그러나 용수철 스타일을 견지하게 될 경우 함께 일하는 동료들과 불협화음이 생길 수 있고, 갖가지 오해를 살 수 있다.

● **시작에 대한 두려움이 있다** 일을 망치면 어떡하나 하는 두려움 때문에 미적대다가 일을 시작할 엄두를 내지 못한다. 이처럼 자꾸만 일을 회피하다 보면 실패에 대한 두려움이 더욱 마음을 옥죈다. 이럴 때 누군가가 일을 재촉하거나 업무에 대한 질문을 하면 시작을 더욱 미루게 된다. 일을 미루다 보니 두려움의 몸집은 점점 커진다.

● **나태함이 몸에 배어 있다** 충분히 맡은 일을 해낼 수 있는 능력이 있으면서도 마지막 1분 전까지 미루고 미루다가 일을 시작한다. 최고의 성과를 내겠다고 결심하지만 결국은 어떤 결과물도 내놓지 못하는 것은 물론 시간만 허비할 뿐이다.

일을 미루는 것과 게으름은 그 경계가 정확히 구분되는 것은 아니므로 일반적으로 두 가지 유형 모두 나태함으로 분류된다. 나태한 직장인은 늘 미적대는 바람에 어떤 일도 자기 손으로 마무리 짓지 못한다. 결국 신뢰가 바닥에 떨어지는 것은 물론 상사마저 자신의 능력을 의심하기 때문에 자기계발에 악영향을 미친다.

☺ 심리 코칭 나태함을 극복하는 방법을 알아보자

● **나태의 부정적 영향을 정확하게 파악하자** 당신을 나태하게 하는 원인이 무엇인지 분석한 후 안일한 태도를 버리고 강인한 성품을 기르도록 노력해보자. 새로운 업무를 맡게 되었을 때야말로 당신이 변화를 꾀할 수 있는 절호의 찬스다. '나태함을 극복하기 위해서는 강력한 의지력'이 필요하고 의지를 불어넣으려면 새로운 목표를 세우는

것이 필요하다. 능력에 맞게 목표를 설정한 후 시간을 적절히 분배해 실질적인 행동을 취해보자.

● **반드시 해야 할 일인지 결정하자** 사람은 누구나 그다지 중요하다고 느껴지지 않는 일은 미루게 된다. 당신이 하는 일이 정말 중요한 일이 아니라면 미루다가 후회하지 말고 지금 당장 취소하라. 해도 그만 안 해도 그만인 일정은 취소하는 것이 시간을 효과적으로 활용하는 방법이다.

● **다른 사람의 감독을 받자** 상사나 동료에게 작업물의 검토를 받는 것도 좋다. 다른 사람이 감독을 하면 어떻게든 일을 진행하게 된다. 스스로 시간표를 만들거나 마감 기한을 정해놓는 것도 좋은 방법이다. 규칙을 지키면서 마감 전에 일을 마치자고 자신을 채찍질하면 일정보다 빨리 일을 끝냈을 때 오는 성취감을 맛볼 수 있다.

● **오늘 할 일을 내일로 미루지 말자** 당장 일을 시작할 수 있는데도 꾸물대고 있음을 알았다면 지금 일을 시작하여 끝내버려라. 일을 끝내고 나면 어깨를 짓누르던 부담이 덜어져 성취감을 느낄 수 있다. 그러고 나서 다음 단계로 넘어가라. 어떤 일이든 몰입하여 움직이다 보면 나태함은 자신도 모르는 사이에 사라지고 만다.

● **때로는 다른 사람에게 부탁하는 것도 지혜다** 충분히 할 수 있는 일인데도 불구하고 정말 하기 싫을 때가 있다. 예를 들어 완전히 관심 밖의 일이거나 자신의 전공과 동떨어진 일인 경우가 그렇다. 그럴 때

는 자신보다 더 그 일에 잘 맞고, 그 분야에 관심을 보이는 사람에게 일을 부탁하는 것도 좋은 방법이다.

● **미래를 내다보고 행동에 나서자** 일을 맡기 전에 전체 비용을 계산해보았더니 이득보다 치러야 할 대가가 큰 경우 일을 미루게 된다. 이때 가장 좋은 대처 방안은 눈앞의 이익보다 궁극적인 목표와 먼 미래에 거둘 수 있는 수익을 생각하라. 그렇게 하면 비록 당장은 손해를 보더라도 열정을 쏟아 일을 하게 된다.

● **좋은 습관을 기르자** 나태는 몹시 나쁜 습관이다. 어떤 일을 하든지 나태라는 나쁜 습관과 싸우게 되지만 자발적으로 나쁜 습관에서 벗어난다는 것은 쉽지 않은 일이다. 강제적인 제재가 있을 때 건강한 정신과 습관을 갖게 된다. 한번 자리 잡은 올바른 습관은 생각과 행동 모든 면에 영향을 끼치므로 좋지 않은 생각이 비집고 들어올 틈을 내주지 않는다. 마찬가지로 부지런한 습관이 자리를 잡으면 나태는 머물 자리가 없어진다.

나태함이 몸에 밴 사람들은 업무가 태만하다. 자기계발에 관심이 없고 일처리도 늦다. 이들은 일을 똑 부러지게 하려고 노력하거나 자기 분야에서 성공하고 싶은 마음도 부족하다.

영업사원은 기술 관련 업무에 관심이 없고, 기술 관련 업무를 보는 사원은 시장 상황에 둔감하다. 직위가 다른 경우에도 마찬가지다. 상사는 책상머리에서 결정을 내리고, 부하직원은 현장을 뛰어다닌다. 이렇게 각자 자신의 직무에 요구되는 일만 하게 되면 결국 그

간극은 갈수록 벌어진다. 상사는 뛰어난 말재주로 해야 할 일을 지시하지만 현장감이 떨어지고, 부하직원은 나서서 말할 기회가 없다 보니 설득력이 떨어져 그저 상사가 시키는 대로 지시를 받고 일만 할 뿐이다.

이런 현상을 '선택적 나태'라고 부른다. 선택적 나태는 자신의 강점만 계속 계발하고 약점을 외면하다 보니 결국 그 약점이 나태함의 근원이 되어버린 것이다.

이런 심리를 제대로 파악하면 업무를 관리하는 데 큰 도움이 된다. 책임자의 자리에 앉거나 '지금의 나'를 넘어 성장하려 할 때 장점만 발휘할 수 있는 일이 있는가 하면, 처음부터 선택의 여지없이 자신의 약점이 큰 걸림돌로 작용하는 업무도 있다. 그렇다고 또다시 '선택적 나태'로 현실을 외면할 수는 없다. 자신이 하고 있는 일은 생존이 걸린 문제다. 약점이 강점이 되도록 부지런히 노력하라.

관리자는 먼저 자신의 어떤 문제 때문에 '선택적 나태'가 나타났는지 파악하고 행동수정을 하라. 또 이를 관리업무에 응용할 수도 있다. 선택적 나태를 고칠 수 있는 것처럼, 능력이 부족한 사원도 충분히 변화시킬 수 있다. 사원들의 취약한 부분을 집중적으로 훈련시키고 '할 수 있다'는 자신감을 심어주면 직원들의 의식이 변화하고 회사 전체가 한 단계 업그레이드될 것이다.

7 | 직장공포증
– 사장은 신이 아니다

신 입사원들이 첫 월급을 받고 흥분해서 이제 곧 꿈이 현실이 될 것이라는 환상에 젖어 있을 때 혹시 직장공포증에 시달리는 동료를 발견한 적은 없는가? 직장에서 잔뼈가 굵은 경력 사원들로부터 듣는 힘들었던 과거의 경험담은 신입사원에게 매우 부정적인 영향을 미친다. 아무 경험이 없는 신입사원에게 직장이란 곳이 무수한 함정과 난관의 도가니인 것처럼 이야기하면 신입사원은 더욱 소심해진다. 소심해진 이들은 동료들 앞에서 주뼛주뼛 행동하고 말을 더듬대며 재능을 숨기게 된다.

공포심은 해결하기 어려운 감정 중 하나다. 적자생존의 세계에서 살아남기까지 인류는 수많은 실패와 고통과 싸우며 발전해왔다. 실제로 최악의 상황이 닥칠 것 같은 예감이 들 때 사람들은 심한 공포감을 느낀다. 긴장, 불안, 걱정, 초조, 공포는 처음에는 감당할 만한 수준이지만 점점 그것이 심각해질 경우 일을 지속할 수 있을지 걱정해야 할 정도가 된다.

한희정(가명) 씨는 뛰어난 외모에 유창한 영어실력까지 갖춰 별다른 어려움 없이 외국계 기업에 입사하여 사장 비서직을 맡게 되었다. 그러나 출근한 지 며칠 되지 않아 그녀는 직장생활이 생각처럼 그리 만만하지 않다는 사실을 깨달았다. 근무 중에는 숨 돌릴 틈도 없이 힘든 업무에 시달렸다.

팩스며 보고, 회의 일정을 잡는 일 등 사장의 지시가 눈코 뜰 새 없이 이어졌다. 회의 장소와 참석 인원, 그리고 일정을 겨우 확정해놓았더니 갑자기 지점에 문제가 생겨 항공편으로 출장을 가야 한다고 했다. 한희정 씨는 다른 업무를 처리하느라 정신이 없는 상태였다. 회사 출장 시스템을 잘 몰랐지만 창피한 마음에 다른 사람에게 물어볼 엄두를 내지 못했다. 그런 상황에서 사장은 항공권이 예약조차 되지 않았다는 사실을 알고는 사람들 앞에서 노발대발했고, 너무나 놀란 그녀는 한마디 변명조차 할 수 없었다.

그 사건 이후 한희정 씨는 사장 목소리만 들어도 가슴이 뛰기 시작했고, 능숙하게 해냈던 일도 엉망진창이 되었다. 이후부터 사장이나 동료들 앞에서 자기 생각을 제대로 이야기할 수 없었고, 심각한 공포에 시달렸다. 일을 시작한 지 몇 달 되지 않아 그녀의 상태는 이미 신경쇠약 수준에 이르러 결국 정신과 의사를 찾아야 했다.

자신의 마음을 학대하는 공포증은 어떤 감정보다 큰 고통을 안겨준다. 갈수록 공포감에 시달리는 직장인이 늘어나고 있는 추세다. 직장에서 성실하게 일하던 사람들도 수많은 규칙과 모순적인 상황들이

판을 치는 현실을 보면서 혼란을 느끼고 방황하는 경우가 많다. 결국 그것이 출근공포증이나 사장에 대한 공포로 이어지기도 한다.

국제무역을 전공한 정소현(가명) 씨는 졸업 후 다양한 선택의 여지가 있었지만 첫 단추를 잘못 끼우는 바람에 한 달 사이에 두 번이나 직장을 그만뒀다.

처음에는 부모님의 연줄로 은행에 입사했다. 그런데 신입사원이라면 누구나 하게 되는 창구 업무가 견디기 어려웠다. 그녀는 영화 속의 주인공처럼 전망 좋은 사무실에서 일하기를 원했기 때문이다. 결국 은행에서 일한 지 보름이 채 지나지 않아 정소현 씨는 안정적인 '철밥통' 직장을 그만두고 홍보회사에 입사했다.

홍보회사에서도 그녀는 복사, 접대 등 자질구레한 일부터 시작해야 했다. 새로운 일에 대한 '아름다운 환상'이 깨지자 첫 직장에서 느꼈던 걱정과 초조감이 몰려왔다. 결국 정소현 씨는 2주 만에 일을 그만두었다.

이후 정소현 씨는 자신이 과연 일반 회사에 적응할 수 있을지 의문스러웠다. 어떤 일에도 흥미를 느낄 수 없었던 그녀는 출근이라는 말만 들어도 공포감에 떨었고, 뭘 어떻게 해야 할지 갈피를 잡을 수가 없었다. 게다가 앞으로 제대로 된 직장을 구할 수 있을지 자신감도 없어졌다.

정소현 씨의 증상은 전형적인 출근공포증으로, 대학을 갓 졸업한 사람들에게서 흔히 나타난다. 이는 그다지 특별한 증상은 아니다. 사실 우리 주변에는 출근과 회사일이 두려워 사표를 가슴에 품고 출근하는 직장인이 적지 않다. 게다가 그중 상당수가 지난 몇 년간 직장에서 갖은 고생을 온몸으로 겪은 직장인이다. 심각한 스트레스를 받으며 바쁘게 지내다 보니 건강은 나빠질 대로 나빠지고, 출근만 생각하면 그냥 집에 눌러앉고 싶다는 생각부터 떠오를 지경이다. 이쯤 되면 죽을힘을 다해 일할 필요가 있는지 자문하게 된다. 이들 출근공포증에 시달리는 직장인들은 신경쇠약 증상까지 겹쳐 꿈속에서도 회사 업무에 시달린다. 늘 스트레스에 시달리다 보니 하루하루를 견디는 것이 너무나 힘들다.

😊 심리 코칭 ┃ 출근공포증, 이렇게 해결하자

● **자신의 위치를 정립하라** 출근공포증이 있는 사람은 자신의 관심사에만 지나치게 집중한다. '하고 싶은 일', '좋아하는 일'만 생각하고, '회사가 원하는 것', '업무상 요구되는 능력'은 소홀히 한다. 이 때문에 입사한 회사에서 자아실현이 불가능하다는 느낌을 받을 경우 직장을 옮긴다.

● **단계적 목표를 정하라** 단계적 목표를 정해놓으면 자신감을 회복할 수 있고 자제력이 강해진다. 또한 실패를 겪어도 다시 일어설 수 있다는 생각을 갖게 되어 공포심에서 벗어날 수 있다. 출근공포증은 신입사원에게서 쉽게 볼 수 있다. 그러나 회사에서 꽤 오랫동안 일한 사람도 정소현 씨처럼 사장공포증이 있을 수 있다.

사장공포증은 직장인에게 새롭게 등장한 이상심리다. 직장인들은 사장 사무실의 블라인드가 걷혀 있거나, 주차장에 사장의 차가 세워져 있는 것을 봤을 때, 사장이 다가오거나 따로 불러 이야기하는 것을 몹시 두려워한다.

즉 사장과 관련된 모든 것이 공포심을 조장한다. 여기서 말하는 '사장'은 회사 CEO뿐만 아니라 회사 내 임원, 직속 상사 모두가 포함된다. 직장생활의 미래를 결정하고 업무성과를 평가하는 사람이야말로 실질적 사장이기 때문이다.

어떤 사람이 사장 공포증에 쉽게 빠지는지 알아보자.

- 어렸을 때는 부모님을, 학교에서는 선생님을 두려워했던 사람일수록 사장이나 상사를 두려워한다.
- 열등감이 있거나 다른 사람의 태도에 민감하게 반응하고 자신을 억압하는 경향이 있는 사람은 취업 후 사장공포증에 빠질 수 있다.
- 일을 잘못 처리해서 상사에게 비난과 질책을 받은 경우, 그리고 우연히 사장에 대한 좋지 않은 소문을 들은 경우 모두 사장공포증에 빠질 수 있다.

만약 자신이 이 세 가지 모두에 해당되고, 긴장과 공포를 제대로 조절하지 못하면 사장에 대한 공포증이 조건반사적으로 나타난다. 쉽게 해결할 수 있었던 긴장감도 방치하다 보면 해결하기 어려운 공포증으로 변한다.

이런 상황에 빠지면 불안감으로 업무효율도 떨어진다. 상사나 부하직원과의 관계도 원활하지 못해 업무 자체가 무거운 짐이 될 수도 있다.

심각한 경우 상사와 동료와의 대화를 회피하고 맡은 업무를 건성으로 하게 되어 경영에 큰 문제가 생길 수 있다. 이런 사태를 제대로 해결하지 못하면 결국 이직, 휴가, 사직에 이르는 퇴행적 행동이 나타날 수밖에 없다.

일반적으로 상사에 대한 공포증은 일하는 과정에서 자연스럽게 해결된다. 하지만 해결 방법과 방향을 잘못 잡을 경우 증상이 갈수록 심각해질 수도 있다.

공포심을 더 악화시키는 잘못된 방법을 소개한다.

- 언제나 윗사람이 상냥하고 이해심이 많으며 부드러운 사람으로 변하기를 바란다.
- 언제나 윗사람 앞에서 마음의 평정을 유지한 채 태연하고 대범한 모습을 보이며 자기 매력을 100퍼센트 발산하기를 기대한다.
- 언제나 사소한 약점이나 부족한 부분이 모조리 해결되기를 바란다. 적어도 상사 앞에서는 절대 드러나지 않기를 말이다.

이 세 가지 기대는 당사자의 모든 생각을 상사와의 관계에만 집중하게 한다. 전문용어로는 이를 '상호작용'이라고 하는데, 상사와의 관계에 지나치게 집중하는 것 자체가 오히려 사장공포증을 굳히게 하는 '정신적 초석'이 된다. 즉 과도한 관심이 더욱 심각한 공포를 일으키는 것이다.

😊 심리 코칭 | **사장공포증에서 벗어나기 위한 방법을 알아보자**

● **두려움을 받아들이자** 상사를 두려워하는 자신의 심리상태를 있는 그대로 받아들이고, 자신의 대인관계 특징이 무엇인지 분석해보라. 적절하지도 않는 방법을 억지로 생각해내어 윗사람과 맞춰가느니 차라리 자신만의 특징을 유지한 채 진실하게 소통하는 방법을 찾는 게 낫다. 부하직원이 자기를 무서워한다고 해서 미워할 상사는 없다. 오히려 상사를 우습게 여기는 부하직원이야말로 골칫거리다.

● **다른 중요한 문제에 집중하자** 상사와 좋은 관계를 유지하기 위해서는 맡은 업무를 제대로 해내야 한다. 상사에 대한 자신의 심리 반응은 그 다음에 생각해도 된다. 사장이 누구에게 월급을 더 주고 싶겠는가? 안하무인에 설렁설렁 일하는 사람보다는 맡은 업무를 제대로 해내는 직원에게 더 주고 싶을 것이다. 사장의 지시에 따라 업무를 제대로 처리하는 직원이 있어야 회사가 원활하게 운영된다.

부하직원의 인상이 밝다는 것은 그다지 큰 의미가 없다. 물론 상사와 부하직원의 관계가 좋으면 나쁠 거야 없다. 하지만 만약 사장이 업무를 떠나서 부하직원과의 개인적 관계를 더 중요하게 생각한다면 어떤 상황이 올까? 그렇게 되면 기업에 손실을 가져오고, 업무도 깔끔하게 처리되지 않을 것이다. 그뿐 아니라 조직력도 흐트러져 사장을 비롯한 직원 전체의 생존이 위협을 받을 수 있다. 이런 사장은 공포심을 조장하지는 않지만 큰 포부도 없어서 회사 직원들의 먹고사는 문제까지 위협할 수 있다.

● **사장을 평범한 사람이라고 생각하자** 사장공포증은 사장을 신격화 시킬 때 발생한다. 특히 상사와의 교제가 불가능한 경우 상사를 가까이할 수 없는 신적 존재로 간주한다. 결론적으로 상사를 너무 비범하게 생각하는 것이다. 하지만 상사 역시 거친 세파에 부딪히면 갈대처럼 흔들리는 평범한 사람일 뿐이다. 회사의 대표가 되면 누구나 사장이라고 불린다. 그러니 사장도 보통 사람과 똑같은 평범한 사람이라고 생각한다면 사장공포증으로부터 벗어날 수 있다.

가벼운 사장공포증은 직장생활을 하는 중에 자연스럽게 완화된다. 그러나 자신이 통제할 수 없을 정도로 심각한 경우 심리상담을 통해 치료를 받는 것이 좋다. 이때 무리해서 스스로 심리상태를 조절하려고 하다 보면 상황이 더 악화될 수 있다는 사실을 명심하자.

8 | 실패에 대한 두려움

- 실패 앞에서 도망치지 마라

인간이라면 누구나 행복한 인생을 꿈꾼다. 그러나 살다 보면 좋은 일도 겪을 수 있고 어려운 일도 맞닥뜨리게 된다. 직장 역시 마찬가지로 어떤 일이 일어날지 알 수 없는 곳이다.

인생이 늘 순풍에 돛을 단 배처럼 순조로울 수는 없듯이 직장생활을 하다 보면 수많은 좌절을 겪게 마련이다. 따라서 직장인이라면 누구나 실패에 대한 부담감을 갖게 된다.

직장생활을 하면서 한 번쯤 겪게 되는 실패와 좌절에 어떻게 대응하느냐에 따라 결과도 달라진다. 직장에서 좌절을 겪으면서 생긴 심리적 불균형을 제때 바로잡지 못하면 당사자의 직장생활과 일상은 물론 주변 사람에게까지 부정적인 영향을 미친다.

● **하소연하기** 내면의 고통을 다른 사람에게 털어놓자. 하소연은 정신의학계에서 추천하는 심리치료 방법 중 하나다. 좌절을 겪은 후 계속 실망감과 초조감에서 벗어나지 못하면 나중에는 자신이 통제할 수 없을 정도로 상태가 심각해진다. 그뿐 아니라 육체적 건강을 해쳐 체내에서 독소가 나올 수도 있다. 이때 믿을 만하고 지혜로운 지인에게 자신의 속마음을 털어놓고 상황을 타개할 수 있도록 노력하라. 만약 그 지인이 학식과 교양을 겸비한 사람이라면 당신의 마음을 위로해주고 격려와 용기를 북돋아줄 것이다. 이렇듯 속마음을 털어놓으면 실패감에서 벗어나는 데 큰 도움이 된다.

● **비교하기** 실패를 겪은 후 속마음을 털어놓을 만한 대상을 못 찾았다면 자신보다 더 힘들고 더 많은 고통과 역경을 겪은 사람과 비교를 해봄으로써 불안정한 심리상태를 치유하라. 자신보다 더 힘든 상황 속에서도 의연히 살아가는 사람들을 보면 마음의 평정을 되찾을 수 있다.

또한 자기 안에 어떤 강점이 있는지 살펴보는 것도 도움이 된다. 다른 사람이 갖지 못한 뛰어난 부분이 있다는 것을 알면 좀 더 쉽게 좌절감에서 헤어날 수 있다. 그리고 자신을 좌절감에 빠지게 하는 약점과 실패한 적 없는 강점을 대비시켜 긍정적인 결론을 도출해보는 것도 좋다. 사실 실패는 내면에 잠재된 능력을 자극하는 특징을 갖고 있다. 만약 이 점을 제대로 활용할 수 있다면 좌절이 찾아왔을 때 숨겨진 자신의 새로운 능력을 발견할 수 있는 찬스를 맞게 된다.

● **문제점 인식하기** 좌절을 극복하고 다시 일어서려 할 때, 반드시 실패했던 과정을 돌이켜보고 무엇이 문제였는지 잘 살펴보자. 실패했다는 사실을 인정하고 업무 중 발생했던 문제점을 해결하도록 하라. 이때 자신이 세상에서 가장 불행하다고 생각하며 자학하지 마라. 자신보다 더 힘든 시간을 보내는 사람이 수없이 많다는 사실을 깨닫는다면 실패를 극복하는 데 도움이 된다. 그리고 나만의 장점이 무엇인지 파악하여 단점을 극복한다면 충분히 지금의 힘든 상황을 이겨낼 수 있다. 실패와 좌절의 시간을 지혜롭게 보내면 내 안의 잠재력이 더욱 빛을 발할 것이다.

● **새로운 목표 세우기** 직장에서의 좌절과 실패는 사기를 꺾고 원래 세웠던 목표를 무너뜨릴 수 있다. 그럴 때는 반드시 목표와 방향을 재설정해야 한다. 과거의 실패에 대한 분석과 사고 단계를 거쳐 목표를 재설정하면 부정적인 심리상태에서 벗어나 이성적인 사고가 가능해진다.

　목표가 재결정되면 어두웠던 마음에 등불이 켜지고 또다시 일을 할 수 있다는 의지와 신념이 생긴다. 그리고 앞을 가로막았던 좌절감이나 걸림돌이 사라져 목표를 향해 정진할 수 있다. 목표를 정하면 내 안에 갇혔던 사고가 행동으로 표출되며, 주관적인 사고가 객관적인 행동으로 발전하기 시작한다. 즉 목표가 정확하게 확립되어야만 성공을 향한 첫걸음을 내디딜 수 있다. 목표를 세우면 그에 맞지 않는 정서와 행동을 억제할 수 있고, 목표 달성을 위해 적극적으로 행동할 때 어려움을 극복할 수 있는 용기도 생긴다.

• • •

직장생활을 하다 보면 누구나 실패를 겪을 수 있다는 사실을 기억하자. 과거에 어떤 실패를 겪었든 간에 지금은 안정적인 심리상태를 유지하도록 노력해야 한다. 실패 후 생기는 부정적인 마음을 떨쳐버리고, 실패에서 얻은 것과 잃은 것이 무엇인지 따져 되도록 빨리 직장생활에 적응하도록 노력해야 한다. 실패를 겪은 직장인이 삼가야 할 태도는 바로 현실도피다.

강혜수(가명) 씨는 회사의 판매 총괄 업무를 담당하고 있었다. 언제나 성실하게 맡은 바 책임을 다했으므로 일이 잘 풀릴 것으로 기대했다. 하지만 그의 바람과는 달리 치열한 경쟁 속에서 타사에서 유사품을 계속 출시했고, 경제 상황도 날로 악화되면서 판매가 힘들어졌다. 게다가 처음 정해놓은 목표가 엄청난 부담으로 다가왔다.

강혜수 씨의 공포감은 갈수록 더해갔다. 예전에 강등당했던 선임의 모습이 자신의 미래상으로 여겨져 일이 손에 잡히지 않았다. 결국 그는 과도한 압박감을 견디지 못하고 현실로부터 도망쳐버렸다. 사흘 동안 휴대전화도 꺼놓은 채 출근을 하지 않았다. 하지만 집 안에 있다고 해서 달라지는 것은 없었다. 집안일은 무엇 하나 손에 잡히지 않았고, 친구들을 만나도 마음이 무겁기는 매한가지였다.

나흘째 되던 날, 의기소침해진 강혜수 씨는 결국 정신과 의사를 찾아갔다.

"이젠 지칠 대로 지쳤어요. 예전의 열정은 모두 사라지고 긴장감 때문에 견딜 수가 없어요. 지금은 그저 조용한 곳에 가서 푹 쉬고 싶은 마음뿐입니다. 더 이상 골치 아픈 문제들과 마주하고 싶지 않거든요."

　사람은 나이가 들수록 인격도 성숙해지고 일처리도 능숙해진다. 그런데 그것이 불가능할 경우 어린아이처럼 미숙한 행동을 하며 주변 사람의 도움과 위로를 바라거나 자신의 욕구를 충족하려는 심리를 보이는데, 심리학자들은 이런 현상을 가리켜 '퇴행'이라고 부른다. 외부로부터의 압박과 내면의 갈등을 제대로 소화해내지 못할 때, 유치하고 미숙한 행동을 취함으로써 편안함과 위로를 느끼려는 일종의 심리적 방어기제다.

　치열한 경쟁 사회 속에서 스트레스에 노출되면 사람들은 다양한 반응을 보인다. 강혜수 씨의 경우 스트레스에 짓눌린 나머지 현실로부터 도피하려는 마음에 어린아이처럼 문제를 처리했다. 강혜수 씨는 처음부터 업무와 그에 따른 성과를 지나치게 중시한 나머지 실제 업무를 처리하면서 발생하는 문제에 제대로 대응하지 못했다. 그는 일이 생각대로 진척되지 않자 모든 잘못이 자신의 책임이라며 지나치게 자책하는 바람에 심리적 부담감은 더욱 가중되었다. 결국 강혜수 씨는 마음의 짐을 덜고자 무책임하게도 현실에서 도피해버렸다.

　이런 경우 후퇴와 도피로 잠시 현실에서 벗어날 수 있을지는 몰라도 근본적인 문제는 해결되지 않는다. 따라서 후퇴와 도피를 한다는 것은 무책임하고 미성숙한 모습을 보이는 태도다. 물론 살다 보면 과거의 좋았던 시절을 떠올리며 당시로 돌아가고 싶은 마음이 생길 수 있다. 큰 문제만 없다면 과거로 퇴행하여 자신의 심리를 조절하는 것도 나쁘지 않다. 그렇지만 어려움을 겪을 때마다 원시적이고 미성숙한 방법으로 문제를 해결하려고 한다면 결국 심리문제를 야기하게 된다. 퇴행은 일종의 도피행위일 뿐 근본적인 해결 방안이 될 수 없다. 게다가 이런 미성숙한 행동은 문제를 더욱 꼬이게 만든다.

그런데도 현실에서는 이런 상황이 도처에서 일어난다. 일부 직장인은 문제투성이인 현실에서 도망치고 싶은 마음에 자신의 감각을 마비시켜 고통에서 벗어나려 하기도 한다. 예를 들면 도피성 여행을 떠나거나 때와 장소를 가리지 않고 어떻게든 유흥에 빠지려 하기도 한다. 하지만 현실을 직시하기 전까지는 공포심과 불쾌함에서 벗어날 어떠한 방법도 없음을 알아야 한다.

미완성 상태의 업무, 해결해야 할 문제, 극복해야 할 난관들이 청산해야 할 빚더미처럼 쌓여 있다면 원금만 갚는 것으로는 완전히 해결되지 않는다. 이자도 함께 갚아야 한다. 여기서 말하는 이자란 바로 도피로 발생한 결과물을 말한다.

아무리 엉망진창인 심리상태라 해도 도망치거나 포기하지만 않는다면 다시 희망을 찾아 안정을 되찾을 수 있다. 당신이 실패를 거듭하는 이유는 바로 현실에서 도피하려 하기 때문이다. 자신을 소중하게 여기고 잘못을 용납하며, 결점을 보완하고 고통을 이겨내기 위해 노력하다 보면 아름다운 인생은 당신 몫이 될 수 있다.

☺ 심리 코칭 ┃ 직장인의 도피심리, 이렇게 해결하자

● **어떤 상황에서도 도피해서는 안 된다** 일을 진행하는 도중 어려운 문제에 부딪히게 되면 냉정하게 사태가 발생한 원인과 해결 방법을 분석해보자. 문제와 맞닥뜨린 사람이 뒤로 물러날 생각만 한다면 타고

난 장점도 사라지고 '눈덩이효과(Snowball Effect, 어떤 사건이나 현상이 작은 출발점에서부터 점점 커지는 과정을 비유적으로 이르는 말. 일반적으로 부정적인 의미를 가지고 있으나 긍정적으로 사용되기도 한다.)'가 일어나 고통이 가중될 뿐이다.

● **긍정적 심리상태를 유지하여 잠재된 능력을 발휘하라**　같은 문제에 부딪혀도 긍정적인 태도를 보이느냐 부정적인 태도를 보이느냐에 따라 상반된 결과가 발생한다. 심리학자들은 인류에게는 천성적으로 자아실현과 자기계발 욕구가 있다고 한다. 밀려드는 압박감 속에서 '할 수 있다'는 마음가짐을 갖게 되면 성공적인 자아실현이 가능하다.

● **목표를 즉시 수정하라**　눈앞에 놓인 문제를 파악하는 즉시 실현 가능한 목표로 전환하라. 목표 달성이 좀 더 가까워지면서 만족감은 커지는 한편 통제력은 강화되면서 스트레스를 줄일 수 있다. 이때 수동적 태도는 능동적으로 바뀌어 큰 손실을 막을 수 있다.

9 | 반항심리
– 문화적 소양을 쌓고 시야를 넓혀라

상사가 동쪽으로 가라고 하는데 굳이 서쪽으로 가겠다는 사원들이 있다. 누가 옳고 그르고를 떠나서 이런 경우 상사와 사원의 관계는 심각한 국면을 맞게 된다. 그 모든 것은 반항심 때문에 일어난다.

특히 이제 갓 대학을 졸업하고 회사에 입사한 신입사원은 하룻강아지 범 무서운 줄 모른다고, 자신의 자존심을 지키겠다는 마음에 상사나 동료의 요구에 사사건건 반대를 표한다. 이런 신입사원은 언쟁 벌이기를 좋아해 무조건 다른 사람과 반대 입장을 고수하고 본다. 이들에게 어떤 의견이 옳고 그른지는 중요하지 않다. 중요한 것은 자신이 남들과 다르다는 사실을 알리는 것이다. 사리분별은 뒤로 제쳐놓는다. 무슨 일이든 누가 옳다고 하면 아니라고 부정하고, 하나라고 하면 둘이라며 고집을 부린다. 이러한 반항심은 옳고 그름의 경계를 모호하게 만들어 다른 사람의 반감과 짜증을 불러온다.

반항심을 가진 사람은 정확하고 객관적인 관점으로 사물의 진면목을 보려 하지 않고 잘못된 방법으로 문제를 해결하려고 한다. 이러한 반항심은 매우 편협한 심리상태로 반복적으로 나타나며, 언제어디서든 상식적인 이치와는 반대 입장에 선다. 이러한 태도는 부족한 학식과 견문, 오만한 태도, 극단적이고 단순한 생각에서 비롯되는데, 반항심이 계속되면 진리와는 더욱 멀어지게 된다.

직장인의 반항심리는 이미 만성이 되어버린 독약과 같다. 아무리심각한 심리상태라 하더라도 조기에 적절하게 조치하면 치유할 수있다. 문제는 잠복 중인 반항심이다. 잠복 중인 반항심은 오랜 직장생활을 하는 동안 잠복해 있다가 서서히 형체를 드러내 미래를 삼켜버리기 때문에 결코 가볍게 여겨서는 안 될 위험 요소다.

대부분의 직장인은 누군가를 원망하고 불평하는 것이 일상화되어 있다. '왜 다른 사람은 나보다 적게 일하지?', '왜 모두 퇴근했는데나만 야근해야 하지?', '상사도 아닌 주제에 왜 이래라저래라 지시하는 거야?', '아니, 상사면 다야? 왜 소리를 지르고 그래?' 등등.

어쩌면 당신도 비슷한 경험이 있을지 모른다. 억울한 일을 당해치밀어 오르는 분노를 억누르느라 고통스러웠을지도 모른다. 이러한심리는 업무 태도에 자연스럽게 녹아든다. 일부러 일을 천천히 진행한다든가, 빨리 마무리해야 하는 일에 집중하지 않는 태도 등은 반항심이 투영된 결과라고 볼 수 있다.

반항심은 쉽게 겉으로 드러나지 않기 때문에 처음에는 주변 사람이 눈치챌 수 없지만, 시간이 흐르면 위험한 상황에 직면하게 된다.오래 묵혀둔 반항심은 자기도 모르게 상대방에게 전달된다.

속으로만 생각할 뿐 표현하지 않았는데 상대방이 어떻게 그 사람의 심정을 알겠느냐고 생각할지 모르지만 직접 말로 하지 않아도 행동, 표정, 어조, 자세, 태도에서 반항심은 그대로 드러난다.

직장에서는 단결력이 매우 중요하다. 상사와 부하직원은 서로 솔직하게 당면 문제를 논의하고, 부하직원은 상사의 명령에 따라 일을 진행해야 한다. 또한 동료들은 서로 도우며 같은 목표를 향해 나아가야 한다. 그리고 고객과 협력업체에서 좀 더 성실한 태도를 요구할 때는 진실한 태도를 보여야 한다. 만약 반항심 때문에 상대방과 대놓고 대립각을 세우거나 비공식적으로(단지 마음뿐이라 해도) 불만과 반항심을 표출한다면 좋지 못한 인상을 남기게 된다.

반항심이 드러나면 상대방에게 부정적인 평가를 받게 된다. 사장은 반항심을 가진 직원에 대해 열정이 부족하다는 판단을 하게 되어 직원을 대하는 것이 고통스러울 수 있다. 결국 그런 직원은 경영이 악화되면 정리해고 1순위에 오른다. 동료들 사이에서도 단결력이 부족하고 상대의 기분을 맞출 줄 모르는 사람으로 인식되어 어떤 일도 함께하기를 꺼려 자칫 사내 왕따로 전락할 수 있다. 협력업체의 경우도 진심으로 협력할 마음이 없는 업체와 계속 일을 하고 싶은 생각이 없어지므로, 이미 진행하고 있는 협력 프로젝트가 중지될 수 있다. 이렇게 되면 실질적인 성과도 사라져버려 업무를 진행시키기가 어렵다.

직장에서의 반항심은 사춘기 때 겪는 반항심의 연장선이다. 반항심 가득한 청소년 시기에는 사납고 고집불통인 모습을 쿨하다고 생각하고 날카로운 태도가 개성의 한 표현이라고 여긴다. 하지만 미성숙한 사춘기 심리가 직장생활로까지 이어져 반항심이 지속된다면 그 사람은 단지 미성숙한 상태 그 이상도 그 이하도 아니다.

직장에서는 일을 해야 한다. 그런데 반항심이 마음속에 똬리를 틀고 있으면 일을 하지 못하게끔 방해공작을 편다. 불공평한 대우를 받는다는 생각에 쉽게 평정심을 잃기도 하고 자꾸만 누군가가 심기를 건드리는 것 같아 불안해진다. 이런 유형의 사람들은 일이 주어지면 반기를 들고 불만을 표하기 일쑤다. 그러나 사실 반항심은 다른 누구도 아닌 자신을 고통스럽게 할 뿐이다. 이러한 심리상태가 오랫동안 지속되면 성숙한 인간으로 가는 길도 멀어진다.

동료와 힘을 합쳐 조화롭게 일을 하게 되면 직장생활이 매우 즐겁다. 그러나 반항심 때문에 다른 사람과 무조건 대립각을 세우다 보면 점점 벼랑으로 몰릴 수밖에 없다. 당신이 누군가를 싫어하면 그 사람 역시 당신을 싫어한다. 누군가를 멀리한다면 그 역시 당신을 멀리할 것이다. '반항'이라는 가면을 쓴 채 자신을 보호하려 든다면 결국 소외되고 만다.

☺ 심리 코칭 반항심에서 벗어나려면 이렇게 하라

● **다른 사람과 소통하자** 반항심을 해결할 수 있는 가장 효과적인 방법은 사람들이 당신을 이해할 수 있는 길을 열어주는 것이다. 이는 영혼의 교감을 나누는 첫걸음이기도 하다. 어쩌면 과거에 어떤 이유로 상대방에게 오해가 생기면서 편견을 갖게 되어 결국 소통의 담을 쌓고 적대감을 가졌을 수 있다.

따라서 상대방이 누구든 간에 해명할 기회를 주어야 한다. 이를 위해 상대방과 교류할 수 있는 장을 마련하여 일련의 문제에 대한 서로의 시각 차이를 이해하도록 노력해야 한다. 서로 고칠 점을 파악하고 변화한다면 오해는 사라지고 이해는 깊어진다. 그렇게 되면 양측 모두 자기편을 얻게 된 셈이므로 직장생활도 수월해진다.

● **장점을 계발하자** 모든 사람은 장단점이 있다. 예를 들어, 학교 성적은 좋지 않아도 춤이나 그림, 운동에 소질을 보이는 사람이 있다. 따라서 자신이 몸담고 있는 분야에서 최선을 다해 능력을 발휘한다면 그것이야말로 참된 성공이라고 할 수 있다. 당신이 가장 잘할 수 있는 일에 최선을 다해 노력하다 보면 반항심이 비집고 나올 틈이 없어진다.

● **자신에게 긍정적인 암시를 주자** 동료, 협력업체 사람들과 원활한 소통이 이루어지지 않는다고 해서 일에서 손을 놓아버린다면 절대 문제를 해결할 수 없다. 그럴 때는 자신에게 긍정적으로 말하라. "의견은 서로 달라도 충분히 이 일을 해낼 수 있을 거야.", "이번에는 성공하지 못했지만 다음에는 내 의견이 받아들여지겠지." 이 같은 긍정적인 마인드를 스스로에게 심어주자. 즐겁고 유쾌한 기분을 유지한다면 반항심도 더 이상 설 자리를 잃게 된다.

● **문화적 소양을 높이고 식견을 넓히자** 이는 반항심을 잠재울 수 있는 근본적인 대책이다. 해박한 지식과 드넓은 문화적 소양을 보유한 사람은 반항심이 얼마나 터무니없는 감정인지 직감적으로 안다. 그래서 문제에 부닥치면 학문적으로 접근하여 너그러운 태도를 취한다. 반

항심은 진리에서 더욱 멀어지게 할 뿐이다. 마음의 창고에 넓은 견문과 해박한 지식을 쌓아둔다면 고집과 편견으로 똘똘 뭉친 생각에서 벗어날 수 있다.

● **상상력과 시야를 넓혀 반항심을 잠재워라** 상상력이 있으면 어떤 문제에 대한 다양한 해결 방안을 생각할 수 있다. 자신이 직면한 문제의 해결 방법을 찾지 못했을 경우 수많은 가능성을 열어둘 수 있기 때문이다. 그런데 반항심이 생기면 상상력이 제한을 받고 편협해져 어리석은 결정을 내리게 된다. 또 반항심이 강한 사람은 객관적인 사고 능력이 불가능해 무슨 문제든 일단 '반대'부터 하려 든다. 하지만 냉정하게 생각해보면 아무리 올바른 의견을 제시한다 하더라도 상대방의 의견에 무조건 반대부터 한다는 것은 매우 어리석은 태도다. 상상력은 이렇게 협소해진 사고를 넓혀주기 때문에 반항심에서 벗어날 수 있도록 돕는다. 그러므로 상상력을 가동시켜 시야를 넓히면 창의적이고 멋진 직장인이 될 수 있다.

h e a l i n g

인생의 좌표를 잃어버린 채 헤매고 있는가?
불같은 성질을 다스리지 못해 직장생활에 어려움을 겪고
있는가? 나이 때문에 신경이 쓰이는가? 권태감에 빠져
어느 것에도 흥미를 느끼지 못하는가? 성공을 가로막는
이런 장애물에서 벗어나려면 심리문제부터 해결하라.
직장에서 겪는 상황별 이상심리를 해결하면
어떠한 난관도 자연스럽게 극복할 수 있다.

3

성공을 가로막는
상황별
유해심리 코칭

직장인은 동료와의 치열한 경쟁에서 오는 스트레스로 늘 지쳐 있다. 빠르게 변화하는 환경 속에 지내다 보면 업무에 대한 부담감은 커질 뿐이다. 많은 사람이 심각한 직장 스트레스로 걸핏하면 짜증을 내며 아무 잘못도 없는 책상 위의 컴퓨터를 거칠게 다룬다. 뿐만 아니라 직장에서 더 이상 자신의 발전가능성이 없다는 생각에 권태감에 빠지고, 훌쩍 나이가 들어버린 현실에 공포감마저 생긴다. 완벽주의적인 기질 때문에 자신을 쉴 새 없이 몰아대는 사람도 있다.

성공을 가로막는 갖가지 장애물 앞에 두 손을 들어버리는 이유는 이러한 문제들이 다름 아닌 심리에서 비롯되기 때문이다. 이상심리가 작동되면 직장에서 난관에 부딪힐 때 유달리 고통을 겪게 된다. 이상심리를 해결하면 직장에서의 난관도 자연스럽게 극복할 수 있다.

1 | 정체기
– 재충전을 통해 약점을 강점으로 바꿔라

처음 수습 꼬리표를 떼고 꿈이 실현되었다고 생각한 순간 사방이 가로막혀 한 발짝도 앞으로 내디딜 수 없는 시기를 맞게 된다. 아무리 생각해도 승진할 가망성은 희박하고, 다른 회사로의 이직은 경력과 조건이 맞지 않아 불가능하다. 연봉도 늘 제자리걸음이고, 반복되는 업무 속에서 하루하루가 권태롭기 짝이 없다.

마치 비좁은 병의 목 부분에 갇힌 것 같은 정체기는 직장에서 흔히 맞닥뜨리게 되는 현상으로 보통 30~40대 직장인에게 자주 나타난다. 하지만 원인을 정확히 분석하여 어려운 난관을 극복하기만 하면, 고무찰흙으로 만든 병에서 빠져나가듯 어려운 시기를 지혜롭게 넘길 수 있다. 하지만 해결 방법을 찾아내지 못하면 딱딱한 시멘트 병에 갇힌 것처럼 직장생활이 험난해질 수 있다.

● **기업 내 새로운 자리 탐색** 회사에서 정체기를 맞아 힘들다면 발전할 수 있는 새로운 루트를 찾아보자. 예를 들어 관련 업무를 좀 더 깊이 이해한 뒤 회사 내에서 보다 나은 발전의 기회를 모색한다. 이 방법은 위험성이 적다. 적어도 이직으로 발생하는 기회비용을 줄이면서 승진할 수 있기 때문이다.

> 이용욱(가명) 씨는 대학을 졸업한 지 10년이 되었다. 지난 10년 동안 그는 대기업 두 곳에서 경력을 쌓았다. 업무능력이 뛰어나 회사에서 6년간 계속 승진을 거듭했다. 인사부 평사원에서 팀장으로, 팀장에서 다시 부장으로 승진한 그는 스물아홉 살에 임원급에 올랐다. 그런데 그 후 4년이 흘러 서른세 살이 된 지금까지 여전히 인사부 임원 자리에 머물고 있고, 연봉 역시 그대로다.
>
> 그는 이제 자신이 더 이상 발전할 여지가 없는 정체기에 접어들었다고 생각했다. 아이들은 점점 자라고 부모님도 모셔야 하는데, 연봉은 몇 년째 동결되었기 때문이다. 이런 상황에서 가장으로서의 부담은 커져만 가고, 앞으로 어떻게 해야 할지 갈피를 잡을 수가 없었다. 그렇다고 신경을 곤두세워가며 이직을 해서 지금의 정체된 상황을 타결하고 싶지는 않다.

사실 이용욱 씨의 문제는 수많은 직장인의 당면 문제이기도 하다. 이직으로 어려운 상황을 타결하자니 심리적 부담이 크기 때문에 지금 다니고 있는 회사에서 문제를 극복하고 싶은 것이다. 물론 가능하기는 하다. 그러나 이를 위해서는 부단한 노력이 필요하다.

이용욱 씨는 이미 임원급의 자리에 올랐기 때문에 더 이상 승진한다는 것은 상당히 힘들다. 하지만 외국어 실력과 종합관리능력을 향상시키고 회사 내 인맥을 쌓으면서 자신만의 장점을 발휘한다면 가능하다. 이용욱 씨는 이미 오랜 기간 인사업무 경력을 쌓았으므로 누구보다도 그 분야의 업무에는 자신이 있을 것이다. 물론 이 점은 장점인 동시에 약점이기도 하다. 그는 그동안 인사관리만 해왔기 때문에 그쪽 분야에서는 전문가일지 몰라도 다른 분야에서는 부족한 부분이 많다. 즉 현재 상황에서 벗어나려면 재무관리, 마케팅 부문의 지식을 쌓아야 한다는 의미다. 업계 상황과 경쟁기업의 상태를 철저히 분석하고 준비한다면 효과적으로 인사 기획과 관리를 해낼 수 있고 승진 기회도 잡을 수 있을 것이다.

그러나 조직의 인사관리를 고려할 때, 기업주는 임원 구성을 재편하는 것에 대해 망설일 것이다. 따라서 이용욱 씨가 단기간에 승진할 가능성은 매우 희박하다. 또한 인사부는 기업의 핵심 부서이므로 부서 책임자를 노리는 사람도 한둘이 아니다. 그러므로 현 상황을 개선하고 싶다고 해서 돌출 행동으로 주변 사람들의 공격 대상이 되는 일이 없도록 조심해야 한다.

● **이직하여 승진하자** 상당한 경력을 쌓아 고위급으로 승진하여 기존에 다니던 회사에서 더 이상 발전할 여지가 없거나 정체기를 맞았다고 생각한다면 과감하게 이직을 생각하는 것도 좋다.

송준서(가명) 씨는 미국계 제조업체에서 고객 서비스부 부장으로 근무하고 있다. 해외 유학파로 오스트레일리아에서 석사학위를 받은 후

순탄하게 현재의 회사에 입사했다. 성실하고 열정적으로 일했던 그는 일반 엔지니어에서 핵심기술부의 엔지니어로 발탁되었다. 그리고 6년 전 인사이동 때 고객 서비스부 팀장이 되었고, 얼마 후 부장으로 승진했다. 평범한 엔지니어가 순조롭게 고객 서비스부 부장이 된 것이다.

오랫동안 부장으로 지내던 어느 날, 송준서 씨는 문득 자신에게서 일에 대한 흥미가 사라졌다는 사실을 깨달았다. 회사가 이미 안정기에 접어들면서 인사이동도 거의 없었기 때문에 승진은 불가능했으므로 이직하기로 결심했다.

일반적으로 같은 직위에 3,4년 이상 머물게 되면 대부분 열정과 동기가 사라지고, 자신도 모르게 권태감을 느끼게 된다. 한 조사에 따르면 화이트칼라, 특히 외국계 기업에서 일하는 직원들에게 이런 현상이 더욱 두드러지는 것으로 드러났다. 통상적으로 외국계 기업의 시스템은 매우 안정적이라 승진 기회가 거의 없기 때문이다.

이런 정체기를 맞아서 이직을 선택했다면 우선 자신의 업무 경력, 인맥, 관리 경험 등을 돌아봐야 한다. 송준서 씨는 업무 수행 능력으로 고위직까지 오른 사람이다. 업무능력은 물론이요, 부서를 통솔할 수 있는 지도력도 있는 데다 다국적 기업에서 10여 년 동안 일한 경력을 감안할 때, 그는 충분히 이직을 생각해볼 수 있다.

이직에 드는 기회비용을 줄이려면 자신이 지금까지 해왔던 일과 유사한 직업을 선택해야 한다. 자신이 현재 다니는 회사와 비슷한 규모라면 부서를 총괄하는 직위를 맡으면 되고, 만약 앞으로 발전할 여지가 남아 있는 회사라면 팀장에서부터 시작하여 한 단계씩 승진하는 것을 생각할 수 있다.

● **재충전하여 경쟁력을 강화하라** 직장에서 자신의 능력을 지속적으로 단련하지 않으면 업계에서 도태될 수 있다. 이런 상황을 미연에 방지하기 위해 자발적으로 자신의 업무 경쟁력을 강화하는 일은 정체기에서 벗어나는 데 아주 효과적이다.

> 양우석(가명) 씨는 인천에 있는 전문대에서 전자공학을 전공했고, 졸업 후에도 한동안 그곳에 있는 회사에서 일했다. 하지만 여러 회사를 전전하는 동안 수습기간만 지나면 회사를 그만두었다. 그러다가 6년 동안 모 전자회사 인천지점에서 전자부품 판매를 맡고 있다.
> 양 씨는 1년 동안 영업사원으로 지내면서 뛰어난 실적을 올렸고, 현지 책임자의 신임을 받아 곧 지점 관리자로 승진했으며, 업무 실적은 늘 안정적이었다. 하지만 지난해 말 회사에 인사이동 바람이 불었다. 다른 지역으로 발령받은 기존 책임자가 양우석 씨에게 수원지점 총책임을 맡기려고 본사에 요청했다가 거절당했다. 이때 양 씨는 자신에게도 직장생활의 정체기가 왔다는 사실을 깨달았다. 하지만 앞뒤가 꽉 막힌 상황에서 벗어나고 싶어도 방법이 없었다.

직장생활을 하다가 정체기를 맞았다면 먼저 자신에게 문제의 원인이 없는지 파악하라. 업무처리 능력이 부족해서 직장생활이 힘들어지는 경우가 많기 때문이다. 더 높은 직급으로 승진하려면 정책결정 능력이나 통찰력 등 대학에서 전공한 것과는 상관없이 종합적 능력을 개발해야 한다.

자신에게서 문제의 원인을 찾았다면 자신의 여건에 맞는 재충전의 시간을 가져라. 많은 직장인이 회사에서 만들어놓은 직책 체계에

순응하며 나름대로 열심히 노력하지만 도태되는 사람이 부지기수다. 따라서 재충전은 반드시 필요하다. 여기서 말하는 재충전이란 '약점 훈련', 즉 자신의 가장 취약한 점을 훈련을 함으로써 강화하는 것이다. 자신을 재충전하여 뛰어난 실력을 갖춘다면 직장에서도 계속 승진의 기회가 오고, 정체기에서도 자연스레 벗어날 수 있다.

2 | 정신적 피로기
– 일에 대한 열정에 다시 불을 지펴라

직 장인이라면 누구나 훌륭한 성과를 내고 싶어 한다. 하지만 치
열한 경쟁, 가중된 업무로 인한 스트레스로 몸은 지쳐가는데
회사에서 성장할 여력은 점점 사라지는 것을 보면 기운이 쭉 빠진다.
건강하고 진취적이었던 신입사원 시절의 마음은 간 곳 없고 오랜 기
간 일에 시달리면서 남은 것은 피로에 찌든 현재의 모습뿐이다.

분명 당신은 높은 연봉과 직책이 보장된 핵심인재인 데다가 모든
이의 존경과 CEO의 신뢰도 한 몸에 받고 있다. 그런데 이상하게도
걱정이 많고, 미래에 대한 불안으로 종일 긴장에서 헤어나지 못해 몸
은 곤죽이 되어 있다. 이런 심리적 피로는 일반적으로 오랫동안 직장
생활을 한 사람들에게 나타난다.

이미영(가명) 씨는 사무실에 들어가기만 하면 어지러움이 느껴진다면

서 직장에서의 피로감을 호소했다.

"저는 모든 일에 열심인 사람이에요. 특히 일에 빈틈이 없다는 점을 높이 평가받아 대학 졸업 후 지금까지 한 직장에서 계속 일해왔어요. 수습사원으로 근무할 때 회사에서는 나에게 우편봉투에 주소를 쓰고 봉투를 붙이는 일을 시켰어요. 대학까지 졸업하고 고작 이런 일이나 해야 하다니 억울하기도 했어요. 그러나 무슨 일이든 최선을 다하자는 주의인 나는 공들여 봉투 위에 글자를 한 자씩 써내려갔고, 모든 봉투를 꼼꼼하게 붙였어요. 내 손을 거친 봉투에는 아무런 문제가 없게 하겠다고 다짐했지요. 그리고 이런 모습을 좋게 본 상사 덕분에 회사에 결원이 없었는 데도 불구하고 이례적으로 채용될 수 있었습니다."

얼마 후 그녀는 사장의 비서 업무를 맡아 일했다. 뛰어난 일처리 능력으로 월급도 계속 오르고, 지속적인 승진을 거듭해 승승장구하는 듯 보였다. 많은 친구가 월세를 내지 못해 전전긍긍하던 시절, 그녀는 강남에서 꽤 좋은 오피스텔을 얻어 친구들의 부러움을 샀다.

그러나 그녀의 마음속 고통을 아는 이는 없었다. 언제부터인지 몸은 피곤하고 마음은 갑갑하기만 했다. 그럴 때는 실컷 울고 싶었으나 막상 울려고 하면 눈물이 나오지 않았다. 마치 산산이 해체된 기계의 부속품이 멈추지 않고 돌아가는 것처럼 그녀는 억지로 버티고 있었다.

두 달 전이었다. 어지럼증이 심했지만 참고 출근을 했는데 사무실에 들어서자마자 심한 현기증이 났다. 고혈압이나 경추에 문제가 생기지 않았나 싶어 병원을 찾았다. 의사는 아무런 이상이 없다고 했다. 처음에는 의사가 오진을 했다고 생각하고 여러 병원을 다녀봤지만 결과는 마찬가지였다. 아무 문제가 없다는 것이었다. 의아해하는 그녀에게 한 의사가 어쩌면 심리문제일지도 모른다며 정신과 진료를 받아보는 것이 어떻겠냐고 했다. 그제야 오랫동안 업무에 쫓겨 바쁘게 생활하면서 정작 자신의 내면은 돌아보지 못했다는 사실을 깨달았다. 내면세계에 빨간불이 켜졌는데도 주의를 기울이지 않았던 것이다.

심리학에서는 이렇게 심리적으로 피로한 현상을 직장인의 '정신피로'라고 부르는데, 대표적인 증상은 다음과 같다.

업무에 권태감을 느끼거나 아침에 일어나기가 힘겨워 지각을 자주 한다. 일할 때도 늘 불안하고 주의가 산만하다. 두뇌 회전이 원활하지 않고, 반응이 느리며 해야 할 일을 자주 잊어버린다.

정신피로는 사소한 정서적 문제가 아니다. 이는 가볍게 넘겨서는 안 될 사회적 문제로 대두되고 있다. 정신피로에 시달리면 업무를 제대로 파악하기 어렵고, 업무평가도 좋지 않게 나와 원활한 직장생활을 하는 데 걸림돌로 작용한다. 결국 직장 내에서 인정을 받지 못하고 자신이 쓸모없는 존재처럼 느껴진다.

⊙ 증상 진단 직장인은 어떤 상황에서 정신피로를 느낄까?

● **기업 인재상의 변화가 스트레스를 가중시킨다** 융합형 인재를 요구하는 기업이 점점 늘어나면서 직장인은 미래의 직장생활에 대한 걱정으로 엄청난 스트레스를 받는다. 이런 압박감이 오랫동안 지속되면 정신피로가 나타난다.

● **갑작스런 정체기가 정신피로를 가져온다** 목표를 향해 매진하다가 갑자기 정체기를 맞게 되면 정신피로가 나타난다. 이때 자신의 상태

를 제대로 파악하지 못하게 되면 나아갈 방향을 잃고 발전 기회를 놓친다.

● **여성은 남성보다 더 쉽게 정신피로를 느낀다** 직장에서 남성과 동일한 업무 스트레스를 받고 집으로 돌아오면 여성에게 더 많은 사회적 책임이 요구되기 때문이다. 따라서 직장 스트레스가 가중될 때 여성은 남성보다 더 큰 심리적 피로감을 느낀다.

● **바쁘고 중복된 업무 때문이다** 업무량이 지나치게 많으면 스트레스가 가중되면서 정신피로에 시달리게 된다. 또 반복적인 업무에 종사하는 경우 직업병에 걸리기 쉽고, 신체적 피로는 심리적 피로로 이어진다.

심리학자들은 정신피로가 나타났을 때 직장인의 심리상태를 관리하는 것은 필수적이라고 한다. 정신피로가 느껴진다면 심리상담을 받아보는 것도 좋다. 즉 현재 직업에 대한 나의 심리상태를 점검해보는 것이다. 현재 직장에서 정신피로에 시달리고 있음을 파악했다면 이러한 상태에서 벗어나기 위해 노력해야 한다.

😊 **심리 코칭** **정신적 피로를 해소하기 위한 방법을 알아보자**

● **업무에 흥미를 갖고 목표를 분명히 세워라** 정신피로를 치유하고 싶다면 우선 현재 맡은 업무에 흥미를 가져라. 흥미는 대뇌피질의 흥

분점과 관련이 있는데, 만약 모든 일이 무미건조하고 지루하게 느껴진다면 어떻게 해서든 흥미를 돋우기 위해 노력해야 한다. 또 새로운 직업을 갖거나 프로젝트를 진행할 때는 반드시 명확한 목표를 설정해야 한다. 그러면 좋은 자극이 되어 기대했던 성공을 맛볼 수 있다.

● **자신의 외모에 관심을 갖고 휴식을 취하라** 일이 바쁘거나 시간이 없다는 이유 또는 더 이상 신혼이 아니라는 이유로 외모에 소홀한 직장인이 있다. 피로에 지쳐 초췌한 얼굴로 출근하는 직장인에게 업무 스트레스까지 가중되면 부정적 정서를 갖게 되면서 정신피로는 더욱 심해진다. 그러므로 피부, 체형 등 자신의 이미지에 맞는 옷을 골라 입는 등 외모에도 신경을 쓰도록 하자.

어떤 직업에 종사하든 적당한 휴식시간을 확보해야 한다. 적어도 일주일에 하루는 휴식을 취해야 한다. 쉬면서 친구를 만나거나 조용한 곳에서 마음의 피로를 푸는 것도 좋다. 아니면 서재에서 좋아하는 책을 읽거나 등산, 수영 등 좋아하는 스포츠를 즐기는 것도 권할 만하다. 이런 시간을 통해 긴장으로 굳은 몸을 풀어주고 바쁜 일상에서 잠시 벗어나자.

● **한 발 물러서는 법을 배워라** 일할 때와 쉴 때를 분명히 해야 한다. 직장인이라면 누구나 성공을 꿈꾸지만 성공에 이르기 전에 과도한 스트레스와 피로로 몸과 마음이 지쳐버릴 수 있으므로 반드시 완급 조절이 필요하다. 그리고 분명히 명심해야 할 것은 성공은 하루아침에 이루어지는 것이 아니라는 사실이다. 그러므로 삶을 아름답게 가꾸는 지혜를 배워야 한다.

그러기 위해서는 직장생활과 일상생활의 균형을 유지하는 것이 무엇보다도 중요하므로 일과 휴식의 조화를 깨뜨려서는 안 된다. 업무가 바쁠수록 적절한 휴식을 취해주어야 한다. 예를 들어 앉아서 계속 일을 하게 되면 허리에 통증이 온다. 쉬는 시간을 활용하여 간단한 운동을 해주면 스트레스를 푸는 데도 효과적이다.

● **일하고 싶은 업무 환경을 조성하라** 대부분의 사무실 분위기는 딱딱하다. 하지만 조금만 주의를 기울이면 훨씬 따뜻하고 만족스러운 사무실 분위기를 연출할 수 있다. 창가에 작은 화분 하나를 놓아두는 것만으로도 기분 전환이 될 수 있다. 또 업무 중에도 심리를 조절하는 것을 잊지 말아야 한다. 가벼운 음악 듣기, 스트레칭하기, 거리의 풍경을 바라보는 것 등도 피로에 지친 마음을 달래는 좋은 방법이다.

● **전문가의 도움을 받아라** 오랫동안 한 직장에 몸담고 있어도 어떤 일이 자신과 가장 잘 맞는지 모르는 경우 미래에 대한 불안으로 정신피로에 시달린다. 이럴 때는 전문가의 도움을 받아 현재 하고 있는 업무가 자신과 잘 맞는지, 앞으로 어떤 일을 해야 할지를 상담해본다면 꿈꾸던 미래의 목표에 한 걸음 더 가까이 다가갈 수 있다.

● **친구에게 마음을 털어놓아라** 피곤에 지친 마음을 믿을 만한 친구에게 털어놓는 것도 좋은 방법이다. 지나치지 않는 선에서 친구에게 자신의 고충을 털어놓으면 업무 스트레스도 해소되고, 새로운 마음으로 일할 수 있는 용기와 결심이 생길 것이다.

불같은 성격

– 심호흡을 하고 상황을 이성적으로 보라

직 장생활을 하다 보면 남이 보기에는 별것 아닌 일이 자신에게
는 하늘이 무너지는 일처럼 느껴져 화가 날 수 있다. 그렇다고
자기 성질에 못 이겨 걸핏하면 화를 내는 것은 난폭한 성품에서 비롯
된 병적 행동으로 고착될 수 있다.

제법 규모가 큰 중소기업에서 일하는 노수민(가명) 씨는 최근 엄청난
스트레스를 받게 되었다.

"최근 대규모 감원을 단행한 회사에서 팀장을 맡고 있습니다. (꽤 많
은 사람이 해고된 것으로 예측됨) 원래 12명이던 우리 팀원도 7명으로 줄
었지만 기존 업무량을 유지해야 했습니다. 사실 팀원들에게는 가혹한
일이었습니다. 그런 와중에 정말 놓치고 싶지 않을 정도로 능력이 뛰
어난 직속 부하직원이 스트레스를 감당하지 못했습니다. 동료들의 사

소한 실수에도 엄청나게 큰 소리를 지르고 화를 내더군요. 어제는 프로젝트를 진행하며 사소한 문제를 지적했는데 노발대발하며 화를 냈습니다. 그런 반응을 보일 것이라고는 상상도 못해서 저 역시 화가 치밀어 올라 소리를 지르며 맞받아쳤습니다. 그랬더니 도리어 불같이 화를 내는 바람에 상황은 엉망이 되었습니다."

아무 일 없이 늘 평온하고, 분노를 터뜨리는 직원 한 명 없는 회사를 현실에서 찾는 것은 불가능하다. 감정적 동물인 인간들이 모여 있는 직장은 늘 작은 전쟁터나 다름없다. 심리학자 데이비드 울프는 이런 현상을 '직장의 폭력성'으로 규정했다. 물론 이는 그가 규정하기 이전부터 직장 안에 퍼져 있던 현상이다.

직장생활은 늘 바쁘고 업무는 반복된다. 이처럼 아무 변화 없는 업무 환경에 오랜 기간 노출되다 보면 권태로움에 빠져 성격까지 변할 수 있다. 그러나 감정이 한두 번 폭발하는 데에 그치지 않고 자신이 제재할 수 없을 정도까지 격렬해지면 난폭한 성격으로 굳어질 위험이 있다.

난폭함은 특수한 상황에서 고통과 스트레스를 비이성적으로 발산하는 행위다. 성격이 난폭한 사람은 귀에 거슬리는 말을 듣거나 일이 마음대로 진행되지 않을 때 분노를 이기지 못하고 폭발한다. 이는 건강에도 해로워 수명이 단축될 수도 있다.

만약 동료의 행동이 신경에 거슬려 불같이 화를 내는 일이 자주 발생한다면 스스로를 경계해야 한다. 일반적으로 이상과 현실이 서로 대치될 때 이 같은 심리반응이 나타난다. 이처럼 성질부리기 좋아하는 사람은 다른 사람을 불편하고 힘들게 한다.

사람이 화가 나면 판단력이 흐려지고 이해력도 떨어져 돌이킬 수 없는 잘못을 저지르기 쉽다. 분노는 이성을 상실하게 만들기 때문이다. 그래서 사소한 일도 엄청나게 부풀려서 생각해 자신이 대단히 큰 상처를 받은 사람처럼 포장한다. 쉽게 화를 내는 사람들은 분노를 표출함으로써 자신이 강하다는 것을 드러내려 하지만, 오히려 사람들에게는 이성적이지 못한 소인배로 낙인이 찍힐 수 있다. 대부분의 사람들은 분노를 터뜨리는 사람을 자제력이 부족하다고 생각해 존중하지 않는다.

자주 화를 내는 불같은 성격을 지닌 사람은 심장병이나 다른 질환을 유발하기 때문에 '만성적 자살 행위'를 하는 것이나 다름없다. 충동적으로 표출되는 분노는 엄청난 파괴력을 지니므로 건강을 크게 해칠 수 있다.

미국의 생리학자 엘머는 심리상태가 건강에 미치는 영향을 연구하기 위해 간단한 실험을 해보았다. 얼음물을 채운 용기 안에 물이 든 시험관을 끼워 넣고 시험관 속으로 심리상태가 각각 다른 사람들의 입김을 불어넣었다. 그 결과 편안한 사람의 입김이 들어간 물은 깨끗했으나 슬픈 사람의 것에서는 백색 침전물이 발생했다. 또한 후회하는 사람의 시험관에서는 회색 침전물이 나타났으며, 분노한 사람의 것에서는 보라색 침전물이 나타났다.

분노한 사람의 입김이 담긴 물을 실험용 쥐에게 주사하자 12분 만에 죽고 말았다. 엘머는 이 연구 결과를 다음과 같이 발표했다.

"화가 난 경우 매우 강력한 생리적 반응이 나타납니다. 이때 생성되는 분비물은 성분이 매우 복잡할 뿐만 아니라 독성을 함유하고 있습니다. 그러므로 자주 화를 내는 사람은 건강을 유지하기가 어렵기 때문에 장수는 기대하지 말아야 합니다.”

이러한 충격적인 실험결과는 직장생활이 아무리 어렵고 힘들어도 되도록 화를 내지 말고, 양보하는 미덕을 갖는 것이 건강을 지킬 수 있는 비결임을 시사한다. 분노는 몸을 망친다는 사실을 기억하라. 마음을 추스르고 사랑이 담긴 눈으로 세상을 바라본다면 걱정도 점차 사라질 것이다.

무명의 한 철학자는 '분노란 타인의 잘못으로 자기 자신을 벌주는 것'이라고 말했다. 분노를 절제하기란 쉽지 않다. 끊이지 않는 감정과 이성의 싸움에서 승리해야 하기 때문이다. 충동적으로 일어나는 분노를 억제하려면 크게 두 가지 훈련이 필요하다. 첫 번째, 자신의 무분별한 행동이 어떤 결과를 낳을지 분석해보아야 한다. 두 번째, 환경에 굴하지 말고 자신에게 가장 이로운 쪽으로 결정하고 행동해야 한다.

몇 년 동안 호텔에서 힘들게 일한 한 지배인은 이렇게 말했다.

“혼자 걱정하고 분을 삭이지 못하는 일이 가장 힘듭니다. 호텔을 경영하다 보면 거의 매일이다시피 화가 머리끝까지 치밀어 오릅니다. 그래서 저는 업무 때문에 사람들과 계속 연락을 취해야 할 때 두 가지를 확실히 마음에 새겨놓습니다. 첫째, 절대 타인의 약점이 내 강점을 이기지 못하게 하자. 둘째, 일이 잘못되었거나 누군가가 화를 돋울 때 절대 분노를 표출하지 말자. 이렇게 해야 몸과 마음이 모두 건강해지기 때문입니다.”

필자가 아는 한 사업가는 이런 말을 했다.

“다른 사람과 협력하면서 많은 것을 배웠습니다. 그중 하나가 서로 멀리 떨어져서 말이 잘 들리지 않는 경우를 제외하고는 절대 고함을 질러서는 안 된다는 점입니다. 혹 소리를 지를 수밖에 없는 상황이라면 왜 그래야 했는지 상대방을 납득시켜야 합니다. 제 경험으로 미루어볼 때 소리를 지르는 것은 전혀 자신에게 도움이 되지 않고 불필요한 고민거리만 안겨줄 뿐입니다."

😊 심리 코칭 　불같은 성질을 다스리는 방법을 알아보자

● **이성적으로 상황을 분석하자**　너무 화가 나서 견디기 힘들 때는 이렇게 자문해보자. "이 일을 계속해야 할까? 지금의 업무가 이런 억울한 상황을 견딜 만큼 가치가 있는 일일까?" 만약 'yes'라는 답이 나온다면 쉽게 냉정을 되찾을 수 있다.

분노가 치밀어 오를지라도 이성을 잃지 말고 상대가 원하는 것이 무엇인지 분석하자. 무의식적으로 말실수를 했을 수도 있고, 고의로 당신의 심기를 건드렸을 수도 있다. 어떤 상황이 되었든 분노를 다스려라. 만약 전자의 상황에서 당신이 같이 화를 낸다면 둘의 관계는 악화된다. 후자의 경우 상대는 당신을 분노하게 만들어 당신의 이미지를 훼손하려는 것이니 더더욱 정신을 똑바로 차려야 한다. 이렇게 하나씩 분석하다 보면 자신의 감정을 제어할 수 있다.

● **심호흡을 하자**　생리적으로 볼 때 분노는 엄청난 에너지를 필요로 한다. 분노하게 되면 뇌는 극도의 흥분상태가 되고, 심장은 빠르게 뛰며 혈액순환이 급속히 일어나기 때문에 엄청난 양의 산소가 필요하다. 이때 심호흡을 하며 산소를 들이마시면 신체리듬도 균형을 찾

고 마음도 어느 정도 안정된다. 심호흡을 하게 되면 흥분상태가 완전히 가라앉지는 않아도 어느 정도 흥분을 자제할 수 있으므로 이 과정은 반드시 필요하다.

● **유머로 분노를 누르자** 유머감각을 발휘해 불공평한 현실을 비웃어주면 원만한 관계를 유지할 수 있다. 심리학자들은 분노를 삭이는 가장 효과적인 방법으로 유머를 꼽았다. 분노가 차오를 때 웃음으로 상황을 넘길 줄 아는 지혜와 관대한 태도를 보인다면 화를 불러일으킨 장본인조차 탄복할 것이다.

● **공통점을 찾자** 하나의 문제에 대해 서로 의견이 다를지라도 다른 영역에서는 같은 입장을 보일 수도 있다. 논쟁을 멈추고 우선 공통점을 찾아 일을 진행하자.

● **용서를 배우자** 억울한 일을 당했을 때 원인 제공자를 용서하기란 쉽지 않다. 그러나 용서할 가치가 없는 사람이라 해도 용서하기로 결심한다면 정신적 승리는 물론 다른 사람의 지지도 얻을 수 있다. 용서할 줄 아는 사람은 억울함, 분노, 실망감에서 벗어나 더 굳건한 마음을 가질 수 있기 때문이다.

● **좋았던 시절을 기억하자** 과거에 서로 관계가 좋았던 시절을 떠올리거나 내가 능력을 발휘했던 기억을 떠올리며 무거워진 마음을 내려놓자. 만약 신념의 차이로 화가 났다면 잠시 주의를 환기시키기 위해 아름다운 자연에 빠져보자. 시원한 바닷가, 부드러운 햇살, 넘실거리

는 파도……. 자연을 보며 인생의 아름다움을 만끽한다면 고통도 잊을 수 있다. 여행지에서 광대한 자연을 바라보다 보면 몇 푼 되지도 않은 돈에 얽매여 아등바등 살지 말아야겠다는 생각이 들 것이다. 이 단계에 이르게 되면 분노는 어느새 자취를 감추고 말 것이다.

4 | 컴퓨터 난폭증
– 도구에 화풀이하지 마라

IT 기술이 발전하면서 거의 모든 직장인이 사무실에서 컴퓨터를 사용한다. 사람들은 인터넷을 통해 정보를 얻고 컴퓨터 화면 앞에서 일을 한다. 편리함을 가져다주는 컴퓨터는 이제 직장인의 필수품이다. 하지만 동시에 컴퓨터가 주는 당혹감과 폐해를 무시할 수는 없다. 현대 직장인들이 매일 받고 있는 강렬한 전자파보다 더 심각한 피해는 오랜 기간 컴퓨터를 사용하면서 얻게 된 신종 직업병이다. 바로 컴퓨터 난폭증이다.

'다 되어가는구나…….'

김하진(가명) 씨는 충혈되고 뻑뻑해진 눈을 부릅뜨고 수치로 가득 차 있는 모니터 화면을 바라보고 있었다. 그것은 내일까지 제출해야 하는 보고서였다. 그런데 확인이 거의 다 끝날 무렵 갑자기 화면이 멈추더니 커서가 움직이지 않았다. 마우스를 몇 번 클릭하자 갑자기 전원이 꺼지고 컴퓨터가 재부팅되었다. 떨리는 손길로 방금까지 확인하던 양식을 열어보았다.

맙소사! 저장해놓지 않은 부분이 몽땅 사라져버렸다. 이는 곧 수치 입력과 계산, 그리고 분석을 다시 되풀이해야 한다는 의미였다. 지금까지 필사적으로 완성해놓은 결과물이 다 날아가버린 것이다. 더 이상 졸음을 참을 수 없어 눈꺼풀이 아래로 처진 상태에서 두 시간을 더 버텨야 하는 상황을 맞은 것이다. 생각이 여기에 이르자 김하진 씨는 그만 이성을 잃고 마우스를 던지고 본체를 발로 걸어차버렸다.

IT업계에서 5년 넘게 소프트웨어 개발자로 일하고 있는 네티즌 '마우스안녕' 씨는 온라인 게임을 하는 시간을 제외하고도 컴퓨터 앞에 앉아 매일 10시간 넘게 일한다.

"밥 먹고 잠자는 시간을 제외하면 늘 컴퓨터 앞에 있습니다. 짧게는 10시간, 길게는 15시간을 넘기기도 합니다. 대충 계산해보니 하루에 평균 12시간은 컴퓨터 앞에서 일하는 것 같아요."

그는 몇 년간 모은 돈을 급히 쓸 데도 없고 해서 모조리 주식에 쏟아붓고 나서는 매일 주식시세를 확인하느라 이전보다 더 오랫동안 컴퓨터 앞에서 시간을 보냈다. 그러다가 주가가 폭락하면서 엄청난 손해를 봤고, 엎친 데 덮친 격으로 회사는 임금삭감 결정을 내렸다. 갑작스레 악재가 겹쳐서 일어나자 그는 우울해졌고 화를 내는 일이 잦아졌다. 그런데 화를 낼 때마다 화풀이 대상은 마우스였다.

"지난달에만 벌써 마우스를 세 개나 망가뜨렸습니다. 사실 화를 내는 이유는 무척 단순합니다. 첫 번째는 마우스가 반응을 하지 않는 게 화가 나서 벽에 던져버렸고, 두 번째는 마우스가 책상 아래로 떨어져서 밟아버렸습니다. 세 번째가 제일 웃깁니다. 친구가 전화로 식사 모임이 있다는 이야기를 다른 사람들에게는 해주었는데 왜 나는 안 부르나 하는 생각에 화가 나서 마우스를 던져버렸지요."

자신이 망가뜨린 것이 분명함에도 '마우스안녕'은 자신이 쓰는 마우스가 튼튼하지 못하고 내구성이 떨어져 제값을 못한다고 투덜댔다.

이렇게 컴퓨터에 노발대발하면서 짜증을 내거나 욕설을 퍼붓는 것, 때리고 발로 차서 마우스와 키보드를 망가뜨리는 것은 상당히 심각한 병적 증상이다. '컴퓨터 난폭증'은 일반적으로 컴퓨터가 고장 난 뒤 짜증과 함께 초조해져서 나타나는 증상으로, 컴퓨터를 향해 알 수 없는 분노를 쏟아내게 만든다. 심지어 무턱대고 동료나 고객에게 불만을 표시하기도 해서 큰 문제를 일으키기도 한다.

신종병인 '컴퓨터 난폭증'은 현재 영국 직장인에게 널리 퍼지고 있다. 영국의 여론조사 기관인 MORI는 컴퓨터로 작업을 하는 직장인 1,250명을 대상으로 조사를 실시했다. 최근 〈기계에 대한 난폭증상〉이라는 제목으로 발표된 조사결과에 따르면 '컴퓨터 난폭증'은 이미 영국 직장인들에게 보편적으로 나타나는 증상이었다.

응답자 중 80%가 평소 동료가 컴퓨터를 때리고 발로 차는 모습을 본다고 밝혔고, 심지어 모욕적인 표현을 쓰며 분노를 쏟아낸다고 말하기도 했다. 조사 대상자 중 50% 이상은 컴퓨터가 다운되면 긴장한다고 밝혔다. 또 연령층으로 봤을 때는 청년층이 더 쉽게 컴퓨터를 망가뜨리는 것으로 나타났다.

25세 이하의 응답자 중 4분의 1은 컴퓨터를 험하게 다룬 적이 있었고, 6분의 1은 컴퓨터가 고장 나서 동료나 주변에 있는 가구에 화풀이한 적도 있다고 밝혔다. '컴퓨터 난폭증' 환자는 초조하고 불안할 때 다양한 반응을 보인다. 분을 못 이기고 전원 플러그를 뽑아버리거나 컴퓨터 키보드를 창밖으로 던져버리기도 한다.

MORI 외에 영국의 시장조사 기관인 NOP에서 발표한 조사 결과 역시 매우 유사했다. NOP에서 250명을 대상으로 조사한 결과 직장인의 절반 이상이 컴퓨터가 고장 났을 때 우울함과 무력감을 경험했으며, 이런 상태는 동료 간의 마찰을 유발하고 사무실 분위기를 망친다고 응답했다.

NOP 조사 결과에 따르면 응답자 50% 이상이 컴퓨터 고장 때문에 회사 정보팀원을 원망했다고 밝혔고, 10%는 원인을 사장 탓으로 돌렸다고 했다. 전문가들은 영국 사무실에서 유행하는 '컴퓨터 난폭증'을 바탕으로 컴퓨터와 같은 현대 과학기술과 인간관계에 대해 고찰해보고, 기술이 가져오는 부정적인 면을 직시해야 한다고 지적한다.

전문가들은 현대인이 지나치게 과학기술에 의존하다 보니 이런 부작용이 나타난다고 지적했다. 이러한 컴퓨터 난폭증은 공기를 통해서 전염되는 질병은 아니지만, 절대 가볍게 치부해서는 안 된다.

사실 '컴퓨터 난폭증'은 신경증의 일환이다. 직접적인 원인은 컴퓨터 고장에서 비롯된 것이지만 깊이 분석해보면 근본 원인은 따로 있다.

● **상사로부터의 압박감** 단기간 내에 프로젝트를 완성하라는 등 상사로부터 진행하고 있는 일에 대한 엄청난 압박에 시달릴 때 직장인은 스트레스에 눌려 마음을 통제하지 못한다. 이때 상사에게는 솔직한 감정을 드러내지 못하고 애꿎은 키보드, 마우스, 모니터 등과 같은 무생물을 공격하여 불만을 해소하는 것이다.

● **컴퓨터 스트레스 증가** 일을 빨리 진행하기 위해 고도의 집중력을 요하는 일을 하다 보면 오랜 시간 극도의 긴장상태를 유지하게 된다. 이러한 심리상태에서는 외부의 간섭에 날카롭게 반응하게 되고, 컴퓨터가 고장이라도 나면 충동적이 되어 키보드, 모니터, 마우스에 화풀이를 한다.

☺ 심리 코칭 **컴퓨터 난폭증을 예방하려면 이렇게 해보자**

● **긴장하지 말고 마음을 편안하게 갖자** 컴퓨터가 고장 나면 수리할 사람을 부르면 된다. 고칠 수도 없는 컴퓨터 앞에 멍하니 있지 말고 빨리 다른 쪽으로 주의를 돌려라.

● **자료를 백업해 두자** 작업한 결과물을 백업해놓으면 컴퓨터가 고장이 나도 문제를 최소화할 수 있다. 따라서 작업 도중 파일이 날아가는 불상사를 사전에 예방할 수 있다.

● **오랫동안 컴퓨터 앞에 있지 말자** 한 시간에 한 번은 차를 마시면서 음악을 듣거나 스트레칭을 하는 등 긴장을 풀어주자.

사실 도시의 신경증 환자 비율은 상당히 높다. 평소 건강에 유의하면서 몸과 마음을 단련하고 심리조절에 힘쓴다면 이를 예방할 수 있다. 그러나 심리 질환에 지나친 편견을 갖는 것은 금물이다. 스스로 고칠 수 없다면 전문가에게 도움을 요청하는 것이 좋다.

서른 살 무렵이 되면 직장생활에 회의가 오게 된다. 그래서 이 시기를 직장인이 넘어야 할 산으로 묘사하기도 한다. 사실 처음 직장에 입사했을 때는 걱정이나 근심보다 앞으로 어떻게 능력을 발휘할 것인지 고민하느라 바쁘다. 하지만 서른 살 정도가 되면 아직도 전문성이 떨어지는 자신의 모습에 실망한다. 또한 승진과 연봉 인상은 더디기만 하고, 이상과 현실의 벽이 점점 두터워져 가는 것을 느낄 때 직장인들은 당혹스럽다. 앞으로 어떤 길을 가야 할까?

권오성(가명) 씨가 바로 그런 케이스였다. 고위간부직에 오른 그는 젊은 나이에 전문경영인이 되었고, 회사에서 진행하는 큰 행사의 기획과 감독을 성공적으로 치러냈다. 하지만 고학력에 높은 직위와 고소득을 누리던 권 씨는 오히려 현재 자신의 처지 때문에 갈등하고 있었다. 몇 년 동안 일을 하면서 처음의 열정은 사라졌고, 현재 몸담고 있는 회사의 기업문화와 자신이 맞지 않는다는 사실을 깨달았다.

권오성 씨는 효율적으로 일하는 타입인 데 반해 회사 직원들은 그렇지 못해 업무 속도가 너무나 느렸다. 그는 회사에서의 자기계발을 중요하게 생각했지만, 다른 직원들은 그와 생각이 달랐다. 게다가 자신보다 화려한 경력으로 무장을 한 근무연수가 오래된 사람들은 그의 말을 들으려 하지 않았기 때문에 일하기가 힘들었다. 그뿐이 아니었다. 분명 권 씨는 회장의 신임도 받고 실적도 뛰어났지만, 회사에서는 서열에 따른 승진구조여서 앞으로 시간이 얼마나 더 흘러야 승진 기회가 올지 알 수가 없었다.

권오성 씨의 친구 중에는 수년간 투잡을 해서 모은 소자본을 토대로 협력파트너를 찾아 창업을 한 사람이 있었다. 친구는 몇 년간 고생한 끝에 엄청난 발전을 이루면서 꽤 유명해져 있었다. 반면 장사에 뛰어들었다가 고생만 잔뜩 한 뒤 다시 직장으로 돌아온 친구도 있었다. 편안함과 안일함을 추구할 것인가, 아니면 고생을 작정하고 창업의 길로 뛰어들 것인가? 그것도 아니라면 이직 기회를 잡을 것인가? 그는 30대에 접어든 다른 직장인들처럼 이런 고민에 빠져 있다.

권오성 씨의 방황은 절대 유별난 행동이 아니다. 30대에 접어든 직장인이라면 누구나 이런 혼란을 한 번씩 겪는다. 단지 권 씨처럼 화려한 경력이나 내놓을 만한 위치에 있지 못할 뿐이다. 하지만 이 연령대의 직장인들은 정신적 혼란 속에서 일을 계속할 것인지, 업종을 전환할 것인지, 아니면 공무원으로 아예 방향을 전환할 것인지 고민하며 결정을 내리지 못한다.

왜 30대에 접어든 직장인들이
이런 심리상태에 빠져드는 걸까?

● **미래에 대한 높은 기대치** 직장생활의 단계로 볼 때 서른 살가량이 되면 대부분 직장생활도 어느 정도 익숙해지고, 허둥대기만 하던 입사 초기의 심리상태도 안정을 되찾는다. 그리고 그간 쌓은 풍부한 경험과 기술을 토대로 직장생활은 황금기에 들어선다. 경우에 따라 회사의 중진이 되거나 역량 있는 인물로 자리를 잡는 경우도 있다. 그러나 많은 사람들이 이 시기에 과거를 돌아보며 자신이 만약 다른 길을 택했다면 어땠을까 하는 생각을 하게 된다. 만약 다른 분야의 일을 했다면 좀 더 풍요로운 생활을 누리지 않았을까 하는 마음에 지금의 현실에 변화를 주거나 직업을 바꾸고 싶다는 충동을 느낀다.

그러나 개중에는 그저 유행처럼 변화를 좇으려는 사람들도 있다. 이때 정신을 똑바로 차리고 현재 자신이 맡고 있는 업무의 특징을 잘 살피면서 평생 그 일을 지속할 수 있을지 생각해보아야 한다. 만약 생각해볼 여지가 있다고 판단한다면 발전 가능성이 크고 자신에게 적합한 직업을 찾아 나서야 한다.

● **상황의 변화에 대한 부적절한 대처** 미리 계획을 세워 행동하는 사람들은 인생의 단계마다 달성해야 할 목표를 지정해놓는다. 그렇다고 무조건 계획대로 따라가서는 안 된다. 필요하다면 상황에 따라 계획을 취소할 수도 있다. 항상 직장에서 문제가 발생할 가능성을 염두에 두고 계획을 세우되, 실제로 그런 상황이 벌어지면 적절하게 대응할 수 있어야 한다.

● **승승장구하는 주변 사람들** 서른 살이 되면 주변에 승승장구하는 친구들이 하나둘 나타나기 시작한다. 그런 친구들과 비교하면 자신은 아무것도 이룬 것이 없다는 생각이 들 것이다. 결국 하늘 높은 줄 모르고 쭉쭉 뻗어 올라가는 친구들의 삶에 자극을 받고는 자신이 과연 제대로 살아가고 있는지 의구심이 들어 이직을 생각하기도 한다.

● **현실에 대한 불만족** 현재 하는 일이 자신의 전공을 살리지 못하는 것은 물론, 개성과 맞지 않을 경우 일에 흥미를 느끼지 못하게 된다. 게다가 승진할 가망성조차 보이지 않을 경우 앞날은 더더욱 막막하다. 그럴 때 자신의 삶에 변화를 주고 싶은 마음이 든다.

사실 대부분의 직장인은 미래에 대해 막연한 불안감을 품고 살아간다. 이런 불안감에 헤어 나오지 못한다면 '직장혼란증세'에 빠질 수 있다. 직장인이 혼란을 느끼게 되는 시기는 다음과 같다.

– 첫 번째 시기(14~22세)

학생이자 구직자인 시기로, 자신에게 다음과 같은 질문을 한다. "나는 누구인가?", "나는 과연 무엇을 할 수 있는가?" 이런 질문을 하게 되는 것은 자신감과 사회경험이 부족하여 혼란을 느끼기 때문이다.

– 두 번째 시기(22~28세)

회사에 입사하여 사회생활을 막 시작하는 단계로, 기초 인맥을 쌓는 시기다. 일을 시작하고 어느 정도 기간이 지나면 주변의 모든 것을 다시 살펴보게 된다. 예를 들어 업무 환경, 직종, 대우 등이 자신이 생각했던 것과 얼마나 일치하는지 비교해본다. 이때는 주로 다음과 같은 질문을 한다. "이상과 현실이 맞지 않는다면 다른 직장을 찾아봐야 하지 않을까?" 이때는 주로 개인적인 목표와 회사 상황, 제공되는 기회의 차이에서 혼란을 느끼기 시작한다.

- 세 번째 시기(28~35세)

직장생활에서 매우 중요한 시기로 한 분야에서 상당한 경력을 쌓고 한창 재능을 발휘할 때다. 이때는 승진이나 다른 직종으로 진출하기 위한 기초를 다지기도 한다. 이 시기에는 스스로에게 "나는 왜 이렇게 무능할까?"라는 질문을 자주 한다. 또한 잦은 실패를 겪기도 하고 현재의 직업에 불만을 품고 방황하기도 한다.

- 네 번째 시기(35~45세)

지금까지 해온 업무의 가치를 다시 따져보는 시기로, 직장생활에 위기를 유발하기 쉽다. 이 시기에는 "앞으로 남은 인생은 어떤 일을 하며 살아야 할까?"라는 고민을 한다. 풍부한 인생 경험이 있는 사람들은 인생의 유한성과 무상함을 깊이 깨닫기 때문에 앞으로 무엇을 하며 살아야 할지 쉽사리 결정하기가 어렵다.

직장인이 방황하는 것은 직업에 대한 흥미가 떨어졌기 때문이다. 사람은 늘 새로운 것에 열광하고, 이전의 것은 버리고 싶어 하는 마음이 있다.

따라서 일상에서 막막함이 느껴질 때는 자신의 직업에 대해 새로운 시각으로 접근해보는 것이 필요하다. 필요하다면 직업을 바꿀 수도 있다. 물론 철저한 심리 준비는 필수적이다. 일에 싫증이 나면서 직장생활의 타성에 젖게 되면 새로운 환경의 적응이 어렵다. 그렇게 되면 결국 진퇴양난의 기로에 서게 된다.

● **나를 아끼는 사람들의 지지를 받자** 자신의 전 생애를 건 중대한 결정을 내려야 될 때는 나를 가장 아끼는 부모님이나 애인, 절친한 친구 등에게 조언을 구하는 것도 좋다. 주변 사람들의 도움으로 상상도 못했던 아이디어를 얻을 수 있다. 특히 한 발짝만 앞으로 나아가면 되는 상황에서 누군가가 당신을 끌어주거나 밀어준다면 작은 변화로 큰 성공을 거둘 수 있다.

● **긍정적인 태도를 갖자** 긍정적인 마인드를 갖는다는 것은 매우 중요하다. 많은 직장인들이 현실에 만족하지 못하지만 그렇다고 현실을 바꿀 용기조차 없는 사람들이 대부분이다. 불공평한 현실을 원망하기만 할 뿐 상황을 바꾸기 위해 노력하지 않는다면 절대 꿈을 이룰 수 없다. 그러나 긍정적인 태도로 용감하게 현실에 맞선다면 새로운 세계를 열어갈 수 있다.

● **자신을 알아가자** 자신을 진정으로 이해할 때 자신감이 생겨난다. 따라서 위험을 무릅쓴 도전을 하기 전에 먼저 스스로를 정확히 파악한 다음 창업의 길로 나갈 것인지, 적합한 직업을 다시 찾을 것인지를 결정해야 한다. 만약 창업을 할 경우 무작정 덮어놓고 사업을 시작할 것이 아니라 전문가와 상담하여 자신과 맞는 직업을 찾는 것이 좋다.

● **스트레스에 대비하자** 창업을 하든 내게 맞는 새로운 직업을 찾든

간에 가장 중요한 것은 건강한 심리상태를 유지하는 것이다. 심리상태가 건강하다면 업무와 그 외의 요인에서 오는 갖가지 압박을 직시하여 스트레스에 대응해나갈 수 있다. 이때 반드시 알아두어야 할 것은 스트레스를 혼자서만 감당해서는 안 된다는 사실이다. 꽉 죄고 있던 고삐를 조금씩 풀어주자. 그리고 다양한 방법을 동원하여 주변에 도움을 요청하자. 그러지 않으면 너무 많은 스트레스의 공격을 받아 기진맥진해버린다.

● **직장생활의 계획을 짜라** 현대인은 빠르게 변화하는 환경 속에서 미처 출구를 찾지 못해 방황하고 있다. 하지만 인생에 대한 계획뿐만 아니라 직장생활의 계획도 미리 세운 뒤 가정생활과 직장생활을 조화롭게 운영한다면 보다 건강한 심리상태를 유지할 수 있을 것이다. 기회는 준비된 자에게 온다고 했다. 만약 서른 전까지 맹목적으로 살아왔다면 이후부터라도 올바른 생활 습관을 갖는 것이 좋다. 이때 목표를 명확하게 세운 뒤 자신의 능력이 어느 정도인지를 파악하는 것이 중요하다. 그런 다음 미래를 향해 한 발짝씩 나아가라. 회사를 옮기든 지금의 자리를 지키든 아니면 아예 직종을 전환하든 간에 앞으로 나아갈 방향을 명확하게 설정하는 것이 중요하다.

6 | 나이공포증
– 인생의 두 번째 봄날을 준비하라

일반적으로 나이가 들면 자신의 직업을 새로운 관점으로 바라
본다. 이 과정에서 긍정적인 마인드를 가진 사람은 자신감을
갖고 열정적으로 일에 전념하지만, 나이가 약점이라는 생각에 지레
겁을 먹고 공포심에 질려버리는 사람도 있다. 직장에서 이렇다 할 만
한 성과도 이루지 못했는데, 어느 날 나이만 잔뜩 들어 있는 자신의
모습을 보고 나이공포증에 시달리는 것이다.

올해 서른다섯 살이 된 표승희(가명) 씨는 경력 5년의 여행사 직원이
다. 여행사에 입사하여 처음 얼마간은 열정이 넘쳐 지냈다. 열심히 노
력해서 윗사람에게 인정을 받고 싶었기 때문이다. 하지만 현실은 그녀
에게 실망감만 안겨주었다. 입사한 지 몇 년이 지났는데도 신입사원
때와 비슷한 월급을 받았고, 처음 회사에 입사하여 앉았던 자리를 그

대로 지키고 있었다. 나이를 제외한 모든 것이 그대로였다.

회사에서 '35세 이하'의 직원을 모집하는 공고를 볼 때마다 자신도 모르게 긴장감이 엄습했다. 마치 회사에서 간접적으로 나가줄 것을 바라는 것 같았기 때문이다. 이런 생각은 날이 갈수록 심해져서 온종일 마음을 어지럽혔고, 급기야 해고를 당하는 꿈까지 꾸었다. 마음고생이 심해지자 결국 그녀는 일에 대한 자신감을 상실했고, 몸은 몸대로 지쳐갔다.

올해 서른여덟 살이 된 황우영(가명) 차장은 마흔이 눈앞에 와 있는데, 아직도 부장으로 승진하지 못했다. 마흔 살에 승진하지 못하면 앞으로 기회가 없을 것이라는 생각에 우울해져 나이의 시계추를 거꾸로 돌리고픈 생각뿐이었다. 게다가 대학 동창들은 고가의 자동차를 구입해 주눅이 들게 했고, 기업체를 이끄는 사장인 친구를 볼 때면 자신의 한심한 상황이 견딜 수가 없었다. 결국 심리적 압박과 정신적 부담감에 시달리던 끝에 검은 머리는 반백이 되었고, 염색을 해야 하는 기간은 갈수록 짧아졌다.

서른여섯 살이 된 강서연(가명) 씨의 지인들은 여전히 그녀가 젊었을 때처럼 아름답다고 생각했다. 하지만 정작 그녀 자신은 점점 주름이 늘어나는 것을 보며 자신감을 잃어갔다. 특히 최근 대학을 졸업하고 갓 입사한 두 여사원의 젊고 생기발랄한 모습을 보노라면 마음은 더욱 심란해졌다. 이렇게 젊고 아름다운 신입사원들이 점차 늘어나게 되면 결국 자신이 설 자리를 잃어버릴 것만 같았기 때문이다. 어느덧 마흔 살을 향해 가는 강서연 씨의 마음에 두려움이 밀려들었다. 예전처럼 능력을 발휘하지 못해 직장 왕따 신세가 될 것 같기도 하고, 나이가 들어 미모까지 사라지면 더 이상 남편의 관심도 멀어질 것 같아 자신감이 점점 사라졌다. 심지어 만약 남편이 자신과 이혼하게 되면 어떤 여자를 만날까 하는 상상을 하기도 했다.

직장인에게 나타나는 나이에 대한 공포심은 '나이공포증'이라고 할 수 있다. 일반적으로 25세~40세의 직장인에게서 주로 나타나는 현상이다. 이들은 시간이 자신을 기다려주지 않는다고 생각한다. 특히 35세는 나이공포증의 피크라고 할 수 있는 시기라서 중국에서는 '35세 현상'(직원 채용 시 35세 미만으로 나이제한을 두고 35세 이상을 기피하는 현상. 중국 공직사회에서 35세 전후에 간부들의 비리가 두드러지는 현상을 나타내는 신조어로도 쓰임)이라고 부르기도 한다.

⊙ 원인 분석 | 나이공포증은 다음과 같은 이유로 생겨난다

● **성과를 거두지 못한 데 따른 공포** 경쟁이 치열한 현대사회에서는 서른 살이 넘었는데도 일이 제대로 풀리지 않아 힘들어하는 사람이 적지 않다. 이들은 미래도, 희망도 보이지 않는다는 부정적인 생각에 빠져 불안심리에서 쉽게 헤어 나오지 못한다. 여성의 경우 나이가 들면서 점점 초라해지는 자신의 외모를 보며 초조감은 더욱 심해진다. 한편 남성의 경우 시간이 흘렀는데도 이렇다 할 만한 성과를 이루지 못했다는 자괴감에 빠진다.

특히 회사 모집광고에 유독 '35세 이하'라는 항목이 시선을 끌어 한계에 부딪힌다. 이런 사람들은 보통 스스로에 대한 기대치가 상당히 높으며, 열심히 일을 하고도 별다른 성과를 거두지 못할까봐 두려워한다.

한 조사에 따르면 중년층의 대다수가 자신이 노력한 것에 대한 성과를 제대로 거두지 못하는 것에 불안감을 느꼈으며, 그중 7%에 해당하는 사람들은 그 정도가 지나쳐 심리적 고통을 받았다고 밝혔다.

● **결혼과 출산에 대한 공포** 직장 일이 지나치게 바쁘면 가정을 소홀히 하기 쉽다.

> 서른두 살의 현은지(가명) 씨는 기업에서 영업 책임자로 일하고 있다. 영업 관리는 기업의 가장 핵심 부분이었기 때문에 현 씨로서는 좋은 기회를 잡은 셈이었다. 결혼 후 4년 동안 그녀는 일과 임신 중 무엇을 선택할 것인지 고민 끝에 가장 이상적인 방법을 찾아냈다. 학부 졸업만으로는 치열한 경쟁 틈바구니에서 살아남을 수가 없다는 생각에 그녀는 MBA 과정을 밟기로 했다. 결국 그녀는 직장을 그만두고 공부에 매진하기로 결심했다. 그리고 공부를 하는 2년 동안 아이를 가져야겠다고 생각했다. 그러나 임신에 성공하지 못하면서 심각한 고민에 빠졌다.

● **자신의 위치를 파악하지 못하는 데서 오는 공포** 35세 전후에는 실업, 업무 불만 등의 위기와 맞닥뜨릴 수도 있다. 직장생활의 위기를 초래하는 원인으로는 주변인, 시간, 환경 등 여러 가지가 있다. 하지만 대다수 사람에게 가장 큰 원인은 보통 네 단계에 걸쳐 이루어진다.

① 직업 선택 시 나타나는 포지션의 위기
② 입사한 지 5~7년 후에 나타나는 승진 탈락의 위기

③ 40세쯤에 나타나는 방향성의 위기

④ 50세쯤에 나타나는 해고 위기

그리고 이 네 가지 위기 중에서 직장인을 가장 고통스럽게 하는 것은 바로 포지션의 위기다. 직장생활을 하면서 새로운 일을 찾는 사람이나 이미 일을 찾아낸 사람 모두 자신의 직업에 대해 명확한 포지션을 규정하지 못하고 있다.

● **경쟁 공포** 치열한 경쟁구도 속에서 살아가는 사람들은 두려움과 불안감에 휩싸여 지낸다. 정도의 차이는 있겠지만 거의 모든 직업은 본인이 맡은 업무를 중단할 경우 다른 사람이 대체할 수 있다. 그래서 사람들은 새로운 세대에게 밀려 자신이 설 자리를 잃을까봐 두려워한다. 아무리 독보적 기술을 가지고 있다 하더라도 자신의 가치를 높이려면 끊임없이 노력해야 한다.

인간은 누구나 세월의 흐름을 거스를 수가 없다. 시간은 우리를 기다려주지 않는다. 수많은 중년층이 새로운 세대에게 밀려나는 비극을 당할까봐 걱정한다. 물론 나이에 대한 적당한 공포심은 오히려 자극이 되어 열정을 일으킬 수 있다. 하지만 과도한 공포심은 이상심리로 발전할 가능성이 있다.

● **평온한 마음으로 현실을 직시하라** 만약 평범한 업무능력을 가진 서른 살의 화이트칼라라면 나이를 중시하는 세태를 바꾸지는 못할지라도 개인의 업무 태도를 바꿀 수는 있다. 긴장을 풀고 폭넓은 지식을 쌓으면서 '두 번째 창업'을 준비한다면 인생의 두 번째 봄날을 맞이할 수 있다.

삼십 대를 지나 나이 드는 것이 두려워지는 중년층이라면 업무 계획을 다시 짜보자.

먼저 자신의 능력에 맞게 목표를 설정하라. 그리고 긴장을 풀고 평온한 마음으로 현실을 마주하라. 거대한 심리적 압박과 슬픔, 분노, 원망 등의 감정에 매몰되면 용기를 내어 친구에게 자신의 속마음을 털어놓고 유해심리를 해소하자.

● **스스로를 이해하고 업무에 흥미를 갖자** 직장에서 필요로 하는 인재가 되기 위해서는 다양한 경험과 시간 투자가 필요하다. 이를 위해서는 많은 경력을 쌓고, 자신의 경험 가치를 끌어올리도록 노력해야 한다. 이때 어느 정도의 인내심이 필요하다. 직장생활에 대한 계획을 세웠는데도 해결책을 찾아내지 못한 사람은 커리어 컨설팅 전문가를 만나 도움을 요청하는 것도 좋다.

일의 성공 여부는 일반적으로 얼마만큼 자신의 일에 흥미를 갖느냐에 따라 결정된다. 만약 현재의 직업이 극도로 피곤하다면 자신의 직업을 재점검해볼 필요가 있다. 이때는 인사 전문가의 도움을 받아 직장에서 자신의 포지션을 재설정한 후 자신에게 적합한 일을 찾아 업무를 보게 되면 성공적으로 일을 해낼 수 있다.

● **인생의 계획을 미리 짜라** 나이에 공포심을 느끼는 원인 중 하나가 결혼과 출산이다. 인륜지대사인 결혼은 사전 계획도 중요하며, 직장생활과 조화가 이루어져야 한다.

특히 여성의 경우 결혼과 출산은 직장생활 전체를 흔들 수 있는 문제이므로, 절대 소홀히 여겨서는 안 된다. 이는 개인의 인생에서도 매우 중요한 부분이기도 하다. 그러므로 직장일 때문에 가정을 소홀히 하는 우를 범하지 말고, 균형 잡힌 생활이 이루어지도록 노력하라.

어떤 일에 당면하여 두려움을 갖느냐 아니냐는 모두 심리적 요인이다. 마음의 준비가 되어 있지 않으면 당황할 수밖에 없다. 따라서 나이공포증을 사전에 차단하려면 미리 미래의 계획을 잘 세워두어야한다. 직장이든 가정의 대소사든 사전에 계획을 잘 세워놓는다면 공포심에서 해방될 수 있다.

현대사회는 개방되어 있어 누구에게나 공평하게 기회가 주어지고 경쟁할 수 있는 시대다. 어느 정도 직장생활의 이력을 쌓게 되면 햇병아리 신입사원에서 벗어나 성숙한 사회인이 되려고 노력한다. 직장 경력이 쌓인 사람들은 그에 걸맞은 직위를 갖게 되는 것과 동시에 폭넓은 인맥을 쌓는 등 여러 강점을 비축해간다. 그리고 이런 강점은 업무에서 더욱 빛을 발하고, 일도 효율적으로 할 수 있게 한다.

● **개인의 하드웨어를 정비하라** 직장에서 나이가 드는 것에 공포를 느끼는 이유는 능력을 발휘하지 못했기 때문이다. 훌륭한 업무 수행 능

력을 갖고 있다면 나이나 직업 종류에 상관없이 남에게 뒤쳐질까봐 걱정하지 않아도 된다. 일의 종류에 따라 연륜이 풍부할수록 더 환영을 받는 직업군도 있다. 만약 계속 나이가 드는 것에 대한 두려움이 가시지 않는다면 즉각 부족한 부분을 충족시키기 위해 자기계발에 힘쓰라. 기술 훈련을 받거나 자격증에 도전하는 등 업무 수행 능력을 업그레이드하는 것도 좋다.

7 | 권태감
– 에너지를 재충전하여 삶에 열정을 불어넣어라

직장에서 열정도 사라지고 일에 대한 흥미도 잃어버렸다면? 일의 효율도 떨어지고 일처리도 깔끔하지 못하다면? 롤러코스터처럼 하루에도 몇 번씩 마음이 오르락내리락하며 쉽게 화가 나고 초조하다면? 스스로에 대한 평가가 낮다면? 그렇다면 당신은 이미 권태기에 들어선 것이다.

직장생활이 권태기에 접어들면 일을 하면서도 물 밖에 내던져진 물고기처럼 숨 쉬는 것조차 힘들어진다. 또한 수면장애를 비롯하여 식욕감퇴, 위장장애 등 신체 질환뿐만 아니라 초조감과 걱정 같은 심리장애도 발생한다. 이때 제때 적절한 조치를 취하지 않는다면 직장생활에 덧씌워진 그림자는 더욱 짙어질 것이다.

스물여섯 살이 된 김성희(가명) 씨는 특급 호텔에서 근무한 지 3년이 채 되지 않았다. 처음에는 무슨 일이든 똑 부러지게 잘 하던 김 씨는 이제 업무 이야기만 나오면 머리가 아팠고, 업무가 힘들다는 말을 입에 달고 살았다. 자주 피곤함을 느껴 병가를 내고 병원에 가봤지만 별다른 이상은 발견되지 않았다. 업무성과도 좋지 못해 팀장이 자주 화를 냈다.

새로운 회사로 이직한 민지애(가명) 씨는 좋은 직장을 얻은 것이 꿈만 같았다. 전공과도 잘 맞고 수입도 꽤 괜찮은 안정된 직장이라 매우 만족스러웠다. 그러나 1년이 지나자 현재 하고 있는 일이 앞으로도 별다른 변화나 자극 없이 일사천리로 진행될 것처럼 생각되었다. 초심은 흔들리고 처음 입사했을 때처럼 프로젝트 하나를 완성하기 위해 열정적으로 일에 매진하지 않았다. 이제 업무는 그녀에게 더 이상 즐거움과 만족감을 선사하지 못했다. 특히 사무실 안에서 벌어지는 각종 암투를 볼 때면 진저리가 쳐졌다. 그런 시간을 보내면서 점점 기분은 가라앉고 자주 화를 내며 불만을 표출하는 등 이상행동을 보이기 시작했다. 대체 무엇 때문에 이렇게 변한 것일까? 아무리 생각해도 답이 나오지 않았다.

사실 김성희 씨나 민지애 씨 모두 직장생활에서 권태기를 맞은 것이다. 직장인의 권태감이란 직장과 일상생활에 매몰되어 있다가 갑자기 주변 환경이 변하면서 마음도 함께 흔들려 심신이 교란되고, 열정이 사라지는 불편한 현상을 말한다.

권태감은 어떤 일에 대해 유달리 피곤함과 불안감을 느끼게 하는 부정적인 정서다. 권태감이 생기면 잠재된 능력을 발휘하기 힘들고 창의력도 사라진다. 따라서 권태감에 빠져든 사람들은 성공적인 직장생활이 힘들다. 권태감에 빠져들면 모든 것이 혼란스럽게 느껴지기 때문이다.

관련 조사에 따르면 권태감에 쉽게 빠지는 직업은 크게 두 가지로 나뉜다. 첫째, 타인과 계속 접촉하는 '창구' 관련 업무다. 예를 들어 기자, 구호 요원, 서비스직 종사자 등이 대표적인 직업군이다. 이들은 업무 도중 감정을 소비하면서도 속마음을 솔직하게 표현하지 못한다. 적대적 태도를 보이는 고객에게도 미소를 잃지 말아야 하므로 심신이 쉽게 피로해진다. 두 번째는 부단한 혁신이 필요한 직업이다. 일례로 광고 기획자, 예술가 등이다. 그 외에 기업의 관리자 역시 경쟁업계에서 낙오되지 않기 위해 혁신적인 아이디어를 짜내다 보면 어느 순간 머리가 텅 비는 것만 같다. 다시 말해 권태감은 밀려드는 업무 스트레스, 반복되는 업무, 회사에서 거는 지나친 기대감에 대한 부담, 성취감을 느끼지 못하는 데서 나타난다.

⊙ 원인 분석   권태감이 찾아오는 원인은 무엇일까?

● **워커홀릭**   미친 듯이 일을 하며 저녁 시간이나 주말도 모두 업무 스케줄로 채워져 있으며, 일 이외의 어떤 사교 활동도 하지 않는다. 이런 상황이 지속되면 결국 업무 자체에 반감이 생긴다.

● **원치 않는 일을 하는 삶**   자신이 좋아하지 않는 일을 매일 한다면 아무리 많은 수입을 올린다 하더라도 시간이 흐르다 보면 권태감이

느껴질 수밖에 없다.

● **대인관계 갈등**　매일 출근을 준비할 때면 두통이 시작된다. 직장 동료와 껄끄러운 일이 있은 후에는 머릿속에 계속 그 동료 얼굴만 떠오른다. 이럴 때는 마음속으로 '눈치 보며 사는 인생은 참으로 피곤하다.'는 생각이 든다.

● **실패와 좌절**　실패와 좌절을 겪고 나면 일에 대한 공포심과 권태감이 생겨 일이 하기 싫어진다.

😊 **심리 코칭**　**권태감에서 벗어나는 방법을 알아보자**

● **새로운 이상 정립하기**　업무 방식부터 업무 환경까지 자신이 꿈꾸었던 직업에 대한 구체적인 그림을 그려보자. 그리고 자신에게 맞는 이상적인 직업의 기준과 목적을 정립하자. 만약 이상과 현실 사이의 괴리감이 지나치게 크다면 자신의 이상을 실현할 수 있는 방법을 찾아야 한다. 처음에는 말단사원부터 시작하겠지만 성실한 자세로 맡은 업무를 해내야 한다.

그런 뒤 기회를 봐서 자기개발에 착수하라. 그러는 사이 자신의 발전을 가로막는 요소가 무엇인지 찾아내 개선하는 것도 잊지 말아야 한다. 이상과 현실의 괴리가 너무 커서 목적을 이룰 가능성이 희박하다면 현실적인 목표부터 세워야 한다. 작은 일부터 한 단계씩 진행하는 것이 권태기를 극복하는 가장 좋은 방법이라는 것을 명심하라.

● **여가 활동 즐기기** 자존심을 세워가며 업무 자체에 병적으로 집착하지 말자. 그래야만 실패를 겪었을 때 마음을 잘 다스릴 수 있다. 또 좋아하는 취미와 여가활동을 즐기자. 그러다 보면 세상을 보는 눈이 넓어지고 기분도 전환되어 마음에 쌓였던 불쾌감도 사라진다.

● **타인에 대한 태도 변화** 동료와의 관계에 문제가 생겼다면 적극적으로 소통해야 한다. 동료와의 마찰을 피하려면 기본적으로 예의를 갖추고 사람을 대하라. 내가 미소를 지어야 다른 사람도 미소를 지어준다. 만약 주변의 모든 것, 즉 업무를 비롯한 상사, 동료 등에 싫증이 났다면 사람들에게 자신이 좋아하는 것에 대해 이야기해보자. 그러다 보면 적어도 한두 가지는 동료들과 공통분모를 찾을 수 있을 것이다.

● **열정 갖기** 일에 열정을 가지면 사람과 업무에 대한 태도가 변하고, 전보다 인생을 더 사랑하게 된다. 개인의 성공을 결정짓는 여러 요소들 가운데 가장 중요한 요건은 바로 열정이다. 만약 시도 때도 없이 공허감과 지루함이 찾아온다면 자신이 추구하고자 하는 목표를 재정립할 필요가 있다. 즉 직장에 대해, 그리고 스스로에 대한 목표가 무엇인지 정확하게 각인시키라는 뜻이다. 자신이 무엇을 얻고 싶은지 자문하고 고민하는 과정을 통해 새롭게 힘을 얻을 수 있다. 주변의 동료들을 살펴보라. 그들을 즐겁고 신나게 직장생활을 하게 하는 동력은 무엇인가? 수익이 많아서일까? 아니면 명예를 얻기 위해서일까? 아니다. 지루하고 무미건조한 직장생활에서도 나름대로 일의 의미와 흥미를 찾아냈기 때문에 열정을 유지하는 것이다.

열정만 있다면 초과근무도 새로운 기회로 여겨지고 낯선 사람과도 친구가 될 수 있다. 그뿐인가. 주변 사람들에게 너그럽게 대하며 온정을 베풀 수 있는 여유도 생긴다. 직급이 무엇이든 얼마나 많은 연봉을 받는지는 상관없다. 열정이 있는 사람은 바쁜 와중에 짬을 내어서라도 취미 활동을 한다. 기업 CEO가 뛰어난 화가가 될 수도 있고, 평사원이 솜씨 좋은 수공예가가 될 수 있다. 열정이 있는 사람은 권태감을 느끼지 않으며, 마음은 늘 즐겁고 가뿐하다. 또한 열정은 신체적 고통뿐 아니라 마음의 상처까지 치료하며, 새로운 삶을 시작할 수 있는 동력을 제공한다.

물론 이미 권태기에 접어든 직장인이 열정을 뿜어 올리고, 주변 사람들에게 좋은 인상을 주기란 쉽지 않은 일이다. 하지만 직장은 일이 필요한 사람에게 기회를 준 곳이다. 아무리 일이 재미없다 하더라도 맡은 업무는 완수해야 한다.

😊 심리 코칭 　흥미를 잃어버린 일을 잘 처리하려면 이렇게 하라

● **일에 흥미를 잃어버린 이유를 분석하자**　일을 제대로 이해하지 못해 흥미가 없는 것이라면 일을 배워가면서 흥미를 키워나가면 된다. 예를 들어 재미없는 데이터를 정리해야 할 때 엑셀 프로그램에 흥미를 가지고 잘 몰랐던 통계 기능을 알아가는 과정에서 흥미를 느낄 수도 있다. 그리고 프로그램을 활용한 통계방법을 숙지하면 효과적으로 일을 진행할 수 있어 뿌듯해질 것이다.

● **업무와 관련된 능력을 기르기 위해 부단히 노력하라**　업무와 관련된

지식과 기술을 끊임없이 갈고 닦아야 한다. 자신의 능력이 제자리걸음을 하고 있다면 좀 더 노력해서 능력을 업그레이드하라.

● **지금 하고 있는 일의 결과를 유추해보자** 진행하는 업무의 여러 조건들이 마음에 들지 않을 경우 단호하게 거부할 자신이 있는가? 만약 그럴 수 없다면 대충 미루는 소극적인 태도를 취했을 때 초래하는 결과를 수용할 수 있는가? 이런 질문들을 자신에게 던져본다면 아무리 짜증나는 일이라 해도 일을 하는 것이 최악의 결과보다는 낫다는 사실을 알게 된다.

● **힘든 일을 마친 자신에게 상을 주자** 일하느라 고생한 자신을 위로해주기 위해 약속을 한다. 예를 들어 프로젝트 하나를 끝내면 자신에게 옷을 사준다거나 가족과 함께 만찬을 즐기기로 약속한다. 지루한 일을 끝낸 다음에 좋아하는 일을 할 수 있게 준비해놓는다면 아무리 힘들어도 그 일을 해낼 수 있다.

고속승진의 이면

– 새로운 지식, 새로운 가치관으로
무장하라

현대사회에서는 과거 어느 때보다도 직장에서 자기 실력을 펼칠 기회가 많다. 따라서 우연과 행운이 맞물려 젊은 나이에 운 좋게 고위직에 오르는 경우가 있다. 물론 직장인들은 은근히 빠른 승진을 바라지만, 준비가 덜 된 상태에서 고위직에 오르게 되면 오히려 힘에 겨울 수 있다.

공지희(가명) 씨는 좋은 학력과 겸손하고 열심히 배우려는 자세를 갖고 있는 데다 말솜씨도 좋았고 동료들과의 관계도 원만했다. 사장은 그런 그녀가 관리직을 맡기에 적합한 인재라고 생각하고 눈여겨보고 있던 중 그녀의 상사가 개인적인 사정으로 회사를 그만두자 공 씨를 그 자리에 앉혔다. 그녀는 승진 후 열심히 노력해 좋은 성과를 거두었고, 그 후 대학에서 연구할 기회도 얻었다.

이제 겨우 서른 남짓한 나이에 승승장구하는 공 씨를 보며 동료들이 너도나도 찬사를 보내자 그녀는 우쭐해지기 시작했다. 그런데 1년 후, 회사에서는 돌연 경력이 많은 전문 경영인을 초빙했고, 공지희 씨는 조력자의 위치로 밀려났다. 그녀는 책임자의 위치에 있다가 강등되었다는 사실이 마뜩찮아 매우 우울했다.

회사의 조치에 불만을 품은 그녀는 이직을 결심했다. 하지만 전혀 예상하지 못한 일들이 벌어졌다. 몇몇 대기업과 접촉해도 그녀가 원하는 직위를 주겠다는 곳이 없었다. 이 같은 현실은 그녀의 마음을 더욱 힘들게 했다. 왜 모든 회사들이 그녀의 제의를 거절했을까?

공 씨의 승진 배경에는 그녀가 모르는 사실이 있었다. 당시 그녀의 전임이 일을 그만둔 후 회사 관리는 전체적으로 큰 혼란에 빠져 있었다. 하지만 당시 회사는 경영 면에서 승승장구하던 시기였고, 혁신적인 새 프로젝트를 막 시작했던 터라 노련한 경영인의 도움을 받을 필요는 없었다.

회사가 선순환 궤도에 올라 있었으므로 그녀가 거둔 우수한 성적도 회사의 입장에서 보면 당연한 결과였다. 그러나 나중에 같은 업종의 경쟁이 치열해지면서 경험이 부족한 공지희 씨의 진면목이 드러나기 시작했다. 사장은 그 직위에 어울리는 적임자가 절실해졌으므로 경험이 풍부한 전문 경영인을 초빙한 것이다. 회사는 그녀를 일종의 보험으로 생각하고 훈련을 시켰던 것이다.

일반적으로 회사에서는 필요에 의해, 그 직책을 감당할 수 없는 사람을 승진시키기도 한다. 이런 경우는 뒤에서 사장이 지원을 해주기 때문에, 경력이 부족한 사람에게 고위직을 주어도 큰 문제는 없다.

고속승진을 하는 경우 주변 사람들로부터 부러움을 사는 것은 당연하다. 하지만 그 자리를 감당할 수 있는 능력이 없다면 순간의 영광으로 끝날 뿐이다. 직장에서의 승진 과정은 보통 나선형 구조의 연속성을 가진다. 그런데 고속승진으로 차근차근 이어지던 직장생활이 툭 끊어지거나 방향이 확 꺾여버린다면 오히려 직장생활에 불안 요소로 작용한다.

어린 나이에 고위직에 오른 경우 직장 내 엘리트와 가까워지면서 관리업무를 경험해볼 수 있는 좋은 기회를 갖게 된다. 그러나 갑작스러운 승진으로 연속성을 가지고 발전하던 직장생활의 방향이 바뀌면서 유해심리가 발생할 수 있다. 이는 전반적으로 직장생활에 악영향을 미친다.

😀 증상 진단 | 고속승진을 하게 될 경우 어떤 유해심리가 나타날까?

● **능력 부족으로 열등감에 시달릴 수 있다** 고위직은 풍부한 경험과 능력이 뒷받침되어야 한다. 그런데 새로운 일과 기존 업무의 차이에서 오는 간극을 메울 만한 능력이 없을 경우 어떤 일이 일어날까? 아마도 무거운 책임감에 짓눌린 나머지 계속 일을 하기가 어렵고, 자기 능력에 의구심마저 생길 것이다. 그리고 열등감과 더불어 고위직에 대한 공포심에 사로잡혀 나중에는 승진 자체를 거부하게 된다.

● **정말 자신이 잘난 줄 알고 우쭐해한다** 고속승진을 하여 좋은 실적을 거두면 자신의 성과에 우쭐한 마음이 생기는 것은 당연하다. 그러나 더 이상 승진을 못하게 될 경우 여전히 과거의 기억에서 헤어나지

못해 상실감에 빠진다. 이런 직장인은 이후에도 자기 능력을 과대평가하여 자기애에 빠진 나머지 결국 직장에서 도태되고 만다.

● **냉혹한 현실에서 상실감으로 고통받는다** 갑작스러운 승진은 보통 비상시국에 나타나는 일이 많아서 어려운 시기가 지나고 나면 강등할 가능성이 높다. 이런 경우 강등된 사실을 받아들이기가 어렵고, 상황 자체에 적응하지 못해 상실감에 빠지기 쉽다. 여기에서 오는 초조, 우울, 불안감이 직장과 일상생활에 영향을 미친다.

다각도로 분석해봤을 때 직장에서의 '고속승진'은 반길 일이 아니라 오히려 직장생활의 미래를 험난하게 하는 부담으로 작용할 수도 있다. 그렇다고 갑작스러운 승진을 거절할 필요는 없다. 다만 고속승진 이면의 부작용을 알고 미리 대처한다면 유해심리에서 벗어날 수 있다.

☺ 심리 코칭 **갑작스러운 승진에 현명하게 대처하는 방법을 알아보자**

● **냉정을 유지하자** 고속승진을 했다고 해서 흐트러져서는 안 된다. 내 분수는 내가 아는 법이다. 내가 무엇을 할 수 있는지, 어떤 부분이 한계인지를 가장 잘 아는 사람은 다른 누구도 아닌 바로 나 자신이다. 만약 자신의 실력이 높은 직책을 감당하지 못한다면 결국 능력의 한계에 부딪히게 될 것이다. 이때 경험하게 되는 좌절감은 앞으로 직장생활을 하는 데 부정적인 영향을 미친다. 그러므로 분수에 넘치

는 높은 직책을 제안받았을 때는 우선 냉정하고 신중하게 고민하라. 좀 더 고려해야 할 것 같다는 생각이 들면 완곡하게 사장의 제안을 거절하는 것도 지혜로운 방법이다.

● **스트레스 해소법을 배우자** 고위 관리직은 절대 만만한 자리가 아니다. 수많은 스트레스와 무거운 책임을 감당해야 한다. 이런 스트레스와 책임감에 짓눌리다 보면 나중에는 감당할 수 없는 지경에 이를 수 있다. 따라서 급작스럽게 승진을 했다면 적절한 스트레스 해소법을 배워야 한다.

● **직위를 정확하게 평가하자** 기업이 특별한 시기에, 특수한 조치를 취해서 갑작스럽게 승진할 수도 있다. 물론 그만한 능력이 있어서 승진한 것일 수도 있지만, 여러 가지 객관적인 상황을 고려해볼 때 부족한 점이 있을 것이다. 만약 운이 좋아 중요한 직위를 차지하게 되었다면 맡은 업무를 원활하게 해내기 위해 어떻게 해야 할지 끊임없이 자문하자. 오랜 시간이 지나 당시를 생각하면 그 시기가 '경험의 기회'였음을 알 수 있을 것이다. 한밑천 벌 기회라고 생각하거나 자신이 정말 대단해서 승진했다는 착각은 금물이다.

● **긍정적인 태도로 배우는 자세를 갖자** 직장인은 자신의 업무를 완벽하게 해내기 위해 부단히 노력해야 한다. 경쟁이 치열한 직장에서 자신이 몸담고 있는 분야의 모든 것을 안다는 것은 능력을 가졌음을 공식적으로 인정받은 것과 같다. '고속승진'을 했거나 고위직에서 강등된 사람 모두 배우는 자세를 잃지 말아야 한다. 새로운 것을 배워

야만 과거의 경험, 지식, 능력을 재정비할 수 있다. 그런 사람만이 새로운 지식을 쌓고, 새로운 가치관을 수립하여 고위직에 맞는 능력과 조건을 갖추게 된다.

● **평상심을 유지하자** 고위직에 오른다는 것은 뭇 사람의 부러움을 사는 일이지만 직장생활 전체를 생각해보았을 때는 상당히 위험한 일이다. 그러므로 고위직에 올랐다는 사실 자체에 너무 흥분하지 마라. 이는 지혜롭지 못한 행동이다. 자리에 대한 지나친 집착을 버리고 담담한 태도를 유지하라. 평상심을 유지할 때만이 건강하게 직장생활을 할 수 있다.

9 | 완벽주의

- 작은 일에 만족하고 실패에서 배워라

모 든 일에 지나치게 꼼꼼한 나머지 사소한 일도 그냥 넘기지 못하는 직장인이 있다. 이런 사람은 분명 뛰어난 일처리 덕분에 사장의 눈에 들고, 직장에서 두각을 나타낼 것이라고 생각할지도 모른다.

그러나 사실은 정반대다. 완벽주의 기질이 있는 사람은 생활이 피곤하고 일도 깔끔하게 처리하지 못한다.

고객서비스부 팀장으로 근무하는 스물아홉 살의 태현철(가명) 씨는 지나친 완벽주의자다. 팀장으로 승진한 다음 날, 그는 회사 간부 회의에서 발표를 맡았다. 그는 회의가 시작되기 며칠 전부터 계속 사소한 부분에 신경을 썼다. 예를 들어 자신의 이미지, 발음, 어조를 사람들에게 트집 잡힐까봐 몇 날 며칠을 고민했고, 완성한 PPT 조작에 실수나 하지 않을까 주의를 기울였으며, 발표하러 나갈 때의 걸음걸이까지 걱정했다.

결과는 어땠을까. 불행하게도 걱정으로 밤새 한숨도 못 잔 그는 발표하는 순간에도 다른 사람을 너무 의식한 나머지 청중들 사이에서 들리는 조그만 소리에도 불안에 떨었다. 심지어 열심히 준비한 발표자료도 제대로 활용하지 못했다. 발표 결과는 참담했다. 사장은 불같이 화를 내며 그를 평사원으로 강등시켜버렸다.

사실 이 같은 일은 비일비재하다. 일반적으로 어떤 일을 진행할 때 사소한 부분까지 철저하게 계산한다면 일을 더 잘할 수 있을 것이라고 생각하지만 실상은 정반대의 결과가 나타난다. 많은 현대 직장인이 완벽주의 콤플렉스에 시달리며 고통받고 있다. 사람들은 성공에 대한 욕심 때문에 세세한 일에 집착하고, 일정을 빡빡하게 소화한다. 이런 사람들은 늘 사소한 문제를 지나치게 꼼꼼히 따지면서 다른 사람을 극도로 비판적인 눈으로 바라본다.

심리학에서는 완벽주의를 인격적 특징이자 사고방식의 한 형태로 정의하는데, 완벽주의자는 모든 일에 완벽을 기하려 하고, 유연성과 융통성이 부족하다.

그렇다면 직장에서는 이런 완벽주의가 어떤 모습으로 나타날까? 대체로 나와 타인에게 지나친 완벽함을 요구하며 사소한 착오도 용납하지 않는다. 또한 현실을 고려하지 않고 이상적인 업무기준에 따라서 엄격하게 일을 처리한다.

완벽주의 스타일의 직장인에게
나타나는 특징은 무엇일까?

- 세세한 부분에 지나치게 신경을 쓰며, 모든 것을 완벽하게 하려고 애쓴다.
- 자신이 남들보다 높은 수준의 지혜와 도덕심을 갖추었다고 생각한다.
- 엄격한 원칙주의로 문제 발생의 여지를 남기지는 않으나 경직된 사고에 빠지기 쉽다.
- 신중하게 행동하고 성공을 꿈꾸며, 자신과 타인의 잘못을 절대 용납하지 못한다.
- 중요한 인물이 자신에 대해 평가하는 것에 지나치게 신경을 쓴다.

대부분의 완벽주의자들은 영원히 다다를 수 없는 목표를 추구하기 때문에 항상 기대에 목말라한다. 또 분별력이 부족하고, 일의 경중을 살피지 못한다. 게다가 무슨 일이든 지나치게 세세하게 점검하기 때문에 일의 진척이 느리다.

완벽주의자는 매우 당당해 보이지만 장점이 아닌 결점을 보는 데 익숙해져 있어서 만족할 줄 모르고, 만사를 부정적으로 본다. 이는 자신감 부족으로 나타나 늘 열등감에 시달린다. 만족을 모르기 때문에 사는 것이 괴로우며, 그런 사람의 울상 짓는 얼굴은 자신뿐 아니라 주변 사람까지 힘들게 한다.

심리학 연구자들에 따르면 완벽한 수준에 이르고자 하는 사람의 성공 가능성을 그래프로 살펴본 결과 완벽주의자와 일반인의 성공은 반비례한다는 결과를 얻었다고 한다. 완벽주의자는 불안, 우울, 답답함을 자주 느낀다. 일이 막 시작될 때는 실패할까봐 걱정하고, 시작되어서는 제대로 해내지 못 할까봐 전전긍긍한다. 이런 태도는 성공을 가로막는 걸림돌이 된다. 또한 이들은 일이 실패하면 마음이 산산조각 나버려 현실에서 도망치고 싶어 한다. 이들은 실패에서 어떤 교훈도 얻지 못한 채 힘든 상황을 모면할 생각으로 머릿속이 가득하다.

이렇듯 무거운 마음의 짐을 지게 되면 사업뿐만 아니라 개인의 자존심, 가족문제, 대인관계에서도 만족할 만한 성과를 거두지 못한다. 완벽주의자는 지나치게 까다로운 태도로 업무에 임하며, 자신을 만족시킬 수 없어 매일 불안에 시달린다.

😊 심리 코칭 ┃ 완벽주의를 극복하려면 이렇게 해보자

● **자신의 능력을 정확히 평가하라** 자신의 장점은 계발하고 단점은 인정하여 심리상태가 안정적이 되도록 노력해야 한다. 자신을 과대평가해서도 안 되지만 열등감으로 괴로워할 필요도 없다. 주어진 상황에서 최선을 다하면 된다. 모든 일을 완벽하게 처리하려는 태도 자체가 장애가 될 수 있음을 잊지 말아야 한다. 단점에 지나치게 집착한 나머지 비관에 빠지지 말고 장점을 토대로 자존감, 자부심, 업무에 대한 흥미를 기르자.

● **부족한 부분은 인정하라** 세상에 완벽한 사람은 없으며, 옥에도 티

가 있다. 세상에 흠 없는 사람이 어디 있는가. 부족한 점이 있다고 해서 어찌 큰일을 이루지 못하겠는가? 사실 '단점이며 결함'에 너무 집착하기 때문에 성공에 걸림돌이 되는 것이다. 오히려 이미 가지고 있는 단점과 결함을 잘 이용하면 자신의 가치가 빛을 발할 수 있다. 사람은 누구나 자신만의 독특한 재능을 지니고 있다는 사실을 기억해야 한다. 자신만의 특별함으로 세상은 더욱 풍요로워질 수 있다. 그런데 이런 사실을 깨닫지 못하고 많은 사람들이 자신의 부족한 부분만 생각하다가 열등감이라는 유해심리에 빠져버린다.

● **실패와 결점을 새롭게 바라보라** 한두 번으로 그치는 게 아니라 여러 차례 실패를 겪었다고 해서 자신의 가치가 달라지지는 않는다. 생각해보라. 실패를 경험하지 않고 인생의 진리를 깨달을 수 있겠는지. 실패해보지 않는다면 아무것도 모른 채 혼자 우쭐대면서 아둔한 삶을 마치게 될지도 모른다. 성공이 신념을 확고하게 한다면, 실패는 세상 무엇과도 비교할 수 없는 값진 경험을 선사한다. 많은 사람이 힘겨운 실패를 겪은 뒤에 성공이라는 산의 정상에 오른다. 그러므로 사소한 실수 한두 가지를 저질렀다고 자책하지 말라. 제아무리 잘난 사람에게도 '허점'은 있다. 맹목적으로 환상을 좇는다면 일은 일대로 하면서 아무런 성과도 거두지 못한다. 이렇게 자문해보는 것은 어떨까? "이 일을 완벽하게 해낼 수 있을까?" 아니라는 답이 나온다면 얼른 완벽주의에서 벗어나야 한다.

● **성취할 수 있는 단기 목표를 세워라** 능력을 제대로 발휘할 수 있는 일을 하면 마음도 가벼워지고 일에 대한 자신감도 생겨 자신이 꽤 능

력이 있고 창의적 인재라는 생각이 들 것이다. 뛰어난 사람이 되겠다는 욕심을 버리고 작은 일에 만족할 때 의외의 성과를 거둘 수 있다. 현실에 맞게 목표를 설정한 뒤 성실하게 노력하다 보면 정상에 오를 수 있다. 그리고 완벽주의로 그늘졌던 어두운 과거와 달리 풍요롭고 정이 넘치는 세상이 눈앞에 펼쳐질 것이다.

● **개인주의에서 벗어나 협력하라** 최선을 다하면 완벽하게 일처리를 할 수 있을 것이라고 착각하지 말라. 먼저 자신이 새롭게 배워야 할 것이 무엇인지 살펴야 한다. 스스로에게 지나치게 압박을 가하지 말고, 다른 사람들의 수군거림에도 신경을 꺼라. 그리고 나만의 특색과 품격을 드러내기 위해 노력하라. 동료들과 좋은 관계를 맺고, 단체정신을 기르며 서로의 짐을 덜어주도록 노력해야 한다. 동료를 신뢰하고, 일에서 손을 놓아야 할 때라면 과감히 놓아버리자.

healing

도피성, 분열성, 히스테리성, 공격성, 편집성 인격장애
등은 심리질환으로 이어질 수 있는 심각한 심리장애다.
이 같은 심리장애는 자신의 심리상태를 직시하고
자신의 장점과 자신이 이룬 성과를 인정함으로써
얼마든지 극복할 수 있다.
직장생활을 유익한 여행이라고 생각하고,
직장생활을 하면서 겪는 고통과 성취를 모두 이 여행에서
얻게 되는 열매라고 여기면 어떨까?

4

직장인의
심리장애와
증상 조절

직장인이 이상심리를 일으키는 근본 원인은 어디에 있을까? 바로 심리장애 때문이다. 심리장애는 갖가지 유해한 자극에서 비롯되는데, 직장에서 어떤 행동 양상을 보이느냐에 따라 '장애'의 심각성 정도를 알 수 있다. 직장인이 회사와 사회에서 정한 규정의 범위에서 많이 벗어난다면 심각한 '장애' 상태에 있다고 할 수 있다. 직장심리장애에는 도피성, 분열성, 히스테리성, 공격성, 편집성 등의 유형이 있다.

직장인의 심리장애나 이상심리 상태가 오랫동안 지속되면 체감으로 느껴지는 직장심리질환으로 이어질 수 있다. 신경쇠약, 불안증상, 우울증, 강박증 등이 모두 전형적인 직장심리질환이다.

1 | 도피성 인격장애

 – 내면을 직시하고 자신이 이룬
   성과를 인정하라

직 장인 가운데는 자신의 일에 만족하고 어떤 모험도 감행하려 하지 않는 이들이 있다. 절차에 따라 일을 처리하지만 다른 사람의 조롱거리가 되고 싶지 않아 회식자리 같은 사교 모임을 피한다. 설사 이런 모임에 참석한다 하더라도 구석에 틀어박혀 말없이 있다가 자리를 뜬다.

이런 사람은 회사 측에서는 자발적으로 열심히 일하는 우수 사원처럼 비춰지므로 상사와 동료의 칭찬을 받는다.

그러나 막상 회사에서 중요한 임무를 맡기려 하면 갖은 핑계를 대며 맡지 않으려 한다. 자신이 한 일에 문제가 생겨서 가벼운 비판과 질책을 들어도 상처를 입고 정상적 심리회복이 불가능하다. 심지어 아주 사소한 일조차 지나치게 깊이 생각하다가 결국 결정을 못 내리고 해결의 시기를 놓쳐버린다. 이것이 바로 도피성 인격장애다.

정선균(가명) 씨는 다양한 분야에 관심이 많고 머리회전도 빠른 사람이다. 대학 입시에 실패한 그는 컴퓨터 회사에 들어가 영업사원으로 일했다. 뛰어난 실적을 보였던 그는 여러 차례에 걸쳐 사장에게 칭찬을 받았고, 나중에는 영업부 주임 자리에 올랐다. 1년 후, 대학을 졸업한 신입사원 세 명이 회사에 입사했고, 그중 한 명이 정선균 씨의 부하직원이 되었다.

대졸의 부하직원까지 두었으니 이제 영업은 날개를 단 것처럼 발전할 일만 남아 있었다. 그런데 정선균 씨는 돌연 내면의 동굴 속으로 들어가 완전히 다른 사람처럼 변해버렸다. 의기소침해져서 말도 하지 않으려 했으며, 일에 대한 열정도 없어졌다. 4개월 후, 업무실적이 하향세를 보이자 사장은 정선균 씨 대신 그의 부하직원을 주임 자리에 앉혔다. 그 후 정 씨의 상황은 더욱 심각해졌다. 누구와도 대화를 하려 들지 않았고, 늘 고개를 푹 숙이고 다녔으며, 누가 먼저 그에게 다가오려고 하면 피하려 들었다.

회사에서 고객을 위한 리셉션을 마련했을 때 원칙적으로는 전 직원이 참석해야 했지만 정선균 씨는 참석하지 않았다. 회사 측에서 직원 참여를 독려하며 전체 리허설을 준비할 때는 어쩔 수 없이 참석했지만, 행사가 시작되자마자 도망치고 싶어 어쩔 줄 몰라 했다.

이 일이 있은 후, 정선균 씨는 자신의 인생이 이상하게 흘러간다는 생각에 가슴 한편이 저릿해졌다. 사실 그는 대학 입시에 떨어진 상처가 마음에 남아 있었지만 그 일을 잊고 지내왔다. 그런데 한 사건이 단초가 되어 과거의 기억이 되살아나자 마치 조건반사처럼 상처가 수면 위로 올라오면서 불안감에 휩싸였다. 그는 모든 사람과 일, 세상으로부터 도망치고 싶었다.

사실 정선균 씨처럼 도피성 심리장애를 겪는 사람은 혼자 있는 걸 좋아하지 않는다. 자신이 원해서 다른 사람을 피하는 것이 아니라 열등감 때문에 퇴행심리를 보이는 것뿐이다. 이런 사람들은 교제를 하고 싶어도 사람들에게 거절당할 것이 두려워 교제 자체를 포기한다. 다른 사람의 관심과 애정을 받고 싶지만 부끄럽고 민망해서 가까이 다가서지 못한다.

⊙ 증상 진단 도피성 인격장애가 있는 직장인은 어떻게 행동할까?

- 질책, 반대, 거절을 당할 것이 두려워 많은 사람과 접촉하는 업무를 피한다.
- 자신을 좋아한다는 확신이 서지 않을 경우 타인과 교류하는 것을 꺼린다.
- 놀림거리가 될지도 모른다는 두려움 때문에 사람들과 친밀한 관계를 맺으려 하지 않는다.
- 다른 사람에게 비판받고 거절당할 것이라는 생각에 모임에 참석하는 걸 꺼린다.
- 의욕이 없어 새로운 사람을 만나야 하는 모임에 참석하지 않는다.
- 자신은 대인관계에 서툴고 매력도 없으며 하찮은 존재라고 생각한다.
- 모임의 활동을 견디지 못할 것이라는 생각에 새로운 모임에 참여하는 것을 꺼린다.

직장에서 나타나는 도피성 인격장애의 가장 큰 특징은 바로 문제에 부딪혔을 때 해결하려 하기보다 어떻게든 변명을 하며 문제를 회피한다는 사실이다. 일례로 업무가 지지부진하고 실적이 바닥을 칠 때 긍정적인 사람은 업무 방식에 문제는 없는지, 경험이 부족한 탓은 아닌지 돌아본다. 하지만 부정적인 사람은 자신은 최선을 다했다고 둘러대며 모든 것을 상사와 동료 탓으로 돌려버린다.

이들에게서 볼 수 있는 가장 직접적인 회피 방법은 바로 핑계 대기다. 직장인에게 쉽게 볼 수 있는 현상인데, 지각처럼 사소한 일에서조차 무수한 핑계와 변명을 찾아낸다. 차가 막혔다느니, 시계가 멈췄다느니, 알람이 울리지 않았다느니 항상 '이유 있는 변명'을 늘어놓는다.

핑계는 마치 전염병처럼 자신뿐만 아니라 다른 사람에게까지 퍼져 나간다. 이런 영향을 받은 직장인들은 자신의 능력을 제대로 발휘하지 못한다. 그렇게 되면 결국 열정과 투지를 상실한 채 소극적으로 변한다. 변명과 핑계가 열심히 쌓아온 노력의 결과물을 모조리 집어삼켜버리기 때문에 훌륭한 성과를 거두지도 못한다.

핑계를 일삼으며 문제를 회피하는 직장인은 유해한 심리에서 벗어나지 못하고 주변에 부정적인 영향을 끼쳐 상황만 악화시킨다. 자신의 행동을 개선시키려는 노력을 하지 않는다면 상사의 불신을 받고 앞으로의 직장생활은 더욱 힘들어질 것이다. 어쩌면 새로 일자리를 찾아야 할지도 모른다.

문제를 어떻게 처리하느냐에 따라 그 사람의 직업정신과 도덕의식이 드러난다. 문제가 생겼으면 해결하려고 노력해야지, 절대 도망치려고 해서는 안 된다. 도피는 다른 사람에게 불신만 조장하고, 그 사람의 도덕의식을 저평가하게 만드는 근거가 된다. 당연히 이런 사람에게 중대한 업무가 맡겨질 리 없으므로 직장에서의 발전을 기대하기란 어렵다. 열등감에서 비롯되는 도피성 인격장애는 직장인이 능력을 제대로 발휘하지 못하도록 가로막는다.

😊 심리 코칭 도피성 인격장애에서 벗어나려면 이렇게 해보자

● **정확한 자기 인식과 긍정적인 자기 평가를 위해 힘쓰라** 열등감에서 시작해 도피성 인격장애로 이어지는 가장 큰 원인은 자신을 제대로 알지 못하기 때문이다. 따라서 도피성 인격장애에서 벗어나려면 반드시 자신을 제대로 직시할 수 있어야 한다. 자신의 장점을 발견하려고 노력하고 자신이 이룬 성과를 인정하라. '다른 사람은 완벽한데 나는 왜 제대로 못하는 걸까?'란 고민에서 벗어나라. 모든 사람에게도 나름의 부족한 점이 있다. 긍정적으로 자신을 평가해야 자신감이 생기고 열등감을 극복할 수 있으며, 도피성 인격장애에서도 벗어날 수 있다.

● **열등감의 장단점을 파악해 자신감을 회복하자** 열등감을 백해무익한 불치병으로 생각해서 스스로를 비관하며 절망감에 빠져드는 사람들이 있다. 이러한 잘못된 생각은 열등감 해소에 아무런 도움도 되지 않을 뿐더러 오히려 상황을 더욱 악화시킨다. 심리학자들은 열등감을 가진 사람은 자신의 장점을 정확히 파악하고 열등감을 직시해야 한다고 조언한다.

열등감이 있는 사람은 겸손하고, 다른 사람을 잘 이해하며, 자신의 이익을 위해 살지 않는다. 자신의 상태에 만족하고 상냥하며, 당면한 문제를 신중하게 결정한다. 또한 주변 사람과 별문제 없이 잘 지내고, 신뢰를 받는다.

물론 열등감에서 이렇게 장점을 찾아낸다고 해서 계속 열등감을 가지고 있으라는 뜻은 아니다. 열등감 속에도 나름의 긍정적인 요소가 있으니 너무 좌절하지 말라는 뜻이다. 게다가 이런 유익함이 있다는 사실을 알고 나면 자신감도 생겨 열등감 해소에 도움이 된다.

● **긍정적인 자기암시를 통해 자신감을 키우자**　자신감이 부족하다는 생각이 들 때는 스스로에게 격려의 말을 해주자. "나는 할 수 있어. 반드시 성공할 거야!" 이렇게 마인드 컨트롤을 하는 건 어떨까? "남들도 다 하는데 나라고 왜 안 되겠어? 나라고 다를 건 없잖아?" 라고 생각해보자. 일을 시작하기도 전에 할 수 없다는 생각부터 해서는 안 된다. 무슨 일이 있어도 반드시 해내겠다고 마음먹으면 자신감을 갖고 일할 수 있다.

● **사교장애를 극복하라**　도피성 인격장애의 경우 정도는 다르지만 어느 정도의 사교장애를 갖고 있다. 그러므로 친구를 사귀려면 단계적인 계획이 필요하다. 처음에는 낮은 난이도로 시작해서 비교적 간단하게 진행하다가 점점 난이도를 높여간다. 1주차에는 매일 주변 사람들과 10분씩 이야기한다. 2주차에는 이야기 시간을 20분으로 늘리면서 사람을 정해놓고 10분 더 이야기를 나눈다. 3주차에는 2주차 수준을 유지하면서 친구 한 명과 시간을 재지 말고 편안하게 이야기를

나눈다. 4주차에는 3주차 수준을 유지하면서 친구 몇 명을 모아 주말에 모임을 갖고 담소를 나눈다. 5주차에는 4주차 수준을 유지하면서 적극적으로 세계적 인물들의 사상, 문학, IT기술 등을 교류하는 모임에 참석한다. 6주차에는 5주차 수준을 유지하면서 낯선 사람과 이야기하는 것을 시도해본다.

2 │ 분열성 인격장애
– 불필요한 열등감에서 벗어나라

1994년, 수학자 존 내시가 노벨 경제학상을 수상했다. 그의 실화를 바탕으로 한 영화 〈뷰티플 마인드〉는 수학 천재의 인생 여정을 담아냄과 동시에 사람들에게 심리학에서 말하는 정신분열을 소개했다. 존 내시는 여러 분야에서 탁월한 업적을 남겼지만 사실 그는 정신분열증 환자였던 것이다.

분열성 인격장애는 생각, 외모, 행동에서 독특한 모습을 보이며 대인관계에 어려움을 겪고 감정적으로 매우 냉담한 것을 특징으로 하는 심리장애다. 이들은 사람을 사귀기 싫어하고, 여러 사람과 잘 어울리지 못한다. 친구도 없고, 사회 활동에 참여하는 경우도 드물어 세상과 단절하고 산다. 또한 자주 헛된 꿈을 꾸고 환상에 빠진다.

이런 유형은 직장인 가운데도 있다. 이들이 겪는 심리장애가 영화에서의 존 내시처럼 자주 환상을 보는 정도는 아니지만 어쨌든 동일한 분열성 인격장애로 고통을 받는다. 분열성 인격장애가 나타나는 직장인은 규모가 작은 회사에서는 그럭저럭 적응하지만, 사람이 많은 대기업에 입사하거나 사람들과 자주 접촉해야 하는 일을 하게 되면 굉장히 고통스러워한다.

일반적으로 분열성 인격장애 환자는 다음과 같은 특징을 보인다. 내향적, 괴팍함, 소심함, 나약함, 열등감, 부끄러움, 말없음, 비사교적, 타인의 평가에 관심 없음, 친구 없음, 기이한 행동(아주 이해하지 못할 행동은 아님) 등이다. 이들은 현실적인 인지능력을 상실하지는 않았지만 사회활동 능력이 떨어지고 진취적이지 못하며, 조용히 생각에 잠기거나 환상에 빠져 지낸다. 자기중심적 경향이 뚜렷해 냉담한 태도를 보이며, 낯선 사람을 만나는 것을 두려워한다.

먼저 인사도 나누지 않고, 다른 사람의 일에 개입하는 것도 싫어한다. 특히 경쟁이 치열한 환경을 피하려 든다. 이들은 자신감도 없고 다른 사람 앞에서 말하거나 행동하는 것을 두려워해 가끔 입만 달싹거릴 뿐 말을 하지 못하고 더듬거리기 일쑤며, 몸이 굳을 정도로 긴장한다. 또한 과제물이나 원고 등 성과물을 사람들에게 보여주려 하지 않는다. 남의 비웃음을 살 것이 두렵기 때문이다. 또 사람을 멀리해서 사람들 사이에 있으면 더욱 고독감이 강해지고 고통스럽다.

분열성 인격장애를 가진 직장인은 남의 의견에 관심이 없다. 칭찬에도 질책에도 무관심하고 고독하게 지낸다. 취미를 가진 사람도 있긴 하지만 대부분이 독서, 음악 감상, 명상 등 조용하고 정적인 활동이다. 이들 중에는 전문분야에 빠져 뛰어난 성과를 거두는 사람들도 있다.

하지만 전체적으로 볼 때 이런 사람들의 생활은 무미건조하고 융통성이 없으며, 창의력과 독립성이 부족하다. 따라서 다양하게 변화하는 현대사회와 기업의 요구에 적응하기 힘들다.

분열성 인격장애를 가진 직장인의 내면세계는 비현실적일 정도로 많은 것을 담아내지만 그에 맞게 감성이 따라가지 못하고 진취적인 면도 부족하다. 늘 무정하고 냉담하게 상황에 대처하며, 안 보면 그만이라는 사고를 갖고 있기 때문에 현실에서 도망치려고 한다. 그러나 이렇게 현실을 도피한다고 해도 내면에 있는 근심 걱정으로부터 자유롭지는 못하다.

분열성 인격장애는 주로 새로운 환경에 적응하지 못해서 나타난다. 자존심도 강하고 진취적이었던 청소년이 각종 이유로 여러 차례 좌절과 실패를 겪고 모욕을 당해온 데다 오랫동안 인격적으로 존중받지 못하게 되면서 열등감과 소심증 등 부정적인 면이 굳어져 인격장애로 나타난다.

분열성 인격장애를 가진 직장인은 지나치게 높게 세운 목표에 비해 능력이 부족하거나 다른 사람과 협력해본 경험이 없어서 난관에 부닥친다. 인간관계가 원활하지 못해 협업효과를 제대로 내지 못하기 때문에 직장생활도 힘들다.

이들은 부모님에게 자주 야단을 맞았거나, 학교 선생님이나 직장 상사로부터 질책이나 공개적 모욕을 당하면서 자존심에 큰 상처를 받은 경험이 있을 것이다. 이들은 주변 환경에 제약을 받거나 사회통념의 영향으로 자신이 제대로 평가받지 못하고 운이 나빴다는 말로 스스로를 위로한다.

분열성 인격장애를 가진 사람은 자신과 무관한 일을 아무런 근거도 없이 자신과 연결시키며 불안해한다. 특이한 감각적 체험을 하고,

착각을 잘하며 환각과 함께 존재하지도 않는 사람을 보기도 한다. 이들은 기이한 사고방식을 갖고 있고, 자신이 속한 문화적 배경과 어울리지 않는 행동을 보이며 텔레파시, 육감, 사람의 마음을 읽는 능력 등 이상한 분야에 몰두한다.

이런 사람들은 가족이나 동료들에게 냉랭한 모습을 보이며 사회 불안장애 증상도 보인다. 예를 들어 낯선 사람과 함께 있으면 극도로 불안해하고, 비정상적일 정도로 독특하게 행동하며 외모나 옷차림을 기괴하게 꾸미고 다닌다. 또 시대에 뒤처지거나 문화와 맞지 않고, 목적이 불분명한 행동을 한다. 직장에서도 동료들과 힘을 모아 함께 성취해 가는 만족감과 기쁨을 누리지 못하고 감정을 세밀하게 전달하는 능력이 떨어진다.

☺ 심리 코칭 | 분열성 인격장애에서 벗어나려면 이렇게 해보자

● **불필요한 열등감을 버려라**　분열성 인격장애를 가진 사람은 겉보기에는 단순히 특이한 사람으로 보일지 몰라도 지능이 매우 뛰어나 한 분야에서 대단한 업적을 남기는 경우가 있다. 외국의 유명한 예술가나 철학자, 자연과학자 중에도 분열성 인격장애를 겪은 사람들이 있다. 그러니 분열성 인격장애가 있다고 해서 열등감에 시달릴 필요는 없다.

자신의 인격적 결함을 과감하게 인정하고, 사람들과 자주 접촉하라. 다른 사람에게 조롱과 오해를 받는 것에 대해 두려워하지 않아도 된다. 주변 사람들과 가벼운 대화를 나누며 서로를 이해하고 도움을 주고받으면 고독감 대신 우정을 얻을 수 있다. 또 도움을 준 대상에게 감사의 인사를 받으면 열등감과 나약함을 극복할 수 있고 성취감과 자신감을 얻는다.

● **자신을 분석하고 긍정적인 인생목표를 세워라**   분열성 인격장애를 가진 직장인은 미래를 설계하는 사고능력이 부족한 것은 아니다. 단지 열등감과 나약함에 빠져 미래를 보지 못하는 것뿐이다. 그러므로 자신의 심리가 현재 어떤 상태인지 명확하게 분석하도록 하라. 그리고 직장생활을 유익한 여행이라고 생각하라. 흥미진진한 여행을 한다고 생각하고 일을 하게 되면 많은 것을 배우고 누릴 수 있다. 직장생활을 하면서 겪게 되는 힘든 일과 기쁜 일이 모두 이 여행에서 얻게 되는 열매들이다. 이렇게 긍정적으로 생각하면 열심히 일할 수 있는 원동력이 생긴다. 또 다양한 사회활동에 참여하여 더 넓은 세계를 알아가도록 하라.

● **흥미 있는 일을 찾아라**   분열성 인격장애를 가진 직장인은 그림, 노래, 춤, 스포츠, 과학기술 활동 등 다양한 취미를 가질 수 있다. 취미란 뭔가에 흥미를 가지고 그 분야에 남달리 주의를 기울이며 적극적으로 탐구하는 것으로, 이는 긍정적인 느낌을 선사한다. 취미 활동은 무관심하고 냉담한 인격을 바로잡는 데 도움이 된다. 예를 들어 애완동물을 키우면 무채색이었던 삶이 다채로워지고 냉담한 심리상태도 개선될 수 있다.

● **전문적인 사교훈련을 하라**   사교 훈련을 통해 집단에 어울리지 못

하는 냉담한 성격을 고쳐 주변 환경과 융화할 수 있는 성격으로 개선할 수 있다. 훈련 과정은 단계적으로 점차 난이도를 높여간다. 처음에는 치료자와 훈련자가 함께 이야기를 나눈 뒤 한 명의 친구(동료나 학교 동기)를 선정하여 매번 5분 동안 이야기를 나눈다. 이때 이야기 내용과 접근 방식에는 제한을 두지 않으며, 대화 횟수가 늘수록 점점 적극적인 태도로 자연스럽고 편안하게 이야기를 나눈다. 그 후에는 대화 시간을 점차 늘려 나간다.(5분~20분, 나중에는 30분까지 늘린다.) 대상 수는 1명에서 5명까지 늘린다. 훈련이 성공한 후에는 프로그램 내용을 바꾸어 단체 활동에 적극적으로 참여하도록 하여 현실에 잘 적응할 수 있게 한다.

3 | 히스테리성 인격장애
– 가면을 벗고 자신을 직시하라

직 장생활을 하다 보면 변덕스럽고 타인의 태도에 쉽게 영향을 받는 사람들이 있다. 이들은 늘 사람들이 칭찬하고 감탄해주길 바라며, 자신에게 이목이 집중되기를 원한다. 또한 모임의 성격을 가리지 않고 어디든 참석하려 들며 외모와 말투, 행동을 드라마틱하게 꾸며서 주의를 끌려고 노력한다. 늘 감정적으로 일을 처리하고, 자신의 호불호에 따라 사물을 판단한다. 또한 자주 환상에 빠져 있고 언행이 일치되지 않을 때가 많다. 이것이 바로 히스테리성 인격장애의 전형적인 모습이다.

히스테리성 인격장애는 연극성 성격장애라고도 한다. 히스테리성 인격장애가 있는 직장인은 지나치게 감정적이고 과장된 말과 행동으로 다른 사람의 주의를 끌려고 한다. 또한 어린아이 수준의 미성숙한 인격을 보인다.

문정옥(가명) 씨는 무남독녀로 부모의 과잉보호를 받으며 자랐고, 어려서부터 사람들이 많이 모인 곳에서 자신을 드러내는 것을 좋아했다. 집에 손님이라도 오면 재주를 뽐내며 사람들의 칭찬을 듣고 싶어 했고 칭찬을 들으면 힘이 났다. 스물넷이 된 그녀는 정식으로 회사에 입사했다. 하지만 여전히 어린아이처럼 고집이 셌고, 걸핏하면 발끈해서 울고불고 난리를 쳤으며, 그럴 때마다 어머니가 어르고 달래야 겨우 그쳤다.

문정옥 씨는 외모를 화려하게 꾸미고 다녔고, 다른 사람과 이야기할 때는 연애사업이 잘 안 되어 너무 힘들다며 자신의 고충을 털어놓는 걸 좋아했다. 최근에는 남자친구가 영화 약속에 10분가량 늦자 그녀는 뒤도 돌아보지 않고 그 자리를 떠나버렸다. 자신이 찬 것이나 다름없는 '실연'이었지만 마음은 아팠다.

그녀는 말할 때 마치 영화대사를 하듯 했다. 과장되게 이야기하면서 종종 사람들의 반응을 살폈다. 상대에게서 연민의 빛을 조금이라도 발견하면 기운이 솟아나 손발을 다 써가며 이야기했고, 그러다 보면 쌓였던 우울함과 불쾌감이 눈 녹듯 사라졌다. 주변 사람들도 점차 그녀가 정말로 힘들어하는 것이 아니라 단순히 관심을 받기 위해 과장되게 말한다는 사실을 알게 되었다. 문정옥 씨는 마음속에 있는 불평불만을 다 쏟아내고 난 뒤에는 가벼운 마음으로 자리를 떴고, 떠나기 전에는 사람들과 악수를 하며 반복해서 감사의 뜻을 전했다.

어느 날 오후 휴식시간에 그녀는 동료들과 대화를 나누고 있었다. 이야기는 다시 그녀가 '고통스러워'하는 실연문제로 이어졌다. 동료들이 익히 봐왔던 대로 과장된 몸짓과 말투로 이야기를 했고, 이번에는 눈물까지 흘렸다. 그러나 여러 차례 그녀의 실연 이야기를 들어온 동료들은 별다른 감흥이 없었다. 게다가 매번 새로운 내용을 덧붙이는 그녀의 이야기를 믿는 사람은 아무도 없었다. 결국 한 명씩 핑계를 대며 자리를 떴다.

히스테리성 인격장애가 있는 직장인의 가장 큰 특징은 과장된 행동과 감정표현으로 사람들의 주목을 받고 싶어 한다는 것이다. 이런 부류의 인격장애는 일반적으로 여성에게 쉽게 볼 수 있으며 여러 연령대에서 고르게 분포되어 있다. 특히 중년층과 젊은 여성에게 자주 보이며 젊은 여성의 경우 대부분이 25세 이상이다.

한 젊은 여직원이 있었다. 그녀는 평소 잘 꾸미고 다니면서 어떻게든 남의 시선을 끌려고 노력했다. 그녀는 칭찬과 듣기 좋은 말만 듣기를 원했고, 자신의 의견에 반대하거나 질책하는 말을 듣는 것을 매우 싫어했다. 가벼운 비판도 확대해서 해석했고, 큰 논쟁이라도 있은 다음날에는 출근을 하지 않았다. 또한 마치 연예인처럼 배우와 가수의 말과 행동, 옷차림을 따라했다.

이러한 히스테리성 인격장애를 가진 직장인은 회사 관리자의 골머리를 앓게 하는 주범이다. 히스테리성 인격장애는 어려서 받은 가정교육과 깊은 연관이 있다. 부모의 지나친 사랑으로 과잉보호를 받은 경우, 육체는 이미 성장했으나 정신연령은 어린아이 수준에 머물러 이러한 인격장애가 나타난다.

● **연기하듯이 말하고 행동한다** 자신을 드러내기를 좋아하는 이들은 예술적 재능을 갖고 있어 말하는 것부터 울 때는 물론이고 웃는 것까지 실감나게 행동하여 사람의 마음을 움직인다. 그래서 이들을 '연기자'라고 표현하기도 한다. 과장되고 가식적인 표현과 괜한 허세를 부려 주의를 끌려고 한다.

● **공상에 빠지거나 암시의 영향을 쉽게 받는다** 이들은 자기암시뿐만 아니라 외부 암시에도 쉽게 영향을 받는다. 자주 공상에 빠지고 상상한 것을 현실로 간주한다. 현실에서 충분한 자극을 받지 못할 경우 상상을 통해서라도 감정적인 경험을 충족시키려고 한다.

● **자기중심적이다** 주변의 이목을 끌거나 칭찬받는 것을 좋아한다. 다른 사람이 자신의 비위를 맞춰줄 때는 즐겁게 지내지만 그렇지 않으면 상대를 심하게 공격한다.

● **목적을 달성하기 위해 수단과 방법을 가리지 않는다** 이들은 갖은 잔꾀를 부려서 사람들을 조종하려 든다. 예를 들어 멋대로 굴고 무리한 요구를 하며, 거짓말을 일삼고 아첨하며 남의 비위를 맞춘다. 심지어 고의로 자해를 하여 위협하기도 한다. 인간관계도 매우 피상적이다. 겉으로는 따뜻해 보이고 똑똑하며 다른 사람의 마음을 움직이는 것처럼 보이지만 실제로는 타인이 뭘 원하는지, 무엇이 필요한지에 대해 전혀 관심이 없다.

● **감정의 기복이 심하다** 감성이 풍부하고 열정이 넘치지만 그리 오래가지 못한다. 뜨거운 열정은 잠시 나타날 뿐 쉽게 식어버려 정서적으로 불안정하다. 가벼운 자극과 사소한 일에도 충격을 받는다. 이들의 과장된 반응은 교양이 부족하고 진정성이 없어 보여 꾀병을 부리는 것처럼 느껴질 수 있다. 그 외에도 내면이 미성숙하기 때문에 성적인 부분에 대해 지나치게 억제하거나 지나치게 예민하게 반응한다. 특히 여성의 경우 천진난만한 섹시함을 보이거나 지나치게 수줍어하면서 이성을 유혹하려 든다.

일반적으로 히스테리성 인격장애가 있는 직장인은 나이와 경력이 쌓여가면서 이러한 유해심리도 점점 완화된다. 하지만 인격장애가 완전히 치유되는 것은 아니므로 스트레스를 받으면 또다시 같은 증상이 나타날 수 있다.

😊 **심리 코칭** **히스테리성 인격장애는 이렇게 극복하자**

● **인격적 결함이 있음을 인정하고 나를 깊이 알아가자** 자신을 직시해야만 장점은 살리고 단점을 버림으로써 사회에 적응할 수 있다. 단점을 인정하지 않고 계속 가면을 쓰고 생활한다면 평생 '연극'을 하다가 생을 마칠 수 있다.

● **경박한 언행이 몸에 밴 것은 아닌지 살피자** 직장에서 하루 일과를 끝낸 후, 그날의 언행에 대해 객관적으로 생각해보아야 한다. 타인이 충분히 수용할 만한 것이었는지를 살펴보자. 왜 당시에는 그렇게밖

에 행동하지 못했을까? 왜 그 말을 했을까? 그 사람은 왜 화를 냈고, 나는 왜 화가 났을까? 또한 자신의 표현이 경박하거나 이기적이지는 않았는지 냉철하게 돌아보자.

친하게 지내고 싶은 동료들이 자신의 행동이나 언어 표현을 어떻게 느끼는지 귀 기울여 들어볼 필요가 있다. 상대방의 의견을 무조건 반박하지 말고, 가슴에 손을 얹고 자문해보자. 고의로 한 행동과 무의식적인 행동을 구분하고, 타인이 싫어하거나 좋아했던 행동은 무엇이었는지 살펴보자. 다른 사람이 싫어하는 행동은 고치도록 하고, 좋아하는 행동은 적당한 수준에서 강화한다.

무의식적인 행동들은 목록을 만들어 눈에 잘 보이는 곳에 두고 자주 되새겨야 한다. 자신이 비정상적인 행동을 보이면 동료들에게 상기시켜 달라고 부탁해도 좋다. 아니면 오늘 하루 자신의 모습이 어떠했는지 동료들의 평가를 받으면 과격했던 언행을 자제하게 되므로 자연스레 조절이 된다.

동일한 문제가 발생했을 때는 반드시 심리상태를 조절해야 하며 좋은 습관을 위해 인내심을 길러야 한다. 정신적 충격이 크다고 해도 제멋대로 말하거나 행동하는 것을 자제하는 것이 좋다.

● **독서의 도움을 빌려 자기계발에 힘쓰자**   정상적인 인생관, 사교 방식, 업무 방법 등을 익히려면 관련 서적을 읽는 것도 좋다. 또 일기를 쓰면서 하루 일과를 반성하고 그날의 심리변화를 정리하다 보면 타인을 어떻게 대해야 하는지 알 수 있다.

이를 통해 진정 자신이 원하는 것이 무엇이며, 불만과 걱정을 해결해 나가는 방법을 찾을 수 있다. 내면의 욕구를 통제하여 심리변화에 일희일비하지 않는 것이 좋다.

● **기분이 고조될 때는 묵상을 하며 마음을 다스리자**   자기중심적인 태도를 버리고 주변 사람을 이해하면서 잘못된 언행습관을 반성해야 한다. 진지하고 정직하게 자신을 돌아보면서 활기를 찾도록 노력하라. 흥분했을 때는 하던 일을 잠시 접어두고 조용한 시간을 갖는 것도 좋다. 이는 마음을 평온하게 하는 좋은 방법이다. 조용히 앉아 묵상하면서 내면의 소리에 귀를 기울이면 마음도 편안해진다.

● **연기를 잘한다는 점을 제대로 활용하자**   히스테리성 인격장애, 즉 연극성 인격장애를 가진 사람들은 보통 예술적 재능이 뛰어난 경우가 많다. 그러므로 연기에 흥미가 있다면 예술적 표현을 통해 자신의 능력을 발휘하는 것도 좋다. 사실 대부분의 예술가들은 자신을 포장하고 과장한다. 관중이 극에 몰입할 수 있도록 연기자들은 자신만의 표정과 언어로 감동을 주고자 한다. 그러므로 연극성 인격장애자들의 경우 연기에 온 힘을 쏟는 것도 치료의 한 방법이다.

4 | 공격성 인격장애
– 충동적 행동을 억제하고 자제력을 길러라

충동적 행동은 후회를 불러온다는 사실을 알면서도 어떤 직장인들은 사소한 일로 발끈해 후회막급한 행동을 저지르고 만다.

지태현(가명) 씨는 대기업 관리직에 있는 유능한 사원이다. 업무능력을 비롯해 문장력도 회사에서 으뜸이었으며, 상사도 이 점을 충분히 인정해주었다. 사람들은 평소 열정적이고 대범하며 솔직담백한 그녀를 좋아했다. 그러나 바로 이 점이 그녀의 걸림돌이 되었다. 지태현 씨처럼 솔직하고 꾸밈없는 성격은 회사 측에 부담으로 작용할 가능성이 크다.

　얼마 전 그녀는 회사에서 경력, 능력, 실적에서 자신보다 못한 동료 여사원이 승진했다는 소식을 듣고 매우 화가 났다. 상사는 평소에도 이 여사원에게 승진이나 임금 인상 등 좋은 기회를 제공하며 특별대우를 해주었다. 지태현 씨는 자신보다 능력이 뒤지는 직원이 1년 만에 세 번이나 '파격적'인 승진을 한 사실을 도무지 받아들일 수가 없었다. '온종일 쉴 새 없이 업무를 처리하고 상사가 시키는 일은 뭐든 훌륭하게 처리했는데 자신은 왜 그에 걸맞은 대우를 받지 못하는 걸까?'

자신보다 여러 가지로 부족하다고 생각되는 직원이 승진을 거듭했다는 사실에 머리끝까지 화가 난 지태현 씨는 흥분해서 상사에게 달려가 항의를 했다. 그리고 정확한 '시시비비'를 가리자고 했다. 하지만 상사 쪽에서도 정당하고 합리적인 이유를 준비해놓은 상태였다. 화가 풀리지 않은 지태현 씨는 결국 자기 분에 못 이겨 사직서를 던졌다. 그러나 자신의 물건을 정리해 회사에서 나오는 순간, 갑자기 후회가 물밀듯이 밀려왔다. 이렇게 충동적으로 행동해서는 안 된다고 생각했지만 이미 후회하기에는 너무 늦어버렸던 것이다.

직장생활을 하다 보면 이런 사람들을 쉽게 볼 수 있는데, 위의 사례가 바로 공격성 인격장애의 전형적 특징이다. 공격성 인격장애는 말과 행동에서 충동적인 경향을 보이기 때문에 폭발성 혹은 충동성 심리장애자로 분류되기도 한다. 공격성 인격장애가 있는 사람은 조급하고 화를 잘 내며 변덕스러워 앞으로 어떤 행동을 할지 예측할 수가 없다. 공격적인 행동을 하기 전에는 매우 긴장하지만 일단 저지르고 나서는 개운해하고, 자신의 거친 행동에 후회나 죄책감을 느끼지 못한다. 이들은 인간관계가 불안정하고 타인과 조화로운 관계를 유지하기 힘들다.

심리학자들의 연구 결과에 따르면 충동적인 사람은 자신감이 부족한 경우가 많은데, 이러한 충동성은 부족한 자신감을 커버하기 위한 보호막이라고 할 수 있다는 것이다. 또한 돌발사건이 발생했을 때 보이는 충동적 행동은 쾌감을 느끼게 한다고 한다.

공격성 인격장애를 극복하려면 직장에서 '충동적 행동이 야기한 대가로 받는 충동적 처벌'을 받지 않도록 자제력을 강화하는 것이 좋다. 자제력이 강화되어야 충동적으로 행동하는 나쁜 버릇을 고쳐 그에 따르는 처벌을 모면할 수 있기 때문이다.

😊 심리 코칭 공격성 인격장애는 이렇게 극복하자

● **자아를 분석하고 명확한 목표를 정하라** 자신이 어떤 상황에 직면했을 때 자제력을 잃어버리는지 분석한 후, 단계적으로 목표를 설정해서 자제력을 기르는 데 집중한다. 나아가 자신의 욕구를 분석해서 나쁜 면은 버리고, 좋은 면은 강화함으로써 충동적 욕구를 억제한다.

● **동기 부여를 강화하라** 심리학적 연구에 따르면 개인의 인식 수준과 동기부여 수준은 자제력에 지대한 영향을 미친다는 사실이 밝혀졌다. 만약 일에 대한 성취동기가 강하고 이상이 높다면 갖가지 유혹을 떨쳐내고 부정적인 심리의 영향에서 벗어날 수 있다. 또한 이런 사람은 어떤 문제와 맞닥뜨려도 장기적인 목표와 성취에 집중하므로 자제력을 강화할 동기를 마련할 수 있다.

● **가벼운 훈련부터 시작하라** 자제력은 공부, 생활, 업무 등 사소한 것에서부터 단련해야 한다. 아주 사소한 것처럼 보이는 일들이 자제력

을 강화하는 데 영향을 준다. 아침 정시에 기상하는 것, 제도와 규칙을 엄격히 준수하는 것, 계획을 세워 공부하는 것 등이 포함된다. 작은 물방울이 모여 큰 바다가 되듯이 이런 사소한 훈련들이 자제력을 강화하는 데 큰 도움이 된다.

● **양보와 타협을 허용하지 마라**　자제력을 기르기 위해서는 결연하고 강력한 의지력이 있어야 한다. 어떤 일이든지 옳지 않다는 사실을 알았다면 당장 잘못된 습관을 버려야 한다. 이때 절대 양보하거나 타협해서는 안 된다. 또 어떤 일에 대해 이미 결정을 내렸다면 흔들림 없이 행동에 옮겨야 한다. 이미 내린 결정은 절대 번복해서는 안 된다. 또한 무언가를 결정한 뒤 중도에 포기하는 것은 자제력을 크게 약화시킨다.

● **경계심을 늦추지 마라**　공부하다가 텔레비전이 보고 싶은 유혹이 생길 때는 즉시 자신에게 경고하고 억제해야 한다. 또한 어려운 문제에 맞닥뜨렸을 때는 절대 현장에서 도망치지 말라고 자신에게 경고해야 한다. 이런 방법으로 스스로를 억제하고 나약함을 극복하다 보면 자신도 모르게 자제력을 강화하게 된다.

● **자기암시와 격려를 하라**　자제력은 대부분 자기암시와 격려 등 잡념을 통제하는 과정에서 생겨난다. 어떻게 하면 잡념을 통제할 수 있을까? 긴장되는 일을 하기 전에 반복해서 자신감을 북돋아주고, 힘이 나는 말을 생각하는 것이 좋다. 아니면 좌우명을 정해 시시때때로 자신에게 일깨우는 방법도 있다. 위기가 닥쳤을 때 "침착해. 냉정하게

생각하자."라는 말로써 심리를 조절하고 의욕을 북돋울 수 있다.

● **긴장 완화 훈련을 하라**　한 연구에 따르면 불안감과 긴장감이 지속되면 자제력이 약해지거나 아예 사라질 수도 있다고 한다. 이때 긴장감을 풀어주는 안마나 가벼운 스트레칭을 하면 좋다. 이러한 활동은 심장박동을 느리게 하거나 호흡을 조절해주며, 근육을 이완시켜 신체적 긴장을 풀어줌으로써 심리상태를 조절해준다.

● **꾸준히 인격을 단련하라**　직장에서 펼쳐지는 치열한 경쟁을 이겨내려면 부단히 인격을 단련해야 한다. 인격을 성숙시키는 가장 좋은 방법은 끊임없이 자신에게 도전하는 것이다. 이때 세 가지를 명심해야 한다. 첫째, 인격을 성숙시키려면 굳은 의지와 끊임없는 노력이 필요하다. 둘째, 자신의 능력이 어느 정도인지를 알고 노력해야 할 방향을 명확하게 정해야 한다. 셋째, 인격이 단련되고 성숙해지기까지는 끊임없는 반성과 조절이 필요하다. 고통을 인내로서 참아내고 심리적 압박감을 의연히 견뎌냈을 때 이상적 자아와 현실의 자아가 조화를 이루어 성숙한 인격을 갖게 된다.

• • •

직장에서는 능동적이고 공격적 성격장애 외에도 수동적인 방법으로 강력한 공격성을 드러내는 수동공격성 인격장애를 보이는 사람이 있다. 이런 사람들은 겉으로는 수동적 태도를 보이며 고분고분하게 행동하지만 그 속에는 적개심과 공격성으로 가득 차 있다. 예를

들면 약속시간에 고의로 늦게 도착하거나 전화를 받지 않고 문자에
도 답하지 않으며, 일부러 일을 망쳐서 업무 진행을 막는다.

　또한 다른 사람의 말을 듣지 않고 고집을 부리며 시간을 질질 끌
어 일을 망치거나 방해한다. 이런 유형의 사람들은 적개심과 공격적
성향이 몹시 강하지만 직접 표출하지는 못한다. 또한 속으로는 온갖
불평불만을 토로하지만 권위에 의존적이다.

　　스물아홉 살의 직장인 하명석(가명) 씨는 업무 중 '착오'로 회사에 엄청
　　난 손실을 입혔다. 회사 측에서는 그가 고의로 실수한 것은 아닌지 알
　　아보기 위해 그의 부모와 함께 심리상담사를 찾아갔다.

　　심리상담사 앞에서 털어놓은 이야기를 종합해본 결과 하명석 씨는
　　괴팍한 성격에 내성적이며 말수도 별로 없는 사람이었다. 일할 때 꼼
　　꼼하게 마무리를 못짓고 늘 꾸물댔으며 진취적이거나 적극적이지도
　　않았다. 누구나 그의 그런 태도가 눈에 거슬렸다.

　　반년 전의 일이다. 일의 진척이 너무 느리자 상사는 그를 질책했고,
　　하명석 씨는 상사의 질책에 불쾌해했지만 두드러지게 행동하지는 않
　　았다. 그런데 그 후 그의 손을 거친 제품은 모두 불량품이란 판정을
　　받았다. 상사의 질책은 갈수록 심해졌고, 그와 비례해 그는 더 많은
　　문제를 일으켰다.

　　그가 가진 지능과 능력을 고려할 때 충분히 해낼 수 있는 일을 제대
　　로 해내지 않았다. 하명석 씨는 온갖 이유를 갖다대며 고의로 그런 것
　　이 아니라고 주장했다.

　　부모는 그의 성격이 어려서부터 독특했고 소통이 힘든 아이였다고
　　말했다. 하지만 다른 사람과 크게 분란을 일으킨 적이 없어서 별다른
　　문제를 발견하지 못했다는 것이다.

사실 하명석 씨의 이런 모습은 전형적인 인격장애 증상으로, 정신병리학자는 이런 유형을 '수동공격성 인격장애'라고 부른다. 이러한 인격장애가 있는 사람은 소극적이고 고약한 면이 있으며, 겉으로는 드러내지 않지만 마음속에 불만을 품고 사람과 일에 대해 공격을 가한다.

☻ 증상 진단 | 수동공격성 인격장애는 어떤 특징을 보일까?

- 하기 싫은 일을 시키면 속으로는 화가 나도 드러내놓고 논리적인 방법으로 불만을 털어놓지 않는다.
- 고의로 일을 지체시키거나 반드시 마쳐야 하는 중요한 사안을 질질 끈다. 특히 마음에 안 드는 사람이 기한에 맞춰서 일을 마치라고 할 경우 수동공격성은 더욱 심해진다.
- 하기 싫은데 거절할 핑계를 찾지 못하면 일부러 게으름을 피우거나 일을 엉망으로 해놓는다.
- 마음속으로 상대가 불합리한 요구를 한다고 비난하거나 자신의 잘못된 생각을 옳다고 단정지으며, 윗사람을 무시하고 경멸한다.
- 자신이 해야 할 일을 회피함으로써 조직 전체의 이익에 악영향을 끼친다. 자신이 속한 부서나 다른 직원의 업무를 방해함으로써 자신의 존재감을 알리고 싶어 한다.
- 책임감을 회피하면서 최선을 다했다고 하거나 잘못을 지적하면 엉뚱한 핑계를 댄다.
- 내향적이고 성격이 괴팍하며 소심하다. 뒤끝이 길고 대인관계가

좋지 않다.

이러한 행동적 특징을 살펴볼 때 여러 심리문제를 발견할 수 있다. 그중 가장 두드러진 특징은 합리적이고 적합한 방식으로 불편한 마음을 털어놓지 못한다는 것이다. 이들은 타인과의 소통방식을 잘 알고 있으면서도 소통하길 꺼린다. 온갖 불평불만이 가득하면서도 시원하게 자신의 속마음을 털어놓지 못한다. 또한 다른 사람은 자신의 마음을 모른다는 생각에 빠진 채 주어진 일을 망침으로써 스트레스를 '배출'한다. 이러한 건강하지 못한 심리와 행동양식은 즉시 교정하지 않으면 나중에 다른 사람과 회사, 나아가 스스로를 나락에 떨어지게 한다.

😊 심리 코칭　수동공격성 인격장애를 치유하려면 이렇게 해보자

● **책임감과 주인의식을 고취하자**　이런 인격장애가 있는 직장인은 일반적으로 다른 사람에게 보여주기 위해서 일을 한다. 따라서 일을 잘하느냐 못하느냐는 별로 중요하게 생각하지 않으며, 책임감도 부족하다. 그러므로 고난도의 업무를 책임지는 자세를 단련시켜야 한다. 자신이 해낸 일이 인정을 받으면 주인의식이 생기고, 부정적 심리의 영향도 줄어든다.

● **고통을 성공으로 승화시키고 부족한 점을 보완하자**　업무 중에 실패를 겪거나 불만족스러운 일이 있다면 더 높은 수준의 목표를 정해 일

에 매진해보자. 공격적 에너지를 업무에 집중시켜 일의 수준을 한 단계 업그레이드하는 것이다. 또 성공할 가능성이 큰 목표를 선택해 부족한 점을 보완해보자. 그러면 직장 동료들의 인정도 받고, 능력을 한껏 발휘할 수 있으므로 심리적 만족감을 얻을 수 있다.

● **배우고 싶은 롤 모델을 설정하자** 이러한 인격장애를 가진 사람들은 보통 롤 모델이 없다. 롤 모델을 설정하고 그 사람이 어떻게 성공했는지 이해하면 힘을 얻을 수 있다. 그들 역시 평범한 사원에서 한 계단씩 성장하여 지금의 성공을 거두었다는 사실을 깨닫는다면 소극적이고 태만한 업무 태도가 바뀔 것이다.

직장인은 자신을 제대로 아는 것이 매우 중요하다. 직장인 중에는 자기 생각만 고집하고 다른 사람의 충고를 받아들이지 못하며, 자신이 고집불통이라는 사실을 깨닫지 못하는 사람이 있다. 이것이 바로 직장에서 나타나는 편집성 인격장애의 전형적 증상이다. 이들은 자신을 잘 모르기 때문에 편집증적인 행동을 보인다는 사실을 부정한다. 물론 최근에는 이런 인격장애를 가진 사람이 매우 소수인 것으로 조사되었지만 자신의 장애를 모르거나 그 사실을 부정하기 때문에 정확한 수치라고 보기는 어렵다.

이혁(가명) 씨는 어느 날 전 직원 앞에서 상사에게 야단을 맞았다. 그가 제출한 기획서에 전문용어를 잘못 쓴 것이 이유였다. 그 순간 이혁 씨는 상사의 말을 반박하고 정확한 근거를 들어가며 자신의 주장을

250

펼쳤다. 양측이 팽팽하게 맞선 가운데 결국 불편한 분위기에서 미팅이 끝났다. 그 후 이혁 씨는 여러 관련 자료를 찾아본 결과 자신의 주장이 옳았음을 확신했고, 상사에게 증거자료를 보여주었다. 상사는 잘못을 인정하고 그의 진지한 태도를 칭찬했다.

이때부터 이혁 씨는 다른 사람으로 변해버렸다. 그가 일을 잘못 처리하여 상사가 관련 자료를 제시하며 잘못을 지적해도 절대 인정하려 하지 않았다. 늘 상사의 생각이 잘못된 것이고, 자신은 옳다고 생각했다. 그는 상사가 자신에게 누명을 씌우려 한다고 생각했기 때문에 질책을 수용하지 않았고, 상사의 지시를 따르지도 않았다. 무조건 상사의 의견에 반기를 들어 상사를 힘들게 했다. 하지만 상사는 그가 훌륭한 인재라고 생각해 아꼈으므로 이혁 씨를 내보내지는 않았지만 그에게 좋지 않은 감정이 생겼다.

이혁 씨가 이런 고집불통에 자신의 의견만 내세우는 예민한 사람으로 변한 것은 모두 그의 심리적 문제 때문이다. 심리학에서 말하는 편집증이 작동한 것이다. 이런 사람은 일반적으로 고집불통에 자신의 의견을 끝까지 내세우며, 의심이 많고 예민해지기 일쑤다. 또 마음이 좁고 복수심을 갖는 등의 심리적 특징을 보인다. 게다가 다른 사람이 자신에게 꿍꿍이를 가지고 있으며, 자신을 견제하기 위해 친절을 베푼다고 생각한다. 이렇게 온종일 타인을 의심하며, 호의도 악의로 받아들인다. 심지어 공연히 말썽을 피워서 인간관계를 불편하게 만들며, 주변 동료들에게 소극적으로 대한다. 이러한 심리상태는 자칫 심각한 편집증으로 이어질 수 있으며, 오랫동안 지속될 경우 전 생애에 부정적인 영향을 끼친다.

- 지나치게 예민하고, 모욕을 받거나 상처를 입으면 이를 마음에 쌓아둔다.
- 융통성이 없고, 고집불통에 의심이 많고 옹졸하다.
- 질투심이 강하고, 다른 사람이 성공하거나 명예를 얻으면 불안해한다.
- 질투에 사로잡히면 다른 사람의 일에 대해 트집을 잡거나 뒤에서 험담을 하고, 공개적으로 원망과 비난의 화살을 보내기도 한다.
- 자신이 대단하다고 착각하여 우쭐대기를 좋아한다.
- 자신을 과대평가하며 모든 실패의 책임을 다른 사람 탓으로 돌린다.
- 일이든 공부든 과장해서 표현한다.
- 열등감이 심해서 타인에게 지나치게 높은 수준의 인격을 요구하면서도 상대의 속마음이나 행동의 동기를 믿지 않는다.
- 정확하고 객관적으로 상황을 분석하지 못하며, 모든 문제를 감정적으로 대응하고, 단편적이고 주관적으로 사고한다.

심리 코칭 **편집성 인격장애를 극복하려면 이렇게 해보자**

● **타인을 신뢰하라** 편집성 인격장애를 겪고 있는 사람은 주변 사람들에게 적대감을 갖기 쉽다. 다른 사람에 대해 믿음이 없고, 모두가 자신에 대해 적대적이라고 믿고 있으며, 이해관계를 놓고서는 자신과

충돌을 피할 수 없을 것이라고 생각한다. 이런 심리를 가진 사람은 다른 사람을 잘 알지도 못한 상태에서 선입견부터 가지기 때문에 모든 사람이 자신에게 나쁜 감정을 품고 있다고 착각한다.

이런 심리적 영향에서 오랫동안 벗어나지 못하면 편집증적 현상이 심해진다. 그러므로 편집증적 심리를 치유하려면 우선 다른 사람을 신뢰하는 것이 중요하다. 진심으로 마음을 열고 사람들과 사귀도록 노력해야 하며, 다른 사람의 말과 행동에 악의가 없다는 것을 믿어야 한다. 쓸데없는 잡념이 솟구칠 때는 즉시 생각을 멈추면 편집성 인격장애를 고치는 데 도움이 된다.

● **타인의 충고를 받아들여라**　편집증적 증상이 있는 사람은 누군가로부터 충고를 받으면 상대가 악의를 가지고 있다는 생각에, 그들이 고의적으로 자신을 힘들게 한다고 착각한다. 즉 자신이 승승장구하는 것에 질투심을 느껴 충고와 질책을 가한다고 생각하는 것이다. 그런 생각이 타인과 자신 사이에 벽을 만드는 바람에 타인의 충고를 받아들이지 않고, 냉랭하게 악담으로 대응한다. 이런 모습은 편집증을 더욱 심화시킬 뿐이다. 넓은 아량으로 다른 사람의 충고를 받아들이고, 이치에 맞는 말인지 진지하게 생각해본 뒤 잘못된 부분은 고치도록 노력하라. 겸손하고 넓은 포용력을 갖는다면 옹졸한 생각이 끼어들 틈이 없을 것이다.

● **주의를 분산시켜라**　어떤 일이나 사람에게 지나치게 집착한다고 느껴지면 즉시 주의를 분산시켜야 한다. 한 가지 일이나 특정인에게만 주의를 기울이지 말고 더 중요한 일에 집중하거나 친한 친구와 만

나 대화를 나누는 것이 좋다. 그래야만 편집증적 경향이 더 이상 발전하지 않는다. 누구나 어느 정도 시간이 지나고 나면 처음 느꼈던 불쾌감은 점점 사라지고 자연스럽게 평정을 되찾을 수 있다.

● **사람을 사귀는 훈련을 하라** 능동적이고 적극적인 태도로 친구를 사귀어라. 친구를 사귀면 다른 사람을 믿을 수 있게 되고 불안감도 해소할 수 있다. 단 친구를 사귈 때는 반드시 진실한 마음으로 사귀어야 한다. 세상에는 우호적이고 신뢰할 만한 사람이 많다는 사실을 믿어야 한다. 마음에 맞는 사람과 우정을 나누게 되면 편집증적 심리 문제가 해소되고, 서로 도움을 주고받는 동안 정서적인 교류가 일어나 심리장애에서 벗어날 수 있다.

친구를 사귀고 싶다면 먼저 상대방에게 도움을 주어야 한다. 이를 통해 서로 마음을 나눌 수 있고, 상대방과의 신뢰관계가 견고해진다. 특히 친구가 어려움에 처했을 때 최선을 다해 도와주자. 함께 고난을 겪으며 진심을 나누다 보면 신뢰와 우정은 더욱 굳건해질 것이다.

친구를 사귈 때는 '심리적 조화'가 매우 중요하다. 성격, 기질이 비슷하거나 일치하면 서로 마음을 나누고 건강한 우정을 이어가는 데 문제가 없다. 그 외에도 성별, 나이, 직업, 문화수준, 경제수준, 사회적 지위, 취미 등에서도 서로 잘 맞는지 고려해야 한다. 그러나 가장 기본적인 조건은 바로 사고방식과 인생관이다. 서로 뜻과 목표가 같아야만 견고한 우정을 쌓을 수 있기 때문이다.

● **비이성적인 사고방식에서 탈피하라** 편집성 인격장애를 가진 직장인에게는 다음과 같은 비이성적인 사고방식이 나타난다. '불성실한

사람은 절대 용납할 수 없어. 세상에 좋은 사람은 없어. 믿을 수 있는 사람은 나뿐이야. 다른 사람이 공격하면 무조건 강하게 반격해서 내가 만만한 사람이 아니라는 것을 보여줘야 해. 부드러운 모습은 약한 사람이라는 인식을 심어줄 뿐이야.' 등이다. 그러므로 이런 부정적인 생각을 바꾸고 극단적인 사고방식을 개선해야만 인격장애에서 벗어날 수 있다.

자신이 장애가 있다는 게 감지된다면 이렇게 생각하는 게 좋다. '내가 무슨 독불장군에 독재자도 아니고 어쩌다 실수한 건 용서해야지. 세상에 나쁜 사람도 있지만 좋은 사람도 있다는 사실을 믿어야해. 다른 사람의 공격에 곧바로 대응하는 것은 지혜롭지 못해. 공격할 만한 가치가 있는지 판단하는 것이 중요해. 감정을 생각 없이 표출하는 것 자체가 연약한 모습을 보이는 거야.'

또한 비이성적인 옛 자아가 꿈틀대며 고개를 들면 합리적인 사고로 극단적인 행동을 막아야 한다. 때로는 자신도 모르는 사이에 극단적인 행동을 할 수도 있다. 이때는 자신이 어떤 생각으로 극단적인 행동을 하려 하는지 분석하여 비이성적인 관점을 찾아낸 후 다시는 같은 실수를 번복하지 않도록 고치면 된다.

● **적개심을 풀어라** 편집성 인격장애가 있는 직장인은 적개심의 늪에 빠지지 않도록 자주 자신을 일깨워야 한다. 미리 자신에게 경고를 하면 적개심이 나타났을 때 평정을 찾을 수 있다.

다른 사람을 존중할 줄 아는 사람만이 존중받을 수 있는 법이다. 나를 도와준 사람에게는 진심으로 감사의 말을 전해야지, 대충 "고맙습니다."라는 형식적인 인사로 넘기려 해서는 안 된다. 그냥 넘어가는 것은 더더욱 안 될 말이다. 그리고 주변 사람들을 웃으면서 대하자. 습관을 바꾼다는 것은 처음에는 남의 옷을 입은 것처럼 어색해도 계속 노력하다 보면 개선이 된다. 또 생활 속에서 양보와 인내심을 보여야 한다. 복잡한 세상을 살다 보면 어쩔 수 없이 타인과 충돌하기도 하고 다툼이 생길 수 있다. 이때 참고 양보하는 미덕을 베풀어라. 분노에 휩싸인 상태에서 주체할 수 없을 정도로 화를 내게 되면 남는 것은 후회밖에 없다.

6 | 신경쇠약
– 지친 마음을 위로하라

신경쇠약에 관한 우스갯소리가 있다. 한때 미국 상류사회에서는 신경쇠약이 유행한 적이 있었다. 심지어 신경쇠약이 있다는 것을 근거로 고귀한 신분임을 자랑하려고 했다. 신경쇠약은 보통 고등교육을 받고, 정신노동을 하는 섬세한 사람에게 쉽게 발병하기 때문이다.

현대를 사는 우리에게는 너무나도 우습게 들리지만 신경쇠약은 확실히 고등교육을 이수하고 정신노동을 하는 사람들에게 쉽게 나타난다. 갈수록 정신노동에 종사하는 직장인이 늘어나면서 신경쇠약을 앓는 사람들도 확연히 증가하고 있다. 게다가 이는 유독 여성에게 쉽게 눈에 띈다.

20대 후반의 직장인 김주형(가명) 씨는 최근 석 달 동안 제대로 잠을

4장 직장인의 심리장애와 증상 조절 257

이루지 못했다.

"잠이 안 와서 한밤중에 일어나 텔레비전을 보기도 해요."

수면제도 먹어봤지만 별다른 효과를 보지 못했다. 게다가 기억력이 점점 감퇴하여 때로는 저녁식사를 하면서 누군가가 점심식사 메뉴가 뭐였냐고 물어봐도 기억이 나지 않았다.

게다가 늘 두통을 호소하면서 쉽게 짜증을 냈고, 하는 일이 조금만 풀리지 않아도 버럭 화를 냈다. 하루는 저녁식사 중에 좋아하는 국을 끓여주지 않았다는 이유로 밥숟가락을 놓아버렸다. 그러고도 가족들과 며칠 동안 말도 섞지 않았다. 이런 상황에 이르자 가족들은 그녀를 데리고 병원에 가서 심리검사를 받았다. 그 결과 김주형 씨는 일에 대한 과도한 스트레스로 신경쇠약을 앓고 있음이 밝혀졌다.

신경쇠약은 현대 직장인에게 흔하게 나타나는 증상으로, 세심하고 예민한 젊은 여성에게서 쉽게 볼 수 있다. 직장생활을 하는 여성들은 경쟁이 치열한 직장에서 눈 코 뜰 새 없이 바쁘게 일하면서 상사, 동료, 고객들과 무난하게 지내야 하고 연애, 결혼, 가정을 꾸리는 일 등 현실적인 문제도 등한시할 수 없기 때문에 갖가지 스트레스에 시달린다. 이들 직장 여성들은 모든 일에 최선을 다하려 하지만 늘 결과물이 만족스럽지 못하다. 그러다가 일단 심리적 균형을 잃게 되면 결국에는 신경쇠약으로 고통받는다.

신경쇠약은 각종 원인으로 대뇌피층의 억제 과정이 약화되어 발생한다. 억제과정은 흥분과정보다 비교적 늦게 발달해서 일정량 이상의 충격을 받게 되면 약화된다. 그래서 고차신경활동으로 과도한 긴장감이 발생하면서 균형을 잃거나 혹은 다른 유해요소와 충돌할 때 쉽게, 그리고 가장 먼저 손상된다. 억제과정은 신경쇠약 초기단계에 흥분과정과 서로 상충된다. 이때 환자의 감정 억제능력이 약화되어 통제력을 잃어버릴 경우 평소 충분히 억제할 수 있었던 분노와 불안정한 모습을 표출하고 만다.

흥분하면 할수록 신경세포의 에너지가 소모되고 고차신경활동에서의 흥분과 억제 질서가 흔들린다. 뿐만 아니라 억제과정이 약화되어 신경세포의 회복능력이 감소하면서 신경세포의 에너지가 소모된다. 결국 환자는 쉽게 흥분하고, 그만큼 빨리 가라앉는다.

중추신경계는 신체의 각 영역을 이끌어주는 역할을 한다. 다행히 대뇌피질의 신경세포는 상당히 강한 내성을 지니고 있어 웬만해서는 신경쇠약이나 정신적 혼란을 겪지 않는다. 정신노동 후 긴장해서 피로를 느낄 수는 있지만 적당한 휴식과 수면을 취하면 금세 회복된다. 하지만 극도의 긴장상태에서 활동하던 신경이 극한의 상황에 부딪히면 견디지 못하고 신경쇠약 증상이 나타난다.

◉ 증상 진단 │ 신경쇠약 여부를 판단하는 기준은 무엇일까?

● **쇠약해짐** 신경쇠약의 기본증상은 신경이 예민한 상태를 말한다. 생각대로 몸이 따라주지 않고 활기가 없으며, 이해력이 떨어진다. 사지에 힘이 없어 피곤하고 잠자리에서 일어나기 싫다. 특히 한 가지 일에 오랫동안 몰두하는 것이 어렵고, 생각하는 것조차 힘들어 업무 효율이 눈에 띄게 저하된다. 게다가 충분히 휴식을 취해도 피로가 가시지 않는다.

● **흥분** 쉽게 흥분하며 자신도 모르게 자꾸 과거에 있었던 일을 떠올린다. 특히 잠들기 전에 이런 증상이 심하다. 사람에 따라 잠잘 때 작은 소음이나 희미한 빛줄기에도 민감하게 반응하기도 한다.

● **정서적 반응** 늘 마음을 졸이고 화를 낸다. 자제력이 약해지면서 내면을 통제하지 못해 쉽게 충격을 받고 우울해하며 걱정이 많다.

● **긴장성 두통** 긴장감에서 비롯된 두통 발생으로 머리가 띵하고 무겁게 느껴진다. 무언가가 머리를 누르는 것 같기도 하고 목이 뻣뻣해지며, 허리가 쑤시는 등 전신 근육통에 시달린다.

● **수면장애** 엎치락뒤치락해도 쉽게 잠들지 못해 마음이 조급해지고 잠은 더 이상 오지 않는다. 잠을 잔다고 해도 꿈을 너무 많이 꾸고, 쉽게 잠에서 깨거나 깊이 잠들지 못해 제대로 잔 것 같지가 않다. 이런 사람은 자고 일어난 후에도 피로가 가시지 않는다. 수면 리듬이 깨어져 저녁 식사가 끝나기가 바쁘게 잠자리에 들고 싶지만 막상 잠자리에 들면 정신이 말짱해져 잠을 이룰 수가 없다. 또한 실제로는 수면 상태가 유지되고 있었으나 전혀 잠을 잔 것 같지 않은 경우도 있다.

● **심리적·생리적 장애** 앞에서 언급한 신체적인 병리증상 외에도 다음과 같은 심리적·생리적 장애가 있다. 어지러움, 침침함, 이명, 두근거림, 숨가쁨, 가슴 답답함, 복부팽만감, 소화불량, 빈뇨 증상, 다한증, 발기부전, 조루, 생리불순 등이다.

● **일과 휴식을 적절히 배분하고 식이요법과 운동을 병행한다** 업무시간이나 공부시간, 휴식시간을 적절히 배분하여 규칙적으로 생활한다. 뇌를 과학적으로 이해하고 대뇌가 지나치게 피곤해지지 않도록 주의하라. 또 정해진 시간에 식사를 하라. 건강하고 규칙적인 식습관은 소화기관을 비롯한 심신건강에 유익하다.

또 음식의 간은 되도록 싱겁고 담백하게 하고, 매 끼니 식단을 바꾸는 것이 좋다. 이때 마음을 안정시키고 뇌를 건강하게 하는 음식을 섭취하면 신경쇠약 완화에 효과적이다.

태극권, 파워 워킹, 조깅, 탁구, 농구 등과 같은 운동도 신경쇠약 완화에 도움이 된다. 매일 장거리를 산책하는 것은 흥분된 대뇌피질을 조절하는 데 큰 도움이 된다.

● **암시치료와 이완요법으로 치료한다** 정신적·신체적 이완을 통한 행동암시 치료법이다. 즉 전신 근육에 힘을 빼면서 마음속의 긴장도 함께 푸는 것이다. 구체적인 단계는 다음과 같다.

– 1단계 : 편안한 자세로 소파나 침대 위에 누운 채 눈을 감고 모든 신경을 머리에 집중한다. 이를 악물고 양쪽 뺨을 긴장시켰다가 입을 탁 풀어주면 악물었던 근육이 풀리면서 머리의 뼈와 근육이 이완된다.

– 2단계 : 신경을 경추에 집중하고 목의 근육을 긴장시켰다가 쑤시는 느낌이 들 때 목의 근육을 풀어주면 가뿐해진다.

– 3단계 : 두 손에 쥐가 날 정도로 힘을 주고 꽉 쥐었다가 손을 천

천히 펴는 동작을 릴렉스해질 때까지 반복한다.

－4단계 : 위의 각 단계의 방법들처럼 어깨, 복부, 다리에 신경을 집중하다가 점점 느슨하게 풀어준다. 마지막으로 2~3분 동안 전신에 힘을 빼고 편안한 상태를 유지한다.

● **안마요법으로도 치료가 가능하다** 개인적인 증상에 따라 안마시간과 방법이 다르다.

－초조하고 쉽게 흥분하는 경우

엎드린 채 3~4분 동안 등을 가볍게 주물러준다. 반듯하게 눕거나 앉은 채로 양손 엄지의 중간 부분을 들어 이마와 눈썹 부분을 약 2분간 문지른다. 엄지손가락 끝부분으로 인당혈(양 미간의 중간 부분)부터 시작해서 머리 정중앙선을 따라 정수리와 머리 뒤쪽까지 3~5회가량을 반복해서 눌러준다. 양쪽 어깻죽지와 팔 위쪽 부분을 부드럽게 눌러주고, 7~10분 동안 위쪽 팔을 가볍게 흔들어준 후 내관혈(손목의 안쪽 주름 부분에서 팔 쪽으로 6cm 정도 내려온 곳을 말하며, 두 개의 큰 힘줄 중간에 있다.), 신문혈(손바닥의 손목 부분이 새끼손가락과 만나는 우묵한 곳), 장문혈(제11늑골 끝으로 팔꿈치를 구부려 몸에 딱 붙였을 때 팔꿈치 끝이 닿는 위치) 등을 눌러준다.

－기운이 없을 때

낮에 안마를 하면 정신이 번쩍 들면서 사기를 진작시킬 수 있다. 침대에 엎드려서 2분 동안 등과 척추 양쪽을 빠르고 강하게 안마한다. 엄지로 눈 주변의 찬죽혈(눈썹이 시작되는 부분의 움푹 팬 곳), 사죽공혈(눈썹의 바깥쪽 끝부분의 움푹 들어간 곳), 풍지혈(귀 아래 끝과 평행선상에 있는, 머리카락이 끝나는 부위로, 뒷목 가운데에서 양쪽 귓불 쪽으로 떨어져서 움푹 팬 곳), 내관혈, 족삼리혈(무릎 관절에서 9cm 정도 내려간 후 정강이뼈 앞면에서부터 바깥쪽으로 3cm 나간 지점) 등을 눌러준다. 양쪽 어깨를 세게 두드리며 안마한 뒤 2~3분 동안 양쪽 팔을 문지른 뒤 흔들어준다.

– 불면증이 생긴 경우

잠자기 전 30분 동안 엄지를 이용해 순서대로 양측의 신문혈, 내관혈을 100~200번 정도 눌러준다. 강도는 통증의 정도에 따라 적당하게 조절한 후 한 번 더 반복한다.

7 | 직장강박증
– 자신의 인생관과 행동원칙을 재점검하라

핵심인재이자 엘리트로, 직업의식이 투철하고 성실해서 회사에서 인정을 받고 상당한 성과를 이루었으나 한순간도 긴장을 풀지 못하는 직장인들이 있다. 이들은 성공했지만 직장에 얽매인 노예처럼 살아간다. 다른 사람이 독촉하지 않아도 스스로 채찍질을 하며, 꼼꼼하게 일하고도 다시 점검하고, 잘해놓은 일도 더 잘해야 한다는 강박관념에 사로잡혀 있다. 평소 업무를 볼 때도 긴장을 늦추지 않지만 추가 업무라도 맡게 되면 더욱 혼신을 다해 점검하며, 조그만 실수라도 생길까봐 전전긍긍한다. 퇴근 후 몸은 집에 와 있어도 머릿속에는 여전히 회사 업무에 대한 생각으로 가득 차 있다.

이런 '직장모범생'에게서 직장강박증의 어두운 그림자를 엿볼 수 있다. 주로 중년층과 청년층에서 쉽게 발견되며, 업무규칙이 엄격한 직업에 종사하는 사람에게서 발생한다. 그리고 이들 가운데 책임감이 강한 사람들에게서 그 그림자가 짙다.

조한결(가명) 씨는 올해 스물다섯 살로, 합자기업에서 비서로 일하고 있다. 그녀는 언제부턴가 계약서류를 작성한 후 적어도 10번은 확인하고, 확인할 때도 오탈자부터 시작해서 문장 부호 하나하나까지 모조리 점검해야만 직성이 풀린다. 잠자리에 들어서도 서류에 오탈자가 난 것만 같아 한밤중에 사무실로 달려가 서류를 살펴본다.

아무 오류가 없다는 것을 확인하고 고객에게 이메일을 보내고 나면, 그때부터 또 메일함을 계속 확인하기 시작한다. 메일이 제대로 발송이 됐는지 일일이 확인한다. 상대방에게서 회신이 없으면 불안해진다. 메일 주소를 잘못 입력한 것만 같아 급히 발신함을 클릭해서 상대방의 메일 주소가 정확한지 글자를 한 자 한 자 대조한다. 보낸 편지함에 메일이 보관되어 있다는 것을 잊어버린 채 일을 제대로 해내겠다고 메일을 다시 발송하기도 한다.

메일 발송 횟수가 늘어나자 거래처로서는 같은 메일을 여러 차례 보내서 시간을 낭비한다고 느낀다. 두 통의 메일 내용이 다를 것이라고 생각한 상대방이 프린트를 한 뒤 한 자 한 자 비교해보았지만 똑같았기 때문이다.

6년 동안 보험 영업을 해온 소영미(가명) 씨는 휴대전화에 대한 심한 공포심이 있다. 머리맡에 휴대전화를 두고 자면 꿈에서도 희미하게 벨소리가 들려 몇 번이나 깨어나서 확인한다. 가방 속 휴대전화가 진동하는 것 같은 느낌에 열어보면 전화 한 통 온 적이 없다. "때로는 휴대전화를 꺼두고 싶을 때가 있어요. 하지만 우리 업계에서는 정보 습득과 고객관리가 생명이거든요. 휴대전화를 꺼두었다가 만일 중요한 정보라도 놓친다면 큰 손해를 보게 되죠." 소영미 씨는 휴대전화에서 오는 정신적인 스트레스를 풀 도리가 없다고 고백했다.

이 외에도 소영미 씨는 뉴스에 지대한 관심을 보였다. 그녀는 매일 아침 일어나자마자 컴퓨터 모니터를 켠다. 부팅되는 동안 화장실에 가서 볼일을 마친 후 쏜살같이 컴퓨터 앞에 앉아 비밀번호를 입력한 후 다시 세수하고 양치질을 한다. 아침식사를 하면서 왼손에는 빵을, 오른손에는 마우스를 쥐고 모니터를 바라보면서 계속 뉴스를 넘겨본다. 텔레비전을 볼 때 같은 시간대에 여러 채널에서 동시에 뉴스가 나오는 PIP기능(Picture in Picture, 화면분할기능)을 사용한다. 그리고 피곤해서 지칠 때까지 계속 채널을 돌리며 뉴스를 본다.

현대사회에서는 직장강박증에 시달리는 사람들이 적지 않다. 빠르게 변화하는 최신 정보에 신속하게 대응해야 하기 때문이다. 그러다가 어느 순간 엄청난 양의 정보 속에서 혼란을 느끼고 길을 잃기도 한다. 최근에는 이렇게 정보강박증에 시달리는 직장인이 점점 늘어나고 있는 추세다.

정보강박증이란 정보의 홍수 속에서 무엇 하나 확실한 정보가 없다고 여겨 불안을 느끼는 증상이다. 정보강박증이 있는 사람은 좋은 정보를 놓치지 않으려고 자신을 막다른 골목으로 몰아간다. 이는 강박증세가 확장되어 나타난 심리질환으로, 직장인들에게 많이 발병하고 있다. 정보강박증의 증상은 어떻게 나타날까?

예를 들면 이렇다. 24시간 내내 전자기기를 켜놓고 있다. 항상 휴대전화가 울리는 것 같은 느낌이 들고, 몇 초도 안 되는 사이 휴대전화에 메시지나 전화가 온 것은 없는지 살펴본다. 어쩌다가 휴대전화를 깜빡 잊고 나오면 극심한 불안증에 시달리며, 자신이 중요한 기회를 놓치고 있다고 생각한다. 직장에서는 일하는 와중에 인터넷 연결이 끊긴 것은 아닌지 몇 분마다 확인하며 중요한 메일을 빠뜨릴까봐 노심초사한다.

심리학에서는 강박증을 행동, 관념, 사유방식에서 강박증세를 보이는 신경증의 일종으로 정의한다. 보통 의식적인 강박증세와 이에 저항하려는 증상이 동시에 나타나는 것이 특징이며, 강박증이 있는 사람은 자신의 생각이 아무런 의미도 없고 불합리하다는 사실을 알면서도 헤어 나오지 못한다. 멈추려고 노력하면 할수록 더 긴장되고 고통스럽다.

😲 증상 진단   강박증세를 보이는 사람들은 어떤 특징을 보일까?

● **이미 몸에 밴 동작을 계속 반복한다**   문 잠그기, 자동차 번호판 숫자 세기, 목욕, 반복적인 업무 점검, 시험 답안지 검사 등등.

● **고지식하고 우유부단하며 근검절약하고 신중하다**   세심한 성격이라 세부 항목에 지나치게 주의를 기울이며 사색하기를 좋아한다. 완벽함을 추구하고 판에 박힌 듯이 행동하며 융통성이 부족하다. 예를 들어 '남자는 다 늑대다.', '정치판에 뛰어든 사람은 다 나쁘다.'라는 식의 생각이 진리가 아니라는 사실을 알면서도 그것을 진리로 인정하라고 스스로에게 강요한다.

● **지루하고 별 의미도 없는 문제를 계속 생각한다** '이 구름은 어디에서 왔을까?', '사람은 왜 사는가?' 등등.

직장인의 강박증은 보편적으로 나타나는 문제다. 신경정신학계에서는 35%가 병이 발발하기 전에 이미 정신적 요인을 가지고 있다고 밝혔다. 장기간 긴장과 초조함을 유발하는 사회 심리적 환경이나 심각한 정신적 충격에 노출될 경우 강박증을 유발할 수 있다. 직장에서 오랫동안 업무 스트레스를 받아오던 중 갑자기 업무량이 폭주할 경우 증상이 나타난다.

강박증을 유발하는 요소는 주로 사회적 요인과 성격적 요인을 들수 있다. 사회적 요인은 사회생활에서 받은 과도한 스트레스와 지나친 경쟁심이 부담으로 작용하면서 발발한다. 성격적 요인은 선천적인 경우를 말한다.

임상실험 결과에 따르면 직장강박증에 시달리는 사람은 완벽을 추구하며 세부적인 것에 지나치게 신경을 쓰고 매우 열심히 일한다. 그러면서도 자신이 끝마친 일에 대해 불완전하다는 느낌에 불안해한다.

직장강박증이 있는 사람들은 훌륭한 실적을 거두기도 한다. 그러나 안타깝게도 강박증으로 인한 고통은 삶의 질을 떨어뜨리는 주범이다. 강박증이 심해지면 2차적으로 우울증으로 발전하며 극단적인 경우 자살로 이어진다. 문제는 강박증이 신경증 중에서도 가장 치료하기 어려운 질환의 하나라는 점이다. 어린 시절부터 차곡차곡 쌓인 가치관과 사고방식을 바꾸기가 쉽지 않기 때문이다.

강박증을 치료하기 위해서는 제때 스트레스를 해소해야 한다. 치료에 효과를 보려면 일을 순리대로 흘러가게 내버려두고, 이미 한 일을

평가하지 말아야 한다. 그리고 스스로 심리상태를 조절하고 자신감을
갖도록 노력하며, 불확실한 미래에 대한 걱정에서 벗어나야 한다.

😊 심리 코칭 │ 직장인 강박증은 이렇게 완화하자

● **심리상태를 제대로 파악한 뒤 조절하라** 자신의 인생관과 행동 원칙
을 재점검해봄으로써 자신뿐 아니라 다른 사람에게도 지나치게 완벽
함을 추구하지는 않는지 살펴야 한다. 대체로 완벽주의적 성격 때문
에 강박증이 발생하기 때문이다. 일과 사람에 대해 지나치게 엄격한
잣대를 들이대지 말고, 모든 일에 여지를 남기게 되면 강박증이 완화
되고 즐겁게 생활할 수 있다.

● **주의를 전환하자** 강박증상이 나타났을 때, 신경을 다른 곳에 집
중해보자. 예를 들어 업무시간을 좀 더 타이트하게 운영하면, 한 가
지 일을 마치고 곧바로 다른 일을 시작할 수 있다. 즉 여러 차례 불필
요한 점검을 할 시간적 여지를 주지 않는 것이다. 세세하게 반복해서
점검한다고 해서 능률이 오르는 것은 아니다. 효율적으로 일하기 위
해서는 짧은 시간 안에 능률적으로 일을 처리하는 훈련을 하는 것이
좋다. 일단 새로운 업무에 집중하게 되면 자연스레 이전 업무에서 관
심이 멀어진다. 이러한 습관을 지속하다 보면 어느 순간 끊임없는 재
점검의 나쁜 습관에서 벗어날 수 있다.

● **주입식 방법을 써보자** 자신이 가장 무서워하는 것을 접해보자. 예

를 들어 결벽증이 있다면 방 안에 앉아 마음을 편안히 하고 가만히 두 눈을 감는다. 곁에서 누군가가 당신의 손에 각종 액체를 묻힌 후 당신 손이 얼마나 더러운지 설명해 준다. 이 순간을 견디고 참아내야 한다. 잠시 후 눈을 떴을 때 당신의 손이 상상했던 것만큼 더럽지 않다는 것을 발견하면 견딜 수 없다는 느낌이 상상에 불과하다는 것을 깨닫고 충격을 받을 것이다. 아니면 손이 생각했던 대로 더러워서 씻고 싶은 충동이 커질 수도 있다. 이때 옆에서 손을 못 씻게 하면 매우 고통스럽겠지만 그래도 참아야 한다.

이런 훈련을 여러 차례 반복하다 보면 불안한 마음이 점점 사라진다. 회사에서 보이는 강박적 행동도 이와 비슷한 패턴이기 때문에 유사한 방법을 사용해서 치료할 수 있다.

● **체계적 둔감법을 써본다**　마음을 편안하게 한 후에 극복할 만한 수준에서부터 좀 더 고난도의 수준에 이르기까지 단계적으로 강박적 행동의 횟수와 유발조건을 조절한다. 각각의 단계를 거칠 때마다 강박증에서 차츰 벗어나게 된다는 사실을 체험할 수 있을 것이다.

● **따끔한 충고를 하자**　강박증세가 나타나면 자신에게 큰 소리로 "그만해!"라고 외쳐라. 아니면 곁에서 누군가 대신 외쳐줄 수 있도록 정확한 시기와 정보를 제공해주어라. 스스로 치료하기가 힘들면 심리 전문가에게 도움을 요청하는 것도 좋다.

● **강박증세에 주의를 기울이되 병으로 인식하지 마라**　업무 중에 나타나는 강박적 행동을 경계하고 건강에 주의를 기울이도록 하라. 하지

만 일이 바쁘고 긴장을 늦추지 못한다고 해서 곧바로 강박증세로 이어지는 것은 아니다. 보통 정신적 요인과 직장 상황이 서로 충돌했을 때 강박적 인격장애로 확장된다.

또한 강박증도 경중의 차이가 있다. 업무효율을 떨어뜨리거나 일상생활에 별다른 영향을 미치지 않는다면 심각한 증상이라고 볼 수 없다. 가벼운 증상을 가지고 심각한 질병으로 오인하게 되면 오히려 증상이 악화될 수 있다. 심리적 문제를 가볍게 대처하면 일에 좀 더 집중할 수 있고 업무와 관련된 기억력이 더욱 강화되는 긍정적인 효과를 얻을 수 있다.

8 │ 직장인 불안장애
– 긴장을 풀고 가벼운 마음으로 일하라

한 관련 조사에 따르면 남녀 직장인 3,732명을 대상으로 연구한 결과 직장인 3명 가운데 1명은 실직 가능성, 과도한 업무, 직장 내 불화 등으로 불면증, 우울증, 화병 등 불안장애 증상을 보인다는 것이 밝혀졌다. 특히 금융위기의 여파로 인한 불안 심리는 직장인의 신체적·정신적 건강을 해치는 주요 요인이다.

신속하게 처리해야 하는 업무, 어렵기만 한 승진시험, 위기관리 능력 등은 직장인이라면 부딪쳐야 하는 크나큰 난관들이다. 그러나 일부 직장인들은 이런 어려움을 겪고 난 후에 건망증, 조급함, 냉소적인 성격, 수면장애 등의 이상증세를 보인다. 심리전문가들은 이런 증상을 일컬어 직장인 불안장애라고 부른다.

직장인이라면 누구에게나 있을 수 있는 적당한 걱정은 잠재된 능력을 발휘하게 하고 위기에 잘 대처하도록 돕는다. 그러나 지나친 걱정이 장기간 이어지면 불안장애로 발전할 수 있다.

불안장애를 겪는 직장인은 어떤 특징을 보일까?

- 초조와 공포감에 떨며 최악의 상황이 닥칠 것이라는 생각에 불안해한다.
- 자신이 안전하지 못하다는 생각에 늘 조마조마하고, 마음이 혼란스러우며 세상일에 흥미가 없어진다.
- 심한 경우 외부에서 자극을 받을 때마다 화들짝 놀라기도 한다.
- 밤에 잠들기가 어렵고, 잠을 자더라도 악몽을 꾸며 토막잠을 자게 된다.
- 수면장애로 얼굴색이 창백하거나 붉으며 땀을 많이 흘린다.
- 팔다리가 차갑고, 손가락이 저리며 근육 떨림 현상이 나타난다.
- 어지럽고 심장이 두근거리며 가슴에 중압감이 느껴지고 숨쉬기가 힘들 만큼 갑갑하다.
- 입맛도 없고 입안이 마르며 복부팽만감과 속이 타는 듯한 느낌이 든다.
- 변비, 설사, 빈뇨감, 생리불순, 성욕감퇴 등의 증상이 나타난다.

직장인 불안장애는 의심증, 기분부전장애, 공포증, 강박증부터 히스테리 증상 등 다양한 신경증을 유발할 수 있다. 청년층의 경우 오랜 기간 걱정에 눌려 지내는 것은 더욱 위험하다. 스무 살이 넘으면 기본적인 인격이 완성되지만, 아직 완전히 성숙한 단계가 아니기 때문에 큰 좌절을 겪거나 심한 피로가 쌓이면 인격적 변화가 일어날 수 있다. 예를 들어 합리성과 타당성을 잃게 되며, 업무 처리 능력과 사고 능력이 저하된다. 게다가 한번 변해버린 인격을 새롭게 변화시키거나 치료한다는 것은 상당히 어려운 일이다.

이렇게 불안하고 초조한 심리상태는 업무효율을 눈에 띄게 저하시킨다. 불안한 마음에 집중력이 떨어지고 체력이 고갈된다.

☺ 심리 코칭 급성불안장애로부터 벗어날 수 있는 방법을 알아보자

● **심리적 압박에서 벗어나라** 어느 직장인이나 스트레스 속에서 생활을 한다. 만약 최근에 점점 더 많은 스트레스를 받고 있다면 각종 운동과 오락 활동에 참여해서 불쾌한 기분을 떨쳐버리는 것이 좋다. 스트레스를 어떻게 해소해야 할지 몰라서 방치하거나 누군가가 나서서 도와주기만을 바란다면 점점 상황만 악화될 뿐이다.

이때 친구와 가족은 가장 든든한 지원군이다. 심각한 스트레스로 불안감이 찾아왔을 때는 혼자 모든 짐을 지고 가려는 어리석은 결정을 내려서는 안 된다. 먼저 친구와 가족들을 찾아가라. 신뢰할 만한 사람들과 함께 모여 대화를 나누다 보면 중압감을 덜 수 있다. 물론 이런 만남에서 스트레스를 해소할 만한 특별한 묘책이 떠오르는 것은 아니지만 마음의 짐은 많이 줄어들 것이다.

● **셀프 카운슬링과 자기자극으로 안정을 찾아라** 여기서 말하는 셀프 카운슬링은 새로운 사물에 관심을 기울일 때 나타나는 심리적 경험

으로 불안을 덜어내거나 대체하는 해소 방법이다. 그리고 자기자극
이란 여러 가지 위험한 상황을 상상하는 것이다. 우선 최악의 상황
을 반복해서 상상하다가 또 다른 차원의 위험하고 어려운 상황을 상
상했을 때 더 이상 불안하지 않으면 그때 자극을 멈춘다. 안정을 취
하기 위해서는 일부러라도 즐겁고 편안한 상태를 유지하려고 노력하
며 자신 있게 행동하라. 음악 감상, 요가, 묵상 등의 방법이 안정을
취하는 데 도움이 된다.

● **업그레이드된 업무 수행 능력으로 성취감을 느껴라**　불안하고 지쳐
있을 때는 성취감을 느끼기 위해 노력하라. 성취감은 불안감 등의 유
해심리를 해소하는 좋은 방법이다. 작은 일에서 성취감을 느끼는 직
장인은 늘 당당하고 자신감에 차 있어서 불안감 등 이상심리를 이겨
낼 수 있다.

　자기 일을 사랑하는 사람은 늘 주변에서 새로운 것을 발견하고 배
워 나간다. 그리고 가장 유용한 부분을 선택하여 에너지를 충전한
다. 따라서 기본적인 능력과 노력이 서로 맞물리면 어떤 환경 변화에
도 충분히 적응할 수 있다. 에너지 충전으로 업그레이드된 능력을 업
무에 활용한다면 성취감은 자연스럽게 따라올 것이다.

● **합리적으로 시간 계획을 짜라**　회사에서 아주 중요한 업무를 맡았
는데 어떻게 해결해야 할지 윤곽을 잡을 수 없을 때 불안과 걱정 등
의 유해심리가 고개를 치켜든다. 그럴 때는 조용한 장소로 찾아가 업
무계획을 짜보도록 하자. 해야 할 일의 목록을 정리해서 중요도에 따
라 일을 처리하다 보면 안정을 되찾을 수 있다.

● **기분을 전환할 기회를 만들라**　불안감은 일반적으로 자신에게 지나치게 압박을 가하면서 생긴다. 그러므로 업무를 보는 중에도 기분을 전환할 기회를 만들어야 한다. 책상에 놓인 달력을 들추며 쉬는 날만 체크하고 있거나 동료의 휴가에 관심을 갖지 말고 자신만의 계획을 세워보자. 새해가 시작되기 전에 가족이 함께 할 수 있는 소규모 행사를 계획하거나 지난 1년 동안 찍어둔 사진을 정리해도 좋고 대청소를 하는 것도 좋다. 크게 번거롭지 않으면서도 마음이 산뜻해지는 이런 일들은 연말이 되면 불안감을 느끼는 직장인에게 매우 효과적이다.

● **간단한 체조로 불안감을 해소해보라**　우선 조용하고 편안한 장소를 선택한 뒤 가장 편안한 자세를 취해본다. 서기, 앉기, 눕기 등 어떤 자세든 상관없다. 그러고는 몸의 큰 관절과 근육들을 움직여보자. 정해진 규칙이나 방법이 있는 것은 아니지만 일정한 속도로 천천히 움직여서 관절을 펴고 근육을 이완시킨다. 너무 편안해서 호흡하는 것을 잊어버릴 정도로 자연스럽고 부드럽게 한다. 고요한 가운데 맑은 정신이 깃들 때까지 대상을 하나 정해놓고 생각을 집중하거나 일부러 온몸의 힘을 뺀다.

● ● ●

직장인의 불안장애를 일으키는 또 다른 원인은 비밀을 지키려는 데서 오는 불안장애다. 온라인 취업포털 사이트 '사람인'의 조사결과, 직장인의 83.4%가 '직장 내 뒷담화 경험이 있다.'라고 답했으며,

뒷담화 장소로는 남성 직장인(834명)의 경우 '술자리'(60.8%, 복수응답)가 1위를 차지했고, 여성 직장인(762명)은 '메신저'(39.6%, 복수응답)를 가장 많이 꼽았다.

현진우(가명) 씨는 부서 담당자인 이 팀장과 동료 박 대리의 부적절한 관계에 대한 이야기를 듣고 나서 심리적으로 불안해졌다. 업무관계로 이 두 사람을 자주 만나야 했기 때문이다. 특히 세 사람이 함께 앉아 업무 이야기를 나눌 때면 다른 두 사람은 분명 진지하게 업무와 관련된 이야기를 하고 있는데도 불구하고 현진우 씨는 이들을 어떻게 대해야 할지 난감하기만 했다.

김정훈 씨는 현진우 씨보다 더 힘들었다. 현진우 씨에게 두 사람의 부적절한 관계를 알려준 사람이 바로 자신이었기 때문이다. 김정훈 씨는 세 사람이 함께 모여 업무와 관련된 이야기를 나누는 것을 볼 때마다 마음이 조급해지면서 걱정이 밀려왔다.

'설마 내가 한 말을 두 사람에게 털어놓는 건 아니겠지. 만약 말을 한다면 나를 어떻게 보겠어. 해고라도 당하면 어쩌지…….'

새로운 직장질환으로 꼽히는 '비밀 불안장애' 증상이 최근 직장인들 사이에서 자주 발견되고 있다. 사실 비밀 불안장애는 비밀과 떼려야 뗄 수 없는 관계를 가진다. 우리가 매일 '사생활 존중'을 높이 부르짖지만, "너한테만 말하는 거야. 다른 사람한테는 절대 말하면 안 돼."라는 말은 늘 우리의 호기심을 자극한다. 비밀스러운 이야기가 흘러나오는 곳에 귀를 쫑긋 갖다댈 때는 비밀을 지키기 위한 부담도 같이 안고 가야 한다. 이런 비밀은 자신의 미래나 사장의 사생활, 동료의 프라이버시, 사내 정치와도 연관되어 모르는 사람보다 아는 사람이 더욱 고통스럽다. 결국은 이 모든 것이 '말할 수 없는 비밀'이 되기 때문이다.

☺ 심리 코칭 　불안장애에서 벗어나려면 이렇게 해보자

● **비밀 이야기의 주인공이 되지 마라**　사람들이 말하는 비밀 이야기의 주인공이 되지 않도록 사생활을 잘 관리하라. 성숙한 직장인은 업무를 생활의 가장 중심 영역에 둔다. 따라서 개인 프라이버시를 사무실의 주된 화제로 삼아서는 안 된다. 특히 화장실이나 복도에서 남의 사생활에 관해 떠들지 않도록 하라.

● **호기심을 다스리고 비밀을 멀리하라**　사람은 누구나 비밀에 대한 호기심이 강하다. 일반적으로 안전감이 부족한 환경에서는 비밀을 더 많이 알수록 주변 환경을 좀 더 쉽게 통제할 수 있다고 생각한다. 혹자는 사내의 복잡한 상황을 알고 있는 것이 강한 책임감에 대한 징표로 생각하기도 한다. 뭔가 켕기는 일을 하고 나서 그 일이 밝혀질 것이 두려워 남의 비밀에 호기심을 보이는 경우도 있다. 따라서 비밀에 대한 호기심이 큰 사람일수록 능력은 별로인 경우가 많다. 그러므로 직장에서는 '아는 것이 많을수록 위험에 빠질 가능성이 더 커진다.'는 점을 명심해야 한다. 직장에서 비밀 불안장애를 멀리하는 최고의 방법은 비밀에 귀를 닫아버리는 것이다.

● **되도록 비밀과 멀어져라** 될 수 있으면 회사의 비밀 이야기에 끼이지 말고, 동료에 대한 평가도 하지 않는 것이 좋다. 또한 동료를 평가할 때 비밀을 판단기준으로 삼지 않는다는 원칙을 세워라. 그러나 직장에서 귀를 막고 있을 수만은 없다. 업무 회의를 하다 보면 우연히 이런저런 '비밀'을 알게 된다. 이때 지켜야 할 원칙이 있다. 흘려 듣고 마음에 담아두지 말며, 대화에 참여하지도 말고 평가하지도 말라. 특히 업무 진행 시 이런 비밀을 동료를 평가하는 기준으로 삼아서는 안 된다. 그래도 신경이 쓰인다면 10퍼센트 정도만 참고하거나 개인적으로 조심하면 된다.

● **업무에 중점을 두고 비밀을 퍼뜨리지 마라** 직장인은 업무 능력을 기준으로 자신의 위치를 가늠해야 한다. 주위들은 소문에 신경을 쓰기보다는 성실하게 일하며 실력 향상에 역량을 쏟아 부어라. 비밀을 많이 알게 될수록 심리적 압박감은 가중된다. 압박감이 심해지면 결국 참지 못하고 다른 사람에게 비밀을 털어놓으며 마음의 짐을 덜고 싶어진다. 하지만 비밀이 입 밖으로 새어나오려 할 때, 잠시 멈춰 서서 왜 비밀을 밝히려 하는지 생각해보라. 책임지고 비밀을 지켜야 한다는 점을 환기하고, 털어놓은 후에 어떤 결과를 맞게 될지 생각해보라. 그러면 비밀을 이리저리 전하지 않게 되고, 그 힘을 일하는 데 집중시킴으로써 좋은 성과를 거둘 수 있다.

● **다른 사람의 사생활과 비밀을 약점으로 잡지 마라** 사장의 비밀을 알았을 경우 반드시 비밀을 엄수하고, 동료의 사생활을 알았을 때에도 꼬투리를 잡아서는 안 된다. 회사에서 일어나는 프라이버시 문제는

일반적으로 개인의 이해관계와 떳떳하지 못한 욕망에서 비롯된다. 개인의 사생활은 그 사람을 쥐고 흔들 수 있는 패가 될 수 있다. 하지만 이 패를 던진 사람이 과연 최후의 승자가 될 것인지는 깊이 생각해봐야 할 문제다. 어쨌든 직장인이 반드시 고수해야 할 원칙은 바로 사장과 동료의 사생활에 대해 비밀을 지켜주는 것이다. 다른 사람의 사생활과 비밀을 약점으로 잡는 치졸한 소인배가 되지 마라.

9 | 직장우울증
- 긍정의 힘을 믿어라

많은 사람이 빠르게 변화하는 현대사회의 생활리듬에 적응하지 못하고 있다. 직장인들은 치열한 경쟁 속에서 과도한 업무량을 감당하다 보니 긴장감에서 헤어나지 못한다. 게다가 융통성이 없는 상사와는 소통하기가 매우 힘든 데다가 직장에서의 승진 가능성은 미미하고, 미래도 불투명하다. 이렇듯 수많은 어려움이 회사원의 목을 죄고 있다. 이뿐만 아니라 복잡한 인간관계는 직장인의 심신을 더욱 피로하게 한다. 이렇듯 극심한 직장 스트레스 속에서 우울증을 앓는 직장인이 점점 늘어나고 있다.

이미 앞에서 경미한 우울증이 있을 경우 직장우울증으로 발전할 수 있다고 밝힌 바 있다. 여기에서 말하는 직장우울증은 직장에서의 우울한 심리와 일상의 경미한 우울증이 확장되어 심리질환으로 발전한 경우를 말한다.

서윤희(가명) 대리는 현재 다니는 회사에서 1년 넘도록 일했다. 처음에는 사무실 분위기가 괜찮았지만 얼마 후 인원이 세 배로 늘어나면서 인간관계망이 복잡해졌다. 그녀는 사무실에만 들어오면 머리가 띵하고 어지러웠다. 오후의 쉬는 시간에 바깥공기를 마시고 나면 조금 편안해졌다.

회사일이 점점 늘어나자 서 대리는 일에 몰두하면서 심리적 불쾌감을 잊고 지냈지만 일을 마치고 나면 몸은 처지고 우울한 기분이 가시지 않았다. 병원을 찾아 상담을 받은 결과 우울증으로 판명되었다.

우울증은 일반적으로 느끼는 상심, 고통, 수치심, 자책 등 어떤 부정적인 정서보다 더욱 강렬하고 오래가며 생활 전반에 걸쳐 심각한 영향을 미친다.

우울증의 발병 원인은 다양하지만 주로 사회적 여건이 좋지 않거나 건강한 심리를 유지하지 못하기 때문에 나타난다. 우울증은 인간의 수명에 영향을 끼칠 뿐만 아니라 정상적인 생리기능을 망가뜨릴 수도 있다.

걱정, 행복, 비통함, 편안함, 초조함 등의 심리상태는 모두 생활환경과 밀접한 관련이 있다. 인간의 생활여건은 사회, 문화, 결혼, 가정뿐 아니라 개인 신상과 대인관계의 변화, 경제상황과 학업문제 등과 같은 객관적 환경의 변화를 포함한다. 그리고 생활 속에서 정신적 스트레스나 충격을 안겨줄 수 있는 모든 문제가 심리질환의 요인이 될 수 있다.

그 외에도 유전적 요인, 개성, 약물, 신체질환, 음주, 흡연, 잘못된 식습관 등도 우울증을 유발할 수 있다.

우울증 진단은 어렵지 않다. 하지만 전형적인 패턴이 정해져 있지 않기 때문에 우울증을 일으키는 핵심 문제가 다른 심리상태나 신체 증상에 가려져 명확하게 드러나지 않는다. 의사의 오진으로 치료법이 잘못됐을 경우 심각한 후유증을 낳게 된다.

⊙ 증상 진단 | 아래 사항의 해당 여부로 우울증을 진단해볼 수 있다

- 기쁜 일이 있어도 기분이 좋지 않고, 사소한 문제로 크게 고민하고 근심을 한다.
- 이전에 재미있었던 일, 취미, 일상생활에 흥미를 잃고 온종일 의기소침하게 지낸다.
- 나태해져서 옷차림에 신경을 쓰지 않는다. 이는 주변 사람들에 대한 무관심으로 나타난다.
- 불면증에 오랫동안 시달리며 몇 주에서 몇 개월 동안 계속 새벽에 눈이 떠진다.
- 사고력이 둔해지고 결단력이 떨어진다.
- 열등감에 빠져 자주 자책한다. 과거 일을 후회하며 미래에 대한 자신감이 사라진다.
- 의심이 많아져 병원의 검사 결과조차 믿지 못하며 자신이 큰 병에 걸렸다고 상심한다.
- 기억력이 감퇴하고 건망증이 심해진다.
- 성격이 나빠져 조바심을 내며 쉽게 화를 낸다. 집중이 잘 안 된다.
- 이유 없이 당황하고 불안해하며, 초조하다.

- 입맛이 없고 구역질이 난다. 배에 가스가 차거나 설사나 위통이 나타난다. 하지만 검사를 해봐도 별다른 문제가 없다.
- 원인을 알 수 없는 식욕부진과 체중감소가 나타난다.
- 쉽게 피곤을 느끼고 기력이 떨어지며 몸이 마음처럼 따라주지 않는다.
- 만사에 흥미를 잃고 냉담해진다. 말도 하기 싫어지고 일을 하는 것은 더욱 싫다.
- 두통, 요통 등 온몸이 아프지만 검사를 해봐도 뚜렷한 원인을 알 수 없다.
- 사교 활동이 눈에 띄게 줄어든다. 친구와도 만나기를 꺼리며 집에 홀로 틀어박혀 있다.
- 성생활에 흥미가 없다.
- 자신도 모르게 공허함을 느낀다. 살 가치도, 살아야 할 의미도 없다고 느낀다.
- 죽음과 관련된 생각을 자주 한다.

위의 항목 중 한 가지 증상이 심각하게 나타나거나 여러 항목이 동시에 나타난다면 우울증 전조로 볼 수 있으므로 특별히 주의를 해야 한다.

대부분의 우울증은 신체증상을 동반한다. 수면장애, 통증, 기력 감소, 소화기관 장애, 식욕부진, 불안장애, 조급증 등 다양한 증상이 나타난다. 가면성 우울증 환자는 의기소침한 행동을 보이는 등 전형적인 우울증 증세를 보이지는 않지만 신체적 증상이 확연하게 나타난다.

우울증의 주요 증상으로는 두통, 불면증이 있으며, 아침에 곤한 잠을 자지 못한다. 낮에는 몸이 무겁고 밤에는 가벼워지며, 봄과 가을에는 몸이 무겁다가 여름에는 가벼워진다. 계절은 물론 하루 중에도 주기적으로 불안증세가 왔다 갔다 한다. 여성은 생리 날짜가 되면 불안증상이 심해진다. 우울증 치료는 약물치료와 심리상담법이 있는데, 약물치료보다는 심리상담법이 효과적이다.

😊 심리 코칭 우울증에서 벗어날 수 있는 방법을 알아보자

● **다각도로 문제를 관찰하고 마음속 응어리를 풀자** 『긍정의 힘을 믿어라』는 10년 동안 미국의 베스트셀러 자리를 굳건히 지켜온 책이다. 영어 원제를 그대로 옮기면 '태도가 모든 것을 결정한다'이다. 이는 세상 어디서나 통하는 이치다. 적극적이고 낙관적인 태도는 개인의 일이나 미래는 물론이고 심리건강을 비롯한 모든 것을 결정한다. 그러므로 직장우울증에서 벗어나려면 객관적으로 자신의 상황을 관찰할 수 있어야 하고, 하나의 문제를 다양한 관점에서 바라볼 줄 알아야 한다.

어떤 문제를 부정적으로 보기 시작하면 한없이 비참해지지만 사고를 전환하여 다른 각도에서 바라보면 동일한 문제에서 긍정적인 면을 발견할 수 있다. 이 같은 방법을 활용하면 부정적인 생각도 긍정적으로 바뀔 것이다.

● **한꺼번에 우울해하자** 이는 일종의 심리치료법이다. 상상하기, 긴

장 풀기, 주의 전환 등 여러 가지 방법으로 일상생활이나 업무 시에 나타나는 우울증을 몰아내자. 그리고 따로 시간을 내어 그 시간만 우울해하거나 매일 우울해할 시간을 따로 정하는 것도 좋다. 30분 정도가 적당하다. 평소 생활이 이루어지는 장소에서 이런 시간을 보내면 근심 걱정이 생길 수 있으므로 따로 장소를 만들어 우울해하는 시간을 갖는 것이 좋다. 잠자기 전에는 이를 배제해야 한다.

● **빠른 자기강화로 우울증을 치료하자** 이 방법은 주로 내면의 부정적 정서와 그에 따른 행동을 강화하는 사람이 우울증에 쉽게 걸린다는 이론에 기초하고 있다. 그러므로 이와 반대로 긍정적인 행동과 정서를 강화해 나간다면 우울증은 설 자리를 잃게 되거나 결국은 사라질 것이다.

자기강화를 통한 우울증 치료는 정상적인 생활을 해나가는 데 목적이 있다. 그러므로 정상적으로 출근하고 집에 와서는 집안일을 하던 사람이 우울증 때문에 출근도 하지 않고 집안일도 하지 않는 것은 상황만 악화시킬 뿐이다. 모든 일을 손에서 놓아버릴 경우 자신을 쓸모없는 존재로 느껴 우울증은 더욱 심해진다.

사실 심각한 우울증에 걸린 사람들도 마음만 먹으면 직장일도, 집안일도 얼마든지 잘해낼 수 있다. 만약 눈앞에 해야 할 일이 산더미처럼 쌓여 있다면 침울해할 틈이 없을 것이다.

하지만 일정을 잡을 때는 여지를 남겨두어야 한다. 또한 매일 밤 잠들기 전에 내일은 무엇을 할 것인지 생각해보자. 지나치게 빡빡한 계획을 세우는 것보다는 적당한 여유를 남겨둔다면 계획한 일을 마무리할 수 있을 것이다.

또 스스로를 인정해주는 시간이 필요하다. 매일 잠들기 전에 하루 동안 얼마나 많은 업무량을 해냈고, 발전했는지 인정해준다. 이때 부정적인 일은 되도록 생각하지 말자. 좋았던 경험, 발전, 성과 등을 일기에 기록하는 것도 좋은 방법이다.

healing

기분 좋은 직장생활을 위해서는 스스로 심리상태를 점검하여
항상 건강한 직장심리를 유지하는 것이 중요하다.
그러기 위해서는 각종 이상심리를 차단해야 한다.
독서나 여행, 가벼운 운동 등 나만의 스트레스 해소법을 통해
일상에서 즐거움을 찾다 보면
활력이 넘치는 직장생활을 할 수 있다.

5

직장인의
심리건강을
위한 코칭

직장인의 이상심리 치료는 이상심리를 건강한 심리로 대체하는 과정이라고 할 수 있다. 스스로 심리상태를 점검하여 건강한 직장심리를 유지하는 것이 중요하다.

여기서 주목해야 할 점은 건강한 직장심리를 유지하기 위해서는 각종 이상심리를 차단하는 것이 선결되어야 한다는 것이다. 그러기 위해서는 직장생활 전반에 걸쳐 환경의 변화를 주는 것이 좋다. 예를 들어 자신에게 어울리는 옷차림은 기분을 전환시키고 직장에서의 즐거움을 배가시킨다. 또한 직장 안팎에서 듣고, 먹고, 맡고, 만지고, 보는 오감(五感)을 활용하면 직장 스트레스가 줄어든다. 이처럼 업무는 물론 업무 이외의 영역에서도 즐거움을 찾는다면 평온한 심리상태를 유지할 수 있다.

직 장인이라면 누구나 높은 연봉과 만족스러운 직책, 상사의 인정을 받는 성공적인 직장생활을 꿈꾼다. 하지만 왜 많은 사람들이 직장생활을 힘들어하고 실패를 거듭할까? 심리 전문가들은 모든 직장인은 자신만의 심리 패턴이 있는데, 그것이 이상심리인 경우 직장생활에 적응하기 힘들다고 밝혔다. 이에 반해 성공하는 사람들은 그들만의 건강한 심리상태를 유지한다.

😊 **심리 코칭** **건강한 직장심리를 유지하는 방법을 알아보자**

● **자신감을 갖고 무엇이든 할 수 있다고 생각한다** 똑똑하고 직장 경력이 풍부한 사람이 상사의 눈에 들어 승진한 후 갑자기 자신감을 잃어

버리는 경우가 있다. 이런 사람은 출세욕이 없고 자신은 이미 충분히 높은 위치에 올랐다고 생각하거나, 아니면 자신은 지금 직급보다 한 두 단계 낮은 직위에 있는 것이 더 적절하다고 생각한다. 하지만 자신감으로 충만한 사람은 다르다. 자신이 능력을 발휘했기 때문에 상사의 마음에 든 것이며, 지금의 직급보다 더 높이 오를 수 있다고 생각한다.

알고 보면 한 사람의 성공과 실패는 자기암시의 결과물이다. 마음 속으로 "나는 할 수 있어. 더 좋은 성과를 거둘 수 있어."라고 생각하면 자연스레 더욱 열정적으로 일에 임하게 된다. 그러나 만약 마음 속으로 "이미 최고봉에 오른 거야. 더 높은 자리로 오르는 것은 내 능력 밖의 일이야."라고 생각한다면 일을 더 잘해내려 했던 열정도 힘도 사라지고 만다.

아주 미세한 차이지만 그 차이가 가져다주는 결과는 천양지차다. 물론 자신감에 가득 차 더 잘할 수 있다는 생각을 할 때 직장생활에서 더 큰 즐거움과 성공을 누릴 수 있다.

● **융통성 있게 현실을 바라보자** 경력과 조건은 비슷한데 동료들에 비해 힘들게 일을 하는 사람이 있다. 심리학자의 분석에 따르면 모든 일을 원칙에 근거해 객관적이고 직접적인 판단을 내릴 수 있다고 생각하는 직장인은 원칙과 신념을 사수한다고 생각한다. 하지만 주변 사람들은 그러한 사소한 원칙 같은 것은 신경도 안 쓰거나 그러한 신념과 원칙에 반대할 수도 있다고 밝혔다. 그 결과 혼자 고군분투하다가 직장생활에 실패하는 경우가 부지기수다.

그러나 성공하는 사람들은 자신의 생각과 행동에 별 구애를 받지 않는다. 융통성 있게 현실을 바라보며 문제가 발생하면 우선 원인을 분석하고 해결 방법을 찾는다. 그리고 이렇게 노력하는 과정 속에서 기쁨을 찾아낸다.

● **너무 각박하게 굴지 않는다** 우수제품과 불량품은 아무리 미세한 차이가 있다 해도 충분히 육안으로도 그 차이를 구분해낼 수 있다. 그러나 우수한 상품들 사이에서 선택을 해야 할 때는 가격표를 비교하며 가격 대비 성능을 따지게 된다.

직장 업무도 마찬가지다. 자신뿐만 아니라 다른 사람에게 지나치게 엄격한 기준을 적용하는 사람이 있다. 이런 사람의 동료나 부하직원은 지나친 요구사항에 질려 반발하거나 아예 일을 그만두기도 한다. 그들이 해왔던 일은 고스란히 동료들에게 인계되어 남은 사람은 더욱 힘들어지고 불만은 가중된다. 이런 직장인은 직장생활에 실패한다.

그러나 성공하는 직장인은 적정수준에 맞춰 일을 한다. 어디에서 균형을 잡아야 할지 기준점을 잘 알고 있기 때문에 즐겁고 효과적으로 일을 하여 결국 큰 성공을 거둔다.

● **갈등을 적절하게 해결한다** 대부분의 사람들은 갈등을 빚으면 회피하려 든다. 직장에서 갈등과 충돌을 피하려고 자신의 의견을 털어놓는 걸 꺼리는 사람도 있다. 사실 의견이 달라 충돌하는 것은 직장에 활력과 창의성을 불어넣고 경쟁의식을 고취시킬 수 있다. 그러나 단지 평화로운 분위기를 유지하기 위해 충돌을 피하기만 한다면 부하직원이나 다른 부서 동료들에게 무시당하고, 갈등에 대한 대처 능력

이 없는 사람으로 낙인찍힌다. 따라서 직장생활에서 성공하려면 반드시 충돌을 피하는 방법을 배우고 자신의 입장도 밝힐 줄 알아야한다. 다른 사람과 차별화된 당신의 모습은 직장 상사의 눈에 띌 것이고, 이는 성공을 위한 초석이 된다.

● **지나치게 강경한 태도는 버린다** 직장에서 지나치게 언행이 딱딱하고, 일할 때 전혀 주변 사람의 사정을 봐주지 않는 사람이 있다. 이런 사람들은 자신과 반대의견을 가진 사람에게 막말을 하는 경우도 종종 있다. 이런 부류의 사람들은 저돌적이고 강경하게 일을 처리하며, 융통성이 없다. 그러다 보니 반대 의견을 가진 사람들은 강하게 반발하며 함께 일하기를 거부하기 때문에 개인적인 업무도 원활하게 진행하기 어렵다.

● **남의 이목을 끌려고 억지 행동을 하지 않는다** 자신의 꿈을 이루기 위해 부단히 노력하면서 주변 사람의 주목을 받고 싶어 하는 사람들이 있다. 이런 사람들은 직장에서 자신의 입장을 강경하게 내세우며 다른 사람과 전혀 타협하려 들지 않는다. 이들은 자신의 주장에 주의를 기울이는 사람이 아무도 없으면 사람들의 이목을 끌 때까지 주장은 굽히지 않는다. 하지만 이렇게 사람들의 이목을 끌고자 하는 행위는 도리어 동료들의 반감을 불러올 수 있다.

사실 평범한 사람들의 경우 주변인의 이목을 끌려고 노력하지는 않는다. 현명한 사람은 기회를 노려 자기편을 한 명씩 늘려가면서 모든 사람에게 호감을 사는 와중에 직장에서 더 많은 성공의 기회와 즐거움을 누린다.

● **승진에 급급해하지 말고 성실하고 신중하게 대처하라** 과도한 자신감으로 자기 능력을 제대로 파악하지 못하는 직장인들이 있다. 능력에 버거운 일을 자진해서 하겠다고 나서고 능력 밖의 일을 책임지려 한다. 이런 유형의 직장인은 자신이 맡은 일이 실패할 경우 더 높은 수준의 목표를 세워서라도 도전하고 말겠다고 결심한다. 그러나 결국에는 연이은 실패의 쓴맛만 보게 된다.

심리학자들은 성공적인 직장생활을 하는 사람들은 성실하고 신중하게 일을 처리하며, 승진에 급급해하지 않는다고 한다. 또한 이들은 적절한 자신감을 유지했으며, 승진을 위해서는 한 걸음씩 천천히 나아가야 한다는 사실을 알고 있었기에 성실하고 신중한 태도를 유지할 수 있었던 것이다.

● **지나친 비관은 금물이다** 성공적인 직장생활을 하는 사람들은 언제나 낙관적이다. 문제를 복잡하게 보지 않고 단순하게 생각하다 보면 자신이 가진 능력 이상을 발휘한다. 하지만 비관적인 태도를 보이며 쓸데없는 걱정을 하는 사람들은 일을 할 때도 늘 부정적인 결과를 예상한다. 심지어 아무 일이 없을 때는 부하직원이 사고라도 저지르지 않을까 걱정하고 불안해한다. 이런 사람이 리더를 맡게 되면 일이 지연되기 쉬워 결국 자기 앞길을 스스로 망친다.

● **상대의 입장에서 생각해본다** 사람의 생각은 제각각이다. 그러므로 문제가 발생했을 때에는 입장을 바꾸어 생각해봐야 한다. 다른 사람의 입장을 고려할 줄 모르는 사람은 타인과 소통할 때 상대방의 안부를 묻는 인사도 없이 곧바로 문제부터 이야기하는 경우가 잦다. 이

런 사람들은 남의 감정을 전혀 고려하지 않기 때문에 인간관계도 매끄럽지 못하고 문제 해결 능력도 부족하다.

심리학자들은 성공적인 직장생활을 하는 사람들은 늘 다른 사람의 입장에 서서 생각할 줄 안다고 말한다. 다른 사람의 입장을 고려하는 태도는 상대방을 감동시키고, 그들의 지지를 받게 되어 승진할 확률이 더욱 높아진다.

● **모르는 것은 물어본다** 직장에서 생소한 업무를 맡았을 때 "일이 정말 재미가 없다."고 하는 것은 사실 "나는 이 일을 해낼 능력이 없다."는 것의 우회적 표현이다. 이들은 다른 사람들에게 '일을 제대로 감당하지 못하는 사람'으로 여겨지는 것이 두려워 아는 척하는 것인지도 모른다. 하지만 이런 잘못된 생각은 일을 지연시키는 데 그치지 않고 업무 마비를 불러올 수 있다.

그러므로 해결하기 어려운 일이 있을 경우 기회를 보아 동료나 상사와 의논하는 것이 좋다. 절대 독단적인 결정을 내리지 마라. 독단적인 결정은 좋은 기회를 잃게 하고 직장생활을 망칠 수도 있다.

● **늘 말조심을 한다** 직장에서 공개적으로 말할 수 있는 내용이 있고, 개인적인 차원에서 그쳐야 할 말이 있다는 사실을 모르는 경우가 있다. 아무 생각 없이 말을 내뱉는 사람들은 대부분 심성이 착한 사람들로, 다른 사람들도 자신과 같은 생각을 갖고 있다고 여겼다. 하지만 체계와 서열을 중시하는 기업 내부에서 성공하려면 늘 말을 조심해야 한다.

● **정확한 방향을 잡고 직장생활을 한다** 직장에서 방향을 제대로 잡지 못하고 흔들리는 사람은 결국 실패한다. 자신이 선택한 방향에 확신도 없고, 자신이 그다지 중요한 역할을 맡은 것도 아니라고 생각하며, 다른 사람을 따르지도 않고 소속감도 없다. 이런 사람은 동료들과 잘 어울리지도 못한다.

그러나 성공적인 직장생활을 하는 사람들은 미래로 나아갈 방향을 정확하게 설정한다. 그들은 앞으로 어떤 방향으로 나아갈 것인지 알고 있어 계획대로 한 걸음씩 노력하며 나아가기 때문에 쉽게 성공을 거머쥔다.

● **적당한 경쟁심은 갖는 것이 좋다** 일반적으로 여성의 경우, 특히 외모가 아름다울수록 경쟁심이 부족하다. 이들은 아름다운 외모에 대한 맹목적인 우월감을 갖고 있기 때문이다. 한 심리학자의 말에 의하면 아름다운 여성은 크게 노력하지 않아도 회사에서 봐줄 것이라는 생각에 현실에 안주하려는 경향이 있다고 한다. 물론 다른 경우도 있다. 어떤 여성들은 일찌감치 자신의 능력이 다른 사람보다 부족하다고 생각하여 경쟁에 뛰어들 생각을 접어버리는 경우이다. 그저 "저 사람처럼 할 수 있다면 좋을 텐데."라는 말로 스스로를 위로하고 끝낸다. 이런 여성들은 직장생활에서 실패하기 쉽다.

2 | 나를 표현하는 옷차림
― 적절한 옷차림은 즐거움을 부른다

옷만 제대로 갖춰 입어도 상사, 동료, 고객들에게 좋은 인상을 남기고 업무에도 플러스 요인으로 작용한다. 게다가 업무와 어울리는 옷차림을 하고 있으면 일의 즐거움은 배가된다. 미국의 저명한 심리학자 잭 브라운은 "적절한 의상 선택은 기분전환에 도움이 된다."고 말했다. 관련 실험과 추적조사 결과가 그의 주장을 뒷받침해주었고, 전문가들 역시 마음에 드는 옷차림을 하게 되면 긴장을 풀어주어 편안함을 느낄 수 있다는 데 동의했다.

즐겁게 직장생활을 하려면 어떤 옷을 선택해야 할까? 스타일, 색상, 옷감을 고려해 무난하면서도 개성적인 옷차림을 하면 즐겁게 직장생활을 할 수 있다.

직장인은 의상 선택에 있어서 어떤 점에 유의해야 할까?

첫째, 자신에게 잘 맞는 스타일을 선택하는 것이 좋다. 사람마다 체형과 얼굴형이 다르므로 자신의 장점을 살리고 단점은 가리는 스타일의 옷을 선택한다면 자신의 모습에 만족해 기분도 좋아진다.

목이 길고 말랐다면 칼라가 길고 뾰족한 옷은 피해야 한다. 이런 옷을 입으면 더욱 말라 보이고 비협조적인 느낌을 준다. 보트네크라인, 스퀘어네크라인, 스탠드칼라, 직각 모양이나 둥근 모양의 칼라로 된 옷을 입으면 옆으로 퍼진 느낌을 주므로 목이 길고 마른 신체 유형을 커버할 수 있다.

어깨가 좁거나 처져 있다면 민소매나 따로 어깨라인을 잡아주지 않는 래글런슬리브 스타일의 상의나 스커트를 입는 것은 피해야 한다. 품이 넉넉한 옷을 입으면 좁은 어깨를 가리는 데 도움이 된다.

얼굴이 크고 목이 짧은 편이라면 하이네크라인, 라운드네크라인, 보트네크라인과 목 주변에 레이스가 달린 옷은 피해야 한다. 이런 스타일은 짧은 목을 더욱 강조한다. V자 라인이나 오픈칼라를 입으면 더 편안해 보인다.

엉덩이가 튀어나온 편이라면 긴 상의를 입어 엉덩이 부분을 가려주는 것이 좋다. 특히 여성의 경우 H라인스커트나 정장치마를 입는 것이 좋다.

허리가 긴 편이라면 상의는 짧게, 하의는 몸에 붙는 스타일로 입으면 다리가 길어 보이는 효과를 준다.

회사에서 일할 때 지나치게 몸에 조이는 스타일의 옷은 가능한 한 피해야 한다. 몸에 꽉 끼는 옷을 입으면 활동하기가 불편하기 때문이다. 또한 여성의 경우 몸을 심하게 압박하는 스키니 진은 가능한 한 입지 않는 것이 좋다. 품이 넉넉한 옷은 호흡을 편안하게 하고 혈액순환을 도와 불쾌한 기분을 날려준다. 남성의 경우 반드시 착용하지 않아도 된다면 갑갑하게 느껴지는 넥타이는 잠시 풀어두자.

둘째, 색깔 선택과 배색도 절대 무시할 수 없다. 자신에게 맞는 색상의 옷만 입어도 기분이 좋아진다. 상의와 하의의 색깔을 절묘하게 매치하면 나만의 매력을 마음껏 발산할 수 있다.

그 사람이 착용한 옷은 성격, 성별, 나이, 자태와 미적 감각이 드러난다. 색깔은 밝은 색과 어두운 색, 차가운 색과 따뜻한 색으로 구분된다. 빨간색이나 주황색은 따뜻한 느낌을 주는 색이고, 초록색이나 파란색은 차가운 느낌을 주는 색이다. 하얀색은 밝은 느낌을 주고, 검은색은 어두운 느낌을 준다. 시원한 느낌, 둔탁한 느낌, 화려한 느낌, 소박한 느낌, 가벼운 느낌, 중후한 느낌 등 색깔마다 고유의 특징이 있다.

스 트레스는 직장인을 힘들게 하고, 직장이상심리를 발생하게 하는 원흉이다. 그런데 이런 스트레스의 원인이 생각지 못한 곳에서 발생한다는 사실이 밝혀졌다. 다름 아닌 오감을 통해 잘못된 정보가 대뇌에 전달될 경우 스트레스가 발생할 수 있다고 한다. 따라서 오감을 제대로 활용하기만 해도 스트레스도 줄이고 몸 안에 잠재된 즐거움도 찾을 수 있다는 뜻이다. 즉 청각, 미각, 후각, 촉각, 시각을 활용하여 직장인의 스트레스를 해소할 수 있다.

음악 감상을 통해 직장인의 스트레스를 줄일 수 있다. 음악은 사람의 마음에 들어와 신체적·정신적 긴장을 풀어주며 정서적인 안정을 가져다주기 때문이다.

스트레스 해소를 위해서는 개인의 심리상태에 따라 음악을 선택해야 한다. 감정이 격해져 있거나 갑갑할 때 느린 템포의 음악을 들으면 더욱 초조하고 불안해질 수 있다. 이럴 때는 빠른 템포의 음악에 먼저 적응한 후 다시 느린 템포의 음악을 들으면 마음이 차차 안정될 수 있다.

우울증으로 스트레스를 받는 사람은 완만한 곡조에 싱그러운 선율이 반복적으로 흘러나오는 곡을 선택하면 안정감을 찾을 수 있다. 이런 곡을 들은 후에 다시 경쾌한 음악을 들으면 기분도 좋아지고 긴장감도 풀어진다. 주변 환경에 따라 감정의 영향을 많이 받는다면 경음악이나 피아노 연주곡처럼 가사가 없는 음악을 듣는 것이 좋다.

하지만 누가 뭐라고 해도 자신이 좋아하는 음악이 스트레스 해소에는 최고다. 만약 음악을 듣는데 심장 박동이 빨라지고 더욱 긴장된다면 자신과 맞지 않는 음악을 듣고 있는 것이다.

음식 재료로 무엇을 선택하느냐에 따라 스트레스를 줄일 수도 있다. 우선 건강을 위해 균형 잡힌 식습관을 갖는 것이 무엇보다 중요하다. 반드시 6대 영양소가 함유된 식품을 섭취하여 건강 유지를 위해 힘쓰자. 현미, 오트밀 등 잡곡류는 혈당을 조절해주며 스트레스 해소에도 좋다.

비타민 B군은 에너지대사 과정을 돕기 때문에 스트레스로 몸의 에너지대사가 증가할 때 비타민 B군의 소모량도 증가한다. 최근 밤샘작업이나 다른 일로 에너지 소모가 많아졌다면 비타민 B_1, B_2, B_6, B_{12}, 니코틴산, 비오틴, 엽산 등이 포함된 비타민 B군이 많이 함유된 식품을 섭취하는 것이 좋다. 대표 식품으로는 돼지고기, 우유, 버섯, 오렌지, 요구르트 등이 있다.

비타민 C, E는 체내에 매우 중요한 항산화 비타민이다. 특히 비타민 C는 산화된 비타민 E의 환원 과정을 도와서 스트레스가 증가할 때 빠르게 소모된다. 눈에 좋은 비타민 A에는 식물성 화학물질인 안토시아닌, 카테킨 등 폴리페놀류와 리코펜 등이 포함되어 있다. 항산화 작용을 하므로 식사 때마다 충분히 섭취하는 것이 좋다. 비타민 C의 대표 식품으로는 각종 과일과 야채가 있으며, 비타민 A의 대표 식품으로는 동물의 간, 생선 간유, 계란 노른자 등이 있고, 각종 녹황색 야채와 과일에 많이 함유되어 있다.

칼슘은 심장 박동, 근육 수축, 신경 이완의 기능을 조절해준다. 우유, 두부, 콩 제품, 작은 생선 등에 많이 함유되어 있다. 마그네슘은 심장과 신경기능을 향상시켜주고, 근육을 이완하고 정서를 안정시키는 데 좋다. 호박씨, 해바라기씨, 녹색 채소 등에 많이 함유되어 있다. 아연은 갖가지 호르몬을 활성화시켜주고 후각, 미각과 깊이 연관되어 있다. 결핍 시에는 식욕부진뿐만 아니라 정서적 불안정을 야기한다. 아연이 풍부한 식품으로는 굴, 해산물, 알류, 육류, 전곡류, 견과류 등이 있다.

스트레스는 교감신경을 활발하게 하고 장운동을 억제하므로 오랫동안 스트레스를 받으면 변비가 생기기 쉽다. 이럴 때는 섬유소가 풍부한 채소, 과일, 고섬유질의 식품과 충분한 수분을 섭취해야 한다. 물을 많이 마시면 신진대사를 촉진해 피로를 해소하는 데 효과적이다.

직장인은 식사 메뉴를 선택할 때 혈압을 높이는 음식을 피해야 한다. 지방 함량이 높은 음식은 내용물이 오랜 시간 위 내부에 남아 있게 하므로 조절해야 한다. 과식하게 되면 혈관벽에 지방이 쌓여 혈관이 막히고 산소 공급 능력도 떨어진다. 또한 염분 함량이 높은 음식은 혈압을 상승시키고 긴장을 유발하게 한다. 오랫동안 많은 양의 염분을 섭취할 경우 심장과 신장에 부담을 가중시킨다. 자극적인 음식은 위에 부담을 주고, 신경을 더욱 날카롭게 한다. 특히 스트레스를 심하게 받을 때 사람들은 카페인, 술, 초콜릿을 섭취하는데, 이런 식품들은 도리어 스트레스를 가중시키는 '원흉'이므로 가능한 한 멀리하는 것이 좋다.

스트레스에서 해방되고 싶다면 아로마세러피를 활용해보는 것도 좋다. 향기는 기분을 바꿔주고 마음의 병을 치료하는 기능을 한다. 그야말로 심신의 건강을 지키는 데 그만이라는 뜻이다. 향기의 이러한 특징을 잘 활용하면 직장에서의 스트레스를 줄일 수 있다.

라벤더의 은은한 향기는 마음을 평온하게 한다. 특히 불면증에 효과적이고 우울증과 히스테리를 개선해준다. 긴장감 해소에도 도움이 되며 분노를 가라앉혀준다. 그윽한 재스민 향은 복잡한 환경에 대응할 수 있도록 체력을 강화한다. 오렌지 향은 오랜 기간 답답한 사무실에서 긴장과 불안에 노출된 직장인의 마음을 편안하게 해주어 업무 효율을 높인다. 또한 유자 향은 분노를 조절하는 데 좋다. 짙은 생강 향은 스트레스에 대한 대처 능력을 높이고 의지력을 강하게 해주며 피로를 해소하는 데 좋다. 패랭이 향은 기억력을 향상시켜 정보를 습득하는 데 도움을 준다. 향신료로도 사용되는 계피 향은 낙관적이고 진취적인 사고를 갖게 하고, 레몬의 상쾌한 향기는 머리를 맑게 하므로 출근 전에 레몬차를 마시거나 잠시 레몬 향기를 맡고 나가면 힘이 솟는다.

아로마세러피는 심리치료와 질병 예방에도 효과가 좋다. 이는 꽃과 식물뿌리의 유세포가 햇빛을 받은 후 배출한 휘발성의 방향유가 비강을 통해 후각세포와 접촉한 다음 특수반응을 일으키기 때문이다. 이러한 휘발성 방향유는 어느 정도 약효를 가진다. 테레빈유와 박하유는 체내에 흡입되면 신체기관을 자극하여, 이뇨작용을 활성화시킨다. 또한 소염작용이 뛰어나 상처에 바르는 연고의 원료로도 사용된다. 사무실이 지나치게 긴장된 분위기라면 향기를 이용해 기분을 전환하는 것이 좋다.

때로는 마음이 한없이 위축되어 지푸라기라도 잡고 싶은 심정일 때가 있다. 이때 누군가의 강하고 따뜻한 손을 잡게 되면 마음이 한결 안정된다. 불안하고 초조할 때 따뜻하고 강한 손을 잡으면 안전감을 느낄 수 있다.

미국 버지니아 대학교 신경학과 전문의의 연구에 따르면 원만한 결혼생활을 하는 여성이 스트레스를 받았을 때 남편의 손을 잡으면 스트레스 수치가 현격히 낮아지는 것이 CT 촬영 결과 분명하게 나타났음을 밝혔다.

연구 책임자인 제임스 코헨 박사는 행복한 결혼생활을 하는 부부 16쌍을 대상으로 실험을 진행한 후, 남편의 손을 잡는 행동과 여성의 스트레스 상관관계 결과에 놀라움을 표하며 이렇게 말했다. "두터운 신뢰관계로 맺어진 부부의 경우 상처도 빨리 아물고 병치레도 적으며 수명도 길다는 사실을 알 수 있었습니다."

그러므로 직장에서 스트레스로 견디기 힘들 때는 배우자, 친척, 절친한 동료 등 친밀한 사람의 손을 잡아보라. 그러면 어려운 직장생활을 견뎌내는 데 도움이 되고 스트레스도 덜 수 있다.

바깥 풍경을 보는 것도 스트레스 해소에 도움이 된다. 피로가 몰려올 때 창가로 가서 푸른 하늘을 바라보라. 자유롭게 날아가는 새라도 보게 되면 몸과 마음이 편안해진다. 또한 가벼운 산책을 통해 따뜻한 햇볕을 받게 되면 긴장된 근육들이 조금씩 풀어져 마음이 편안해질 것이다.

미국 워싱턴 대학의 인간과 자연의 상호작용과 관련된 실험 결과 자연 풍경을 보는 것만으로도 스트레스 해소에 도움이 된다는 사실이 밝혀졌다. 실험 대상자 90명 중 3분의 1은 책상에 앉아 창 밖의 캠퍼스 풍경을 바라보았고, 3분의 1은 고해상도 플라즈마 스크린을 통해 녹화해둔 영상 풍경을 보았다. 나머지 사람들은 하얀 벽만 바라봤다. 이때 각각의 실험대상자의 심장박동수를 동시에 체크했다.

그 결과 자연풍경을 바라본 사람의 스트레스 지수는 매우 낮게 나타났는데, 자연풍경을 보는 시간이 늘어날수록 심장박동수도 점점 느려졌다. 그러나 고해상도 스크린이나 벽을 본 사람들에게서는 이런 현상이 나타나지 않았다.

도시에 사는 직장인 가운데 SNS에 푹 빠져 지내는 사람이 늘어나고 있다. 직접 자연을 체험하고 몸으로 부딪히기보다 IT기기를 이용해 자연을 감상하는 사람들이 많다. 그러나 자연의 일원인 인간은 직접 자연과 접촉하는 것이 좋다. 따라서 스트레스로 심신이 지쳐 있을 때는 야외로 나가서 자연과 함께 하는 시간을 갖는 것이야말로 최고의 스트레스 해소법이다.

4 | 즐거운 직장생활을 위하여
– 일에서 즐거움을 찾아라

직 장생활을 즐겁게 하고 싶어도 그것이 쉽지 않다. 감당하기 힘든 업무량에 치여 삶의 즐거움을 놓쳐버리기 때문이다. 매일 출근하기 전에 마음을 새롭게 다잡는 것 외에 어떻게 해야 즐겁게 직장생활을 할 수 있을까?

😊 심리 코칭 **즐거운 직장생활을 할 수 있는 방법을 알아보자**

● **열정을 갖고 일을 사랑하라** 빌 게이츠는 말했다. "당신이 가장 재미있어하는 일에 인생의 가장 큰 비밀이 숨겨져 있다." 저명한 물리학자인 새뮤얼 팅은 이렇게 말했다. "재미있어하는 사람이 천재보다 낫다." 재미있어야 즐겁다. 재미있으면 일도 즐겁고 효율적으로 할 수

있다. 무명의 누군가는 이런 말을 남겼다. "당신이 좋아하는 일이 직업이 된 것은 행운이지만, 당신의 직업을 좋아하는 것은 진정 행복한 일이다!"

자신의 일에 흥미를 가지려면 어떻게 해야 할까? 여러 가지 방법이 있다.

- 자신의 목표를 명확하게 설정한다.
- 자신의 업무 목표가 회사의 목표와 일치하게 한다.
- 도전적으로 직무를 수행한다.
- 업무 방법을 계속 새롭게 변화한다.
- 일을 완수한 후의 성취감을 상상한다.
- 낙관적이고 긍정적인 태도로 일한다.
- 일을 삶의 일부로 받아들인다.
- 노력만이 부와 행복을 가져다줄 수 있다는 점을 환기한다.

● **다른 사람의 일을 부러워하지 마라**　빠르게 발전하는 현대사회 속에서 새로운 정보는 홍수처럼 밀려들고, 가치관은 급격하게 변화하며, 업무 내용도 계속 바뀌고 있다. 이처럼 소용돌이치는 환경 속에서 한 가지 일에만 몰두하기란 쉽지 않다. 그래서 그런지 많은 사람들이 지금까지 해왔던 일과 전혀 다른 일을 해보고 싶어 한다. 회사에서 몇 년간 같은 일을 하다 보면 자신이 해왔던 일에 능숙해져서 더 이상 배울 것이 없다는 생각에 이직 생각을 하게 된다. 또는 현재 종사하는 업계와 몸담은 회사에 발전 가능성이 없다는 생각에 새로운 분야로 눈을 돌리기도 한다.

사실 직장인이라면 누구나 한 번쯤 자신이 해왔던 일이 하찮게 느껴지면서 다른 직업에 동경을 품는다. 그러나 '살아보지 못한 삶은 가치 없는 삶이다.' 마찬가지로 경험해본 적 없는 직업, 직위, 역할을 굳이 나서서 체험할 필요는 없다. 사회에서 한 개인이 할 수 있는 역할은 제한되어 있다. 그리고 제한된 자신의 일과 생활에서 참된 성공과 기쁨을 찾을 수 있다.

● **일에서 즐거움을 찾아라** 평소에 해왔던 업무 스타일의 틀을 깨고 자신의 습관을 바꿔보는 등 사소한 변화를 주는 것만으로도 신선한 자극을 받게 된다. 평소 싫어하던 잡무를 발 벗고 나서서 해보자. 자신이 싫어하는 일을 해보고 싶다는 동료가 있다면 상사에게 동료와 업무를 바꿔보겠다고 제의해도 좋다.

또 모든 사물의 좋은 면만 바라보는 훈련을 해보자. 이렇게 긍정적인 태도로 생활하다 보면 주변의 부정적인 태도를 가진 동료에게도 좋은 영향을 줄 수 있고 기분도 좋아진다.

자신만의 특별한 프로젝트를 계획해보는 것도 좋다. 회사에도 기여할 수 있고, 이를 발판으로 직장에서 승승장구하게 될지도 모른다. 게다가 일에 대한 열정도 높아져 자기 일을 더욱 사랑하게 된다.

● **일상에서 즐거움을 찾아라** 직장인이 반드시 마음에 새겨야 할 것은 회사가 인생의 전부는 아니라는 점이다. 일 이외의 영역에서도 삶의 즐거움을 누릴 수 있다. 그리고 이런 즐거움은 업무에 활력을 불어넣어 주는 원동력이 된다.

- 독서

책읽기를 좋아하는 사람이 있는가 하면 책이라는 말만 들어도 진절머리를 치는 사람도 있다. 사실 책이 눈에 들어오지 않을 때는 활자만 봐도 머리가 어지럽고 가시방석에 앉은 느낌이 든다. 하지만 마음을 다잡고 책 속에 깊숙이 빠지고 나면 '책 속의 보물'을 발견하게 된다. 독서에 취미를 붙이려면 '책'에 끌려 다니지 말고 보고 싶은 책을 스스로 선택하는 것이 좋다.

– 음악 감상

경쾌하고 듣기 좋은 음악은 불쾌했던 지난 일을 잊게 한다. 이때 체내의 신경 호르몬 체계는 최적의 상태가 되어 몸이 전체적으로 조화를 이루고, 기혈은 원활하게 순환한다. 웅장하고 우렁찬 곡은 뜨거운 열정을 불러일으켜 더 발전하고 싶은 마음을 갖게 한다. 음악의 힘을 빌리면 더욱 활기차고 신나는 삶이 펼쳐진다.

– 서예와 그림

서예와 그림은 '기공을 연단하지 않는 기공훈련'에 비유된다. 서화는 생각을 훈련하고 교양을 쌓는 좋은 방법으로, 다음 두 가지를 중요하게 여긴다. 첫째, 서예는 생각을 중요하게 여긴다. 그래서 글을 쓸 때는 잡념을 없애고 마음을 편안하게 한 뒤 정신을 집중해야 한다. 서예는 기공의 호흡훈련과 같은 효과가 있다. 둘째, 서예와 회화는 모두 자세를 중요하게 생각한다.

단정한 자세로 어깨를 반듯하게 한 뒤, 가슴을 똑바로 펴고 팔을 들어 붓을 대야 한다. 온 힘을 상체에 싣는 것 역시 기공훈련 자세와 매우 유사하다.

– 낚시

낚시를 함으로써 얻어지는 기쁨을 최소한 세 가지로 나눠볼 수 있다. 첫째, 낚시터는 대부분 교외에 있어서 교외로 나가는 것 자체가 기분전환이 된다. 둘째, 바다나 강변은 공기가 맑고 음이온 함량이 높아서 편안하고 후련한 기분이 들게 하여 신진대사를 원활하게 한다. 이는 마음을 안정시키고 숙면을 도우며, 혈압을 낮추고 피로를 풀어준다. 셋째, 물고기가 미끼를 물 때까지 기다리다 보면 긴장이 풀리고 기분도 좋아진다. 그렇게 시간을 보내다 보면 마음속의 걱정거리는 어느새 사라지고 몸은 편안하게 휴식을 취할 수 있다.

- 꽃 가꾸기

꽃은 사람들에게 보는 기쁨을 선사하고 주변 환경도 아름답게 한다. 꽃은 눈만 즐겁게 하는 것이 아니라 꽃향기가 살균 작용과 함께 공기정화 작용도 한다. 신선한 꽃향기가 후각신경을 통해 대뇌로 전달되면 혈액순환도 잘 되어 기분이 좋고 편안해진다.

- 댄스

한 연구 결과에 따르면 사교댄스는 슬로 스텝이라 해도 에너지 소모량이 가만히 있을 때에 비해 3~4배는 많다고 밝혀졌다. 또 음악에 맞춰서 춤을 춰야 하기 때문에 음악과 스텝에 온 신경을 집중하게 된다. 경쾌하고 즐거운 음악에 맞춰 춤을 추다 보면 매력적인 조명에 비친 자신의 아름다움을 만끽하면서 춤 속에 푹 빠져든다.

- 여행

바쁜 업무에 지쳐 있는 사람에게 여행은 최고의 기분전환이 된다. 여행은 멋진 자연 경관을 보면서 느끼는 감동과 역사, 문화, 풍습 같은 인문 경관이 어우러져 즐거움을 배가시킨다. 또 도시에서 벗어나 맑은 공기를 마실 수 있으므로 잠깐의 여행은 몸과 마음을 편안하게 한다.

● **기쁨은 균형 잡힌 삶에서 온다**　균형 잡힌 생활을 하려면 일상생활과 회사업무에 시간 배분을 적절하게 해야 한다. 바쁜 업무를 마친 뒤 새해를 맞아 부모님과 함께 시간을 보내게 되면 가족의 따스한 정을 느낄 수 있어 좋다. 또한 친한 친구들과 함께 하는 여행은 어떨까? 그리고 연휴를 맞아 평소 자신이 하지 못했던 일을 찾아서 할 수도 있다. 어쨌든 충분한 휴식을 취해야 새로운 마음으로 일을 시작하고, 더 어려운 목표에 도전할 수 있다.

당신의 영혼을 돌아보는 계기가 되기를…

부제에서 언급했듯이 이 책은 직장인들을 위한 것이다. 직장에서 볼 수 없는 기이한 이야기를 담은 책도 아니고, 수준 높은 성공 지침서도 아니다. 그렇다고 직장이라는 공간을 엉망으로 묘사할 생각은 추호도 없었다. 가능한 한 직장생활의 실상을 있는 그대로 보여주고 싶었다. 그래서 사람들이 일상적으로 쓰는 표현을 사용하여 직장생활의 실제 사례를 들어 설명했고, 실제 생활에 적용할 수 있게 직장이상심리의 여러 유형과 심리조절 방법을 제시했다.

이 책은 직장인의 '영혼'을 돌아보게 하는 책이다. 직장생활을 하며 피로에 지친 사람들이 평정을 되찾는 데 도움이 됐으면 한다.

모든 일이 술술 잘 풀리는 사람도 이 책은 도움이 된다. 직장에서는 어떤 일이 일어날지 예측할 수 없으므로 갑작스러운 난관에 대비해 미리 준비하는 것도 나쁘지 않기 때문이다. 나는 오히려 심리상태가 건강한 사람이 이 책을 읽기를 강력히 추천한다. 그런 상태에서는 넓은 마음으로 이 책에서 권유하는 방법을 수용할 수 있기 때문이다. 무심코 책을 읽다 보면 건강해 보이는 당신의 마음속에도 이런저런 문제가 있음을 발견하게 될 것이다. 그처럼 생각지 못한 '의외'의 수확이야말로 독서의 진짜 즐거움이다.

이 책은 직장인을 위한 책이지만 직장에 다니지 않는 사람에게도 매우 유익하다. 왜냐하면 직장이든 다른 공간이든 사람이 살아가는 환경은 비슷하기 때문에 이 책을 통해 얻은 지식은 어느 곳에서나 유익하게 활용할 수 있다. 어쨌든 현대사회는 직장이 없는 사람도 대부분 '직장인'과 깊이 얽혀 있기 때문이다. 이미 직장에서 은퇴한 분들은 이 책을 통해 과거 직장생활을 돌아보고 자녀들에게 올바른 직장생활을 하도록 충고해줄 수 있다.

앞에서 언급했듯이 이 책은 반드시 직장인이 아니라 어떤 연령층이 읽어도 좋은 내용으로 구성되어 있다. 갖가지 환경, 시기, 장소에서 이상심리를 극복하고 조절할 수 있는 방법을 소개했으며, 이를 상황에 따라 구체적으로 분류해놓았다.

직장이상심리는 특정인에게 나타나는 것이 아니다. 그렇다고 특정한 시기에 특정한 사람들에게만 볼 수 있는 심리상태도 아니다. 독자들도 이 점에 특별히 주의를 기울여 책을 읽어주었으면 한다.